Se comprendre avec ou sans mots

L'AUTEUR :

Thierry Tournebise, né en 1951, commence des études de médecine en 1970. Mais découvrant que cette voie ne lui correspond pas, il va rapidement interrompre. Il travaille alors dans un laboratoire tout en reprenant d'autres études, cette fois-ci pour devenir, en 1977, psychosomaticien et naturopathe.

En 1979, il ouvre un cabinet où ses consultations s'orientent de plus en plus vers la psychothérapie, ce qui le conduit à donner sur ce thème de nombreuses conférences, animer des stages et quelques émissions de radio. Cette expérience du public l'amène, en 1988, à ouvrir un cabinet de formation pour les professionnels des hôpitaux, administrations et entreprises. Les participants, de tous niveaux hiérarchiques, apprécient alors son approche pour son efficacité et sa simplicité riche en nuances. La formation continue devient l'essentiel de son activité. Parmi les thèmes qu'il enseigne, on trouve : la conduite d'équipe, les entretiens individuels, l'accueil mais aussi la relation d'aide, l'accompagnement de malades en fin de vie, la communication thérapeutique, etc. Ses formations sont caractérisées par le fait qu'en plus de l'efficacité professionnelle qui en résulte, elles constituent une richesse importante pour la vie personnelle.

Au fil de ses années de consultations et d'enseignement (tant à Paris qu'en province), grâce aux publics variés qu'il rencontre et à son expérience familiale (marié depuis vingt ans et père de quatre enfants), il affine une approche originale des relations humaines et de l'aide dans les problèmes psychologiques. Même si on peut trouver des ressemblances avec d'autres écoles (car, quand on parle de l'humain, il y a des constantes incontournables), sur le fond et dans beaucoup de détails il se différencie nettement des courants existants.

Ce livre, directement issu de ses formations, vient utilement nuancer notre regard sur les autres, sur nous-même et sur la vie.

Thierry Tournebise

Se comprendre avec ou sans mots

Un concept original pour améliorer nos relations humaines

LE GRAND LIVRE DU MOIS

ISBN : 2-7028-0947-2

Avant-propos

VOTRE choix s'est porté sur ce livre. Je vous y souhaite la bienvenue et espère sincèrement qu'il se révèle à la hauteur de votre attente. Je vous y accueille avec plaisir, car une lecture constitue une rencontre privilégiée entre le lecteur et l'auteur.

Au fil de cette rencontre, je vous proposerai une approche originale de la connaissance de soi et des autres ainsi que des relations humaines et de la communication dans la vie. Une approche qui est le fruit de plusieurs années de recherches personnelles et de pratique professionnelle en consultation et en formation.

Je ne peux dire quand cette recherche a commencé ni même quand, pour la première fois, j'ai envisagé les choses sous cet angle. En vérité, mon attention s'est toujours portée vers le fonctionnement de la Vie, et mon cheminement a été progressif. Mais, pour vous donner une date significative, je dirais que cela s'est précisé sous une forme professionnelle depuis environ quinze ans.

Après une époque surtout consacrée aux consultations, je me suis progressivement tourné vers la formation professionnelle. (Cependant, je faisais déjà des conférences bien avant – avant même de terminer mes études – grâce aux quelques éléments dont je disposais alors. Ces conférences étaient modestes, pas toujours judicieuses, mais elles ont eu le mérite d'être un début très didactique – pour ne pas dire autodidactique – et cependant satisfaisant pour les auditeurs.)

Je dois à mon activité de formateur d'avoir rencontré des publics variés dans leur environnement professionnel : aussi bien en milieu hospitalier que dans des entreprises ou des établissements administratifs non soignants.

Les différents niveaux hiérarchiques (en fait, toute l'échelle hiérarchique) et la variété des secteurs d'activité dans lesquels je suis intervenu m'ont permis de faire bénéficier de nombreuses personnes de cette approche de la vie et des relations humaines. Mais aussi, et surtout, cela m'a permis de la préciser et d'en affiner les éléments que j'avais déjà réunis grâce à mes recherches antérieures.

J'ai beaucoup reçu des gens que j'ai aidés ou que j'ai formés. C'est donc aussi grâce à eux (et à beaucoup d'autres) que ce livre a pris naissance. Je les en remercie. Bien que celui-ci soit le fruit d'une réflexion et d'une synthèse personnelles, il n'a pu évoluer sous cette forme qu'à travers de multiples rencontres et partages.

Cette forme n'est donc pas figée et, aussi complète qu'elle puisse déjà paraître, elle doit rester évolutive : on n'enferme pas la communication !

Ce texte est rédigé de telle sorte que sa lecture ne nécessite pas de connaissances préalables en communication ou en psychologie. Cependant, le sujet y est abordé avec une précision rigoureuse et novatrice afin de satisfaire également les professionnels exigeants.

Que vous soyez expérimenté ou néophyte, cet ouvrage vous est dédié.

Que vous exerciez dans le monde industriel, médical, paramédical, social ou éducatif, ou que vous soyez employé, cadre, psychothérapeute, médecin, soignant, directeur d'entreprise, responsable de la communication dans un établissement, enseignant, éducateur, etc., dans tous ces cas ce livre vous est destiné et peut constituer une approche nouvelle et majeure. Je ne prétendrai jamais vous apprendre votre métier, mais seulement vous apporter des éléments nouveaux vous permettant de mieux bénéficier de votre expérience et de vos connaissances actuelles.

Si vous n'êtes pas professionnel de la communication mais souhaitez « seulement » mieux la comprendre pour mieux échanger avec votre conjoint, vos enfants, vos parents, vos amis, vos collègues, etc., ce livre vous est aussi destiné. Je mets le mot « seulement » entre guillemets car en vérité un tel souhait n'est pas anodin : il est essentiel.

Si vous souhaitez surtout mieux comprendre l'être humain, et mieux vous comprendre vous-même, il vous sera précieux.

Si vous désirez être moins démuni devant la souffrance morale des autres ou de vous-même, il correspond à votre attente.

Si vous voulez pleinement profiter de la vie, il vous concerne plus que jamais.

Bien que réalisé simplement (ce qui le rend accessible à tous), vous constaterez que cet ouvrage bouscule beaucoup d'idées préconçues. La culture habituelle y est ébranlée, mais sans y être démolie.

Les contradictions ainsi révélées entre les croyances communes et la réalité proviennent seulement de l'imprécision de notre perception ordinaire. Le premier chapitre : *Du relatif au communicant* est déjà un exemple de ce type de précision remettant en cause des idées reçues. Mais il y en a beaucoup d'autres bien plus importantes tout au long de cet ouvrage que je vous laisse découvrir au gré de votre lecture.

Offrez-vous le temps, en parcourant ces pages, d'illustrer vous-même ce que vous lirez en vous rapportant à votre expérience personnelle.

Ce livre parle de la vie et c'est votre expérience de vie qui en avérera la pertinence. En retour, il précisera la pertinence de votre expérience de vie et en fera une nouvelle richesse.

C'est à travers cet échange que vous en tirerez le meilleur pour vous-même.

Je vous souhaite une excellente lecture et un heureux voyage au cœur de la communication.

Thierry Tournebise.

PREMIERE PARTIE

Du relatif au communicant

CHAPITRE I

Du relatif au communicant

SOMMES-NOUS à l'ère de la communication ? D'un point de vue technologique, certainement. Mais la communication peut-elle se résumer à de la technologie, aussi sophistiquée soit-elle ? On parle beaucoup de communication, mais communique-t-on plus ? Pour le savoir, il est souhaitable de préciser de quoi on parle lorsqu'on évoque ce sujet. On confond trop souvent *communication* avec *techniques de communication.* La première concerne l'humain, la seconde le matériel.

1. Communication et techniques de communication

Même très important, le « matériel » l'est toujours moins que « l'humain ». En effet, les techniques de communication (téléphone, fax, informatique, publications, réunions...) sont sensées véhiculer de la communication. *Cela suppose qu'au départ, les gens communiquent.* Si ce n'est pas le cas, elles véhiculent non plus de la communication, mais de la *non-communication.* Le résultat est alors toujours décevant.

Les « techniques de communication » sont des voies, des ouvertures entre les gens. Elles sont merveilleuses et indispensables pour résoudre les problèmes de distance, de temps, de nombre d'interlocuteurs, etc. Remarquons cependant que si vous détestez quelqu'un, le téléphone ne produira pas pour autant de communication entre vous. Il ne fera que véhiculer et concrétiser la fermeture d'esprit qui vous sépare. Il ne produira pas de « communication » à moins que vous ne décidiez, vous, de devenir communicant et de vous réconcilier avec cet interlocuteur ; à moins que vous ne décidiez, vous, de vous ouvrir. Le téléphone ne produit pas d'ouverture entre deux personnes ; il produit une ouverture dans l'espace, mais pas dans l'esprit.

A quoi sert-il de circuler en T.G.V. si, arrivé chez celui que vous venez voir, sa porte reste fermée. Vous aurez seulement voyagé plus confortablement vers « rien ».

La différence entre communication et techniques de communication est donc évidente. Toutefois, il faut encore préciser que même lorsqu'on parle de l'Humain (et non plus de techniques), on ne parle pas forcément de *communication.* La plupart du temps, il ne s'agit que de *relation.* Quand on se déteste, on peut s'envoyer des messages, se parler, mais ce n'est pas de la communication. C'est de la relation. Il est intéressant de distinguer ces deux mots.

Communiquer signifie « comprendre et être compris » (un des sens indiqués dans le dictionnaire). Communiquer est donc un type particulier de relation dans lequel on comprend son interlocuteur et où l'on est compris par lui. Cette réciprocité, nécessaire pour qu'une relation s'appelle « communication », nous indique déjà que bien peu de situations y correspondent.

Etre en relation, en revanche, signifie « être relié ». Quand deux personnes sont en relation, le comportement de l'une influence celui de l'autre et réciproquement. Dans une « relation », chacun est « relatif » à l'autre.

2. Verbal et non-verbal

Qu'il s'agisse de communication ou de relation, il existe deux modes de transmission des informations : le *verbal* et le *non-verbal.*

a) Le verbal

Qu'entend-on par *verbal ?* Verbal signifie qu'on utilise le « verbe » et pas simplement les sons. Verbaliser, c'est prononcer des mots qui ont un sens symbolique. La voix n'est pas une verbalisation. Tout ce qui accompagne les mots (tonalité, rythme, chaleur, etc.) est du non-verbal sonore. Nous avons aussi le non-verbal gestuel.

Le verbal ne comprend que les mots et leur sens (la sémantique) à l'exclusion de ce qui les accompagne.

Le verbal, exprimé par le sens des mots, ne représente qu'une infime partie des messages échangés. En réalité, l'essence d'un message est surtout le non-verbal.

b) Le non-verbal

Je distinguerai le *non-verbal* du *non-dit* (on confond souvent les deux). Le non-verbal est ce qui est dit autrement qu'avec des mots (gestes, sons, regards, silences, etc.) ; le non-dit, par définition, n'est dit d'aucune manière et ne peut donc pas être perçu. Cependant, est-il vraiment possible de ne pas dire du tout ? Souvent, le non-verbal s'exprime malgré nous et le non-dit n'existe pas.

Pour transmettre un message, le verbal est souvent indispensable, mais c'est le non-verbal qui, l'accompagnant toujours, lui donnera sa signification.

Le non-verbal peut exister sans qu'aucun mot ne l'accompagne. La verbalisation, elle, est toujours accompagnée de non-verbal. Je peux être très explicite même en silence (par mes mimiques ou mes gestes). En revanche, il ne m'est pas possible de parler en supprimant totalement mon non-verbal. Je peux, par la volonté, supprimer l'un mais pas la totalité de l'autre.

Le non-verbal constitue un *bruit de fond* incontournable. Quand je dis « bruit de fond » je peux dire aussi « bruit venant du fond », car il vient du plus profond de nous, essentiellement à notre insu. Evidemment, c'est un «bruit» en partie silencieux (gestes et expressions, mais aussi sons) qui mérite l'appellation de «bruit» car nous le trouvons souvent indésirable, nous révélant malgré nous à nos interlocuteurs.

Pourtant, aussi indésirable soit-il, il reste salutaire car pouvant satisfaire notre désir inconscient de communication. Quand nous exprimons ainsi à notre insu quelque chose que nous préférons dissimuler, il nous permet de minimiser la frustration qu'engendre en nous notre état de rupture. Le dilemme vient du fait que d'un côté nous tenons à nos ruptures et, de l'autre, nous ne pouvons vivre sans communiquer.

L'information véhiculée par ce biais n'est en aucun cas de la communication. C'est une soupape relationnelle permettant de compenser notre état de rupture.

Pour un iceberg, la partie apparente au-dessus de l'eau ne représente que 10 % de son volume. En ce qui concerne la communication ou la relation, le verbal (signification des mots) ne représente aussi qu'environ 10 % de l'information, les 90 % restants étant représentés par le non-verbal (beaucoup plus discret, mais ô combien efficace !).

Cela paraît énorme, bien plus qu'on ne s'y attendrait. En fait, le non-verbal est non seulement constitué par notre gestuelle, mais aussi par une multitude de signaux inconscients tels que notre respiration, nos odeurs corporelles, la dimension de nos pupilles, notre rythme cardiaque, les variations de couleurs de notre peau, ainsi que notre façon de verbaliser avec le rythme du langage, nos intonations, etc. Même au téléphone il y a beaucoup de non-verbal ; on y entend plus que le seul sens des mots. Vous en avez déjà fait l'expérience en sentant, par exemple, que votre interlocuteur ne vous écoute pas.

L'importance du non-verbal n'avait pas de secrets pour cette femme qui, donnant des cours de théâtre à ses élèves, leur faisait apprendre leur texte pour finalement le jouer sans le prononcer. Elle était tout à fait capable de voir si les élèves savaient leur texte. Ce n'était que lorsque ce jeu silencieux était au point qu'elle autorisait à jouer en disant les mots. Comme par miracle la qualité du jeu des acteurs était alors remarquable.

Vous avez sans doute déjà senti qu'un film étranger mal joué, même en étant bien doublé, reste mauvais. La qualité du non-verbal y est pour beaucoup.

Une chanson, interprétée par une personne, peut vous émerveiller, mais ne plus présenter d'intérêt quand une autre la chante. Ce sont pourtant les mêmes mots et la même musique. Là aussi, vous avez intuitivement remarqué la dimension du non-verbal.

« Oh ! le con !... » Cette expression prononcée avec l'accent parisien dans les embouteillages a un sens destructeur. Prononcée entre copains, avec l'accent méridional lors d'une partie de boules sous le chant des cigales, elle devient plutôt une marque d'amitié.

Les neuf dixièmes du message sont contenus dans le non-verbal, un dixième seulement dans les mots (fig. 1).

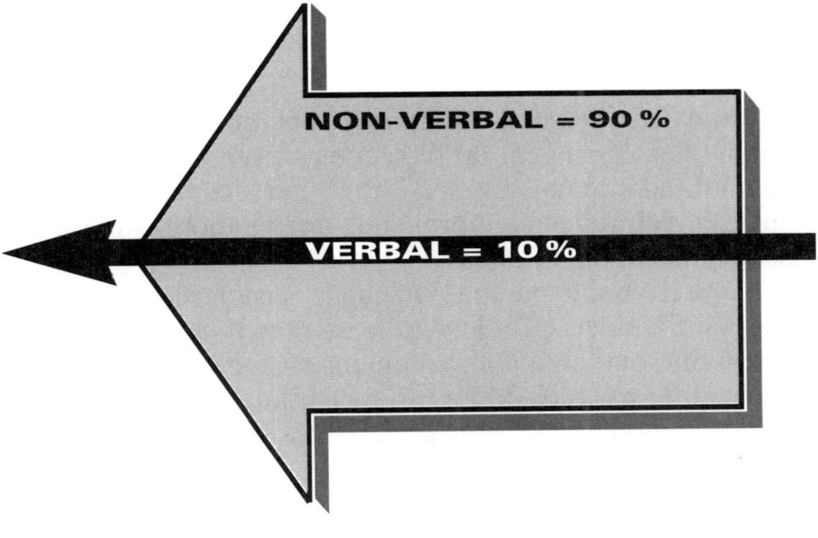

Fig. 1 : **Flux d'informations.**
Proportion de verbal (10 %) et de non-verbal (90 %).

Le mot est cependant nécessaire, car il joue un rôle de catalyseur dans l'efficacité de la compréhension. Discret, il permet à celui qui le prononce d'affirmer la responsabilité de ce qu'il dit. La verbalisation est un processus utile pour comprendre les autres et se comprendre soi-même.

Chez quelqu'un qui prend la responsabilité de ce qu'il dit, le verbal est en harmonie avec le non-verbal qui l'accompagne. Ces deux parties du message se renforcent l'une l'autre afin de donner toute la profondeur et toute la dimension au propos. Un peu comme dans le son stéréo, il y a deux enceintes qui émettent des sons légèrement différents pour donner de « l'espace » à la musique.

Le non-verbal est essentiellement émis de façon inconsciente. Il reflète l'état d'esprit dans lequel on se trouve. Contrairement au verbal, il ne peut être que partiellement contrôlé ou maquillé.

L'importance du non-verbal nous permet de préciser la définition de *relation* et *communication.*

3. Relation à l'autre

Quand deux personnes se rencontrent, qu'elles le veuillent ou non elles échangent de façon consciente ou inconsciente une multitude de messages. Ce flux, qui s'écoule de l'une à l'autre et réciproquement provoque une relation. On dira que ces personnes sont *relatives.*

Que je le veuille ou non, lorsque je rencontre quelqu'un je suis relatif à lui et, qu'il le veuille ou non, il est relatif à moi. C'est-à-dire que mon comportement est modifié par lui et le sien modifié par moi. Même si, face à lui, je décide quelque chose, je n'aurais pas décidé la même chose s'il n'avait pas été là.

Si je prends le cas extrême où je décide de ne pas lui parler, il est clair que si je ne l'avais pas rencontré, je n'aurais pas eu à prendre cette décision. Je suis relatif à lui, même en voulant lui échapper. Nous verrons plus loin que, paradoxalement, plus j'essaie d'éviter la relation plus je la subis.

A partir du moment où je rencontre quelqu'un, je suis relatif à lui. Dès l'instant où nous nous croisons, nous allons échanger un important flux réciproque de messages conscients et/ou inconscients. Ces messages seront verbaux et/ou non-verbaux, et leur contenu nous influencera même (et surtout) si nous y résistons. Je suis donc relatif à mon interlocuteur dans le moment présent, à l'instant où je le rencontre, mais je lui serai aussi relatif dans le futur.

Cette rencontre, qui marque (plus ou moins) mon présent, me « nourrit » d'informations diverses qui, plus tard, influenceront mes jugements.

Ainsi, par exemple, ne vous est-il pas déjà arrivé de ne pas aimer un prénom simplement parce qu'un jour vous avez rencontré quelqu'un de désagréable qui le portait (et à qui vous restez donc relatif). Vous n'aimez pas ce prénom alors que les autres le trouvent très agréable.

La relation est incontournable. Nous faisons de la « relation » comme nous respirons. Comme la respiration, ce n'est pas forcément volontaire et une grande part de la relation est complètement inconsciente.

De même que le pédalier d'une bicyclette est en relation avec sa roue arrière, nous sommes en relation avec nos interlocuteurs au moment où nous les rencontrons. Comme dans le vélo, nous pouvons changer de rapport en manœuvrant le dérailleur (changement de vitesse). On ne peut empêcher la relation, mais on peut changer de rapport. D'ailleurs, on parle de relations humaines ou de *rapports humains.*

Il se trouve que certains rapports permettent un plus grand développement, mais ne sont praticables que sur un sol plat. D'autres, avec un développement plus modeste, permettent d'accéder à des sommets plus abrupts (tout dépend si le déplacement est plutôt horizontal ou plutôt vertical). Ajuster son rapport à la situation, c'est communiquer. Vouloir jouer au plus malin, c'est se fatiguer très vite ou se démolir.

4. La communication et l'accueil

Pour *communiquer,* il faut le décider, le vouloir. On ne peut pas ne pas être en relation, mais on peut très bien ne pas communiquer. Je donnerai alors une définition plus précise : **communiquer, c'est faire de la relation une opportunité de croissance réciproque.**

La communication, c'est de *l'information consciente et accueillie.* L'information accueillie ne veut pas dire une information avec laquelle on est d'accord, mais une information dont on accepte de recevoir le contenu. **C'est le rapport optimum**.

Quand l'information est comprise et accueillie, il y a communication, et seulement dans ce cas-là. La notion d'accueil est très importante. *Accueil et communication sont synonymes.*

L'information accueillie est une information qui devient structurée dans notre « édifice » mental. Elle participe à la conscience des événements. L'information non accueillie qu'on essaie d'oublier, de rejeter, ne se structure pas et ne peut participer à notre conscience des événements. Non accueillie, elle ne fera que nous procurer des impressions ou des réactions inconscientes (auxquelles on ne peut cependant échapper quand on n'est pas communicant).

Il n'y a de croissance qu'avec de l'information accueillie. Si la croissance est *réciproque* – et seulement dans ce cas – il y a communication.

La réciprocité fait que dans une communication les deux interlocuteurs sont gagnants. La communication n'a pas de perdant. L'explication détaillée de cette absence de perdant sera développée dans le chapitre suivant.

5. Passer du relatif au communicant

C'est bien plus que ne peuvent produire les techniques de communication. Aujourd'hui, elles mettent à la disposition des individus des outils extraordinaires mais, quand tout aura été inventé, il faudra encore se préoccuper de *communiquer vraiment.* Tous ces outils, aussi perfectionnés soient-ils, ne remplacent pas – et ne remplaceront jamais – la communication. Ils permettent aux gens qui communiquent déjà de le faire plus loin et plus vite. Ils ne produisent pas la communication, mais lui permettent seulement de s'affranchir de l'espace, du temps et du nombre.

Cette technicité de grande valeur, sans laquelle la planète ne saurait plus fonctionner, doit être nettement distinguée de la communication.

La communication n'est pas une action mais un état. Deux pièces communicantes sont deux pièces ayant une ouverture entre elles. Ce ne sont pas deux pièces qui font quelque chose. L'état communicant, c'est un *état d'ouverture.* Il permet une libre circulation de l'information dans les deux sens. Alors, on ne subit plus l'influence de la relation.

Etre en relation est automatique. Etre communicant doit se décider. Passer du relatif au communicant est un choix.

Pourquoi ne pas choisir d'être communicant puisqu'on économise ainsi de la fatigue et que l'on gagne en efficacité et en satisfaction réciproque ? Il est beaucoup moins fatigant de communiquer que de ne pas le faire !

Résister, ne pas communiquer, parler « ferme » (c'est-à-dire fermé), c'est dépenser beaucoup d'énergie, c'est produire du stress. Quand nous faisons cela, nous sommes pareil à un navigateur qui, déployant sa voile contre le vent, essaie cependant d'avancer en ramant ! Il lui serait si simple de présenter sa voile de biais et de jouer sur son gouvernail. Ainsi, passant de droite à gauche alternativement, il peut avancer en utilisant le vent.

Quand nous recevons le flux de messages (le vent) d'un interlocuteur vers qui nous voulons aller, il est plus simple de se présenter comme le navigateur avisé. Pourtant, nous avons souvent tendance à nous opposer et à ramer. Nous finissons alors la journée exténué et insatisfait. Ensuite, nous cherchons des moyens de nous déstresser.

La semaine « on fait les nœuds » et le week-end on tente de les dénouer… la lutte est trop inégale ! D'autant plus que, souvent, le week-end on continue à faire d'autres nœuds !

Lorsque nous « choisissons » de ne pas communiquer, c'est que nous avons de « bonnes » raisons. Ces raisons font partie du flot d'informations accumulées depuis que nous existons (relation et communication mêlées). Le premier travail est de structurer ce flot d'informations déjà reçues dans sa vie, afin qu'il soit richesse et non fardeau.

Le premier travail de communication s'effectue donc en nous. La vie est certainement un excellent guide pour y parvenir. Ces quelques lignes permettent d'en accélérer le cheminement naturel grâce à une exploitation sous un nouvel angle de l'information dont vous disposez déjà.

Je n'ai pas la prétention de vous apprendre à communiquer mais, plus modestement, de vous aider à **révéler le potentiel de communication qui est déjà en vous.** En effet, nous ne pouvons pas apprendre à communiquer pour la simple raison que nous savons déjà ! Si cette aptitude ne s'exprime pas, c'est que nous sommes encombré de croyances ou d'apprentissages incomplets en ce qui concerne la communication. Le premier travail est donc de les démystifier.

Pour y parvenir, je ne ferai souvent qu'énoncer des évidences. Si cela vous semble être des évidences, c'est que vous avez déjà en vous cette aptitude. Il suffisait de le formuler (verbaliser) pour que cela devienne une évidence *utilisable.* L'objectif, en écrivant ces lignes, est de vous proposer une approche *utilisable.*

Quand il m'arrivera de faire quelques détours théoriques, c'est qu'ils sont nécessaires pour aboutir à une compréhension pragmatique et applicable.

Je serai souvent amené à vous proposer des paradoxes. Il est important de s'accoutumer à explorer des aspects contraires pour avoir une vue d'ensemble plus vaste.

Si vous le souhaitez, il peut en résulter un changement dans votre vie. Je dis bien un changement *dans votre vie* et non un changement *de vous.*

Quand vous devenez plus communicant, vous ne devenez pas un autre, mais vous devenez plus vous (car l'état communicant est votre état naturel).

CHAPITRE II

Paysage intérieur

Vous pouvez lever les yeux de votre lecture et regarder autour de vous : vous percevez alors le décor qui vous entoure. Celui-ci constitue un paysage que vous pouvez regarder et vous avez la sensation de voir la « réalité ».

Bien sûr, lorsque nous regardons autour de nous, nous voyons effectivement quelque chose. Mais quand nous croyons que ce que nous voyons est le paysage qui est réellement autour de nous, nous avons un peu tort.

Alors se pose le problème : ce que nous voyons peut-il être considéré comme « la réalité » ? Ce paysage que je vois est-il réellement celui qui est autour de moi ? En fait, oui et non. Et peut-être même plutôt non que oui.

1. L'objectivité

Il n'existe pas de monde objectif au sens donné habituellement à « objectif » : *objectif* s'oppose à *subjectif*. Le premier est réel, l'autre est déformé par l'interprétation. Mais qu'est-ce que le monde réel ?

La réalité extérieure ne peut être perçue, car *nous ne voyons que ce que nous en faisons en nous.* Nous ne pouvons voir que dedans et jamais dehors. Concernant le mot « objectif », notons que l'objectif, en photo, est *ce par quoi on voit.* Le monde objectif est alors non pas ce qu'on voit, mais ce par quoi on voit. Par cet « objectif » on voit la « réalité »... la réalité intérieure. Le monde extérieur nous sert d'objectif pour nous voir à l'intérieur.

On peut même remarquer que, lorsque dans la vie nous avons *des* objectifs, cela change notre vision du monde. Poursuivre *un* objectif nous conduit à percevoir la vie à travers un prisme particulier. Celui dont l'objectif est, par exemple, de réaliser quelque chose ne voit plus la vie qu'à travers ce but.

Il ne s'agit pas ici de jouer sur les mots, mais de découvrir que la différence de sens des homographes « objectif » est non seulement cohérente, mais aussi nous renseigne sur la nature de la réalité.

Afin de comprendre pourquoi nous ne pouvons voir qu'un monde intérieur et relatif, nous devons bien cerner le mécanisme de la perception. C'est à travers nos perceptions que nous constituons notre « paysage intérieur » grâce aux informations venant de notre environnement.

Ayant tout de même besoin de l'environnement extérieur pour se produire, nos perceptions s'élaborent cependant avec les éléments déjà contenus dans le paysage intérieur. **Plus le paysage intérieur est « riche », plus les perceptions sont nuancées,** et plus il y a de perceptions nuancées, plus le paysage intérieur s'enrichit.

Passer un peu de temps sur cette explication est important, car cela va permettre de comprendre les difficultés de communication que nous rencontrons alors que, pourtant, nous savons communiquer.

Cela révélera aussi pourquoi la « relation » (décrite au chapitre précédent) produit des distorsions qui peuvent être compensées par la communication et apportera également des réponses essentielles sur le pourquoi de la *non-communication* si répandue.

2. Mécanisme de la perception

Lorsque nous regardons un objet, nous croyons le voir réellement. En fait, il n'en est rien. Si vous regardez une voiture, vous ne la voyez pas : vous ne voyez que son image et c'est la seule chose dont vous pouvez être sûr. Ce n'est pas la voiture qui pénètre vos yeux (heureusement pour vous !), mais seulement son image.

Quand on regarde quelque chose, ce quelque chose émet ou réfléchit de la lumière, et notre cristallin (l'objectif) recevant cette lumière l'ajuste sur la rétine pour y concrétiser une image. Cette image n'est pas du tout l'objet de départ.

Rien ne prouve même que cette image reflète la réalité, bien que nous l'ayons effectivement au fond de notre œil. Cela pourrait être un mirage : le rayon lumineux dévié par un phénomène de diffraction nous fait croire que l'image vient d'un endroit alors qu'elle provient d'un autre (exemple d'un caillou au fond de l'eau que l'on voit décalé et plus gros qu'il n'est, ou de la paille dans un verre qui semble brisée alors qu'elle est droite).

Ainsi, vous comprenez aisément que l'image et la réalité ne se correspondent pas forcément et que déjà, à ce stade, l'adage « Il faut le voir pour le croire » n'est plus une référence.

Mais ce n'est pas tout. Ce serait trop simple ! Qu'il s'agisse d'un mirage ou pas, à partir de cette image notre rétine produit des influx nerveux qui vont propager, par le nerf optique, des informations codées jusqu'à notre cerveau et à notre mental. Là, grâce à l'expérience déjà contenue en mémoire, cette nouvelle perception sera comparée et interprétée de façon aussi cohérente que possible.

Si on imagine un hypothétique instant zéro où le paysage intérieur est encore vierge, la première information reçue n'aurait alors aucun sens. La multiplicité des informations suivantes et les liens qui s'établissent entre elles par la cohérence des différents canaux sensoriels fait que la signification prend progressivement naissance. Il n'est ni démontré ni probable qu'il y ait un tel instant d'information zéro. Par contre, au «début» (mais où est le début ?) l'information a au minimum été moins riche.

Ainsi, le mental va-t-il constituer une nouvelle image qui va s'ajouter à notre paysage intérieur. Celle-ci, fabriquée à partir des éléments déjà contenus dans notre histoire, est une image personnelle dont la finesse sera d'autant plus nuancée que notre histoire aura été riche.

Aucun autre individu ne peut avoir la même, car son histoire est différente. D'autres peuvent avoir des images similaires, mais elles seront toujours différentes. Cela signifie que chacun de nous a un paysage intérieur qui lui est propre et qu'un même environnement ne sera pas perçu de la même façon par tout le monde.

C'est justement cette différence qui justifie la *communication.* Si nous avions tous le même paysage intérieur, il ne servirait à rien de communiquer !

Voici aussi notre difficulté : **c'est parce que nous croyons avoir le même paysage que nous ne communiquons pas !**

En réalité, même très utile l'image est peu de chose. Elle est si peu de chose que certains aveugles de naissance pouvant bénéficier des progrès techniques de la chirurgie ont, dans certains cas, trouvé (et non pas retrouvé) la vue. Quand ils ont vu pour la première fois, on aurait pu croire que c'était merveilleux. Eh bien, non ! car ils ne comprenaient pas ce qu'ils voyaient. Ils étaient obligés de toucher pour identifier ces images visuelles pour eux dépourvues de sens parce que dépourvues de références. On rencontre quelque chose de similaire avec des sourds de naissance qui souffrent quand on leur permet médicalement d'entendre (il ne faut pas confondre ces cas avec ceux où la perte du sens est survenue plus tard).

Pour comprendre que nous ne voyons pas la même chose face à un même objet, vous pouvez encore considérer le cas d'un expert examinant un tableau. Il n'aura pas la même perception qu'un profane. La finesse de sa vision s'est forgée avec l'expérience. Il n'en a pas forcément pour autant développé une perception poétique et sa vision sera également différente de celle d'un artiste.

Un autre cas d'expert est celui d'un connaisseur de chevaux qui, là où nous voyons un merveilleux « pur-sang » percevra immédiatement un animal sans performances.

Nous pourrions multiplier les exemples dans tous les domaines : médecine, architecture, poésie, littérature, maçonnerie, mécanique, habillement, agriculture, sport…

Vous avez sans doute également constaté que lorsque vous retournez sur un lieu que vous avez connu autrefois, indépendamment des changements réels qui se sont produits, vous ne reconnaissez pas vraiment ce lieu. Ou plus simplement, lorsque vous partez en vacances et que vous rentrez chez vous après une longue absence, pendant un moment vous trouvez votre logement un peu « différent ». Ce n'est pas lui qui a changé, mais seulement le regard que vous portez dessus.

Ce regard « neuf » est même exploité dans le milieu professionnel où on demande à quelqu'un d'extérieur au service de dire ce qu'il voit car, plongé dans le bain des habitudes, certains détails nous échappent.

Nous ne voyons donc pas tous la même chose. La richesse et la nature de la perception dépendent de nos *acquis antérieurs* (et de ce qu'on en a fait).

3. Comportement face à la différence

Nous tenons là une des causes majeures des difficultés de communication : *la croyance en un paysage commun.* C'est une croyance très répandue. Nous sommes tous d'accord (intellectuellement) pour dire qu'il existe des avis différents, que les goûts et les couleurs ne se discutent pas… et, apparemment, nous en avons conscience. Mais ce n'est qu'une apparence. Si nous le savons, ce n'est qu'intellectuel.

Prenons un exemple : vous allez au cinéma avec un ami. Je dis « un ami » afin d'éviter toute distorsion que provoquerait la cohabitation avec quelqu'un que vous n'appréciez pas.

Ce film, *vous,* vous le trouvez sublime, extraordinaire et venez de passer un moment mémorable. Alors, en sortant, *vous,* vous êtes joyeux et votre ami vous dit, avant que vous n'ayez prononcé quoi que ce soit : « C'était vraiment nul ! » (car lui, à votre insu, ne l'a pas du tout aimé et ne sait pas encore ce que vous en pensez).

Alors que vous avez été ravi par ce « chef-d'œuvre », que faites-vous, que dites-vous quand il vous lance : « C'était vraiment nul ! »

La tentation est grande de vous exclamer : « Comment ! Tu n'as pas aimé ? » Tout cela prononcé avec ce qu'il convient d'indignation afin de bien lui faire remarquer que ce qu'il dit est vraiment n'importe quoi (voilà un bon exemple de miracle du non-verbal aidant à faire comprendre ce qu'on n'ose pas dire : « Tu es complètement idiot de ne pas avoir aimé ! »).

Dans ce cas, il est clair que vous n'accueillez pas la différence. La plupart du temps, il est même habituel d'essayer de le convaincre : « Tu n'as pas aimé ? Mais enfin, c'était fabuleux ? Tu n'as pas remarqué le jeu de cet acteur, le sens de cette histoire ? » Sous entendu : « Mais tu ne vois donc rien ! » Et l'autre, l'ami, insiste (car il n'accueille pas non plus votre avis) : « Comment ! Tu as aimé un truc pareil ? », là aussi avec ce qu'il faut de non-verbal pour bien vous faire sentir que votre opinion est inacceptable pour quelqu'un de sensé.

Alors, vous allez peut-être penser : « Mais enfin, c'est un ami. Il va bien finir par comprendre. Je vais lui expliquer ! Je ne vais pas le laisser passer à côté de quelque chose d'aussi extraordinaire. Il ne doit pas mourir idiot, et il faut que je lui montre ce qu'il n'a pas compris. » Et comme vous aimez beaucoup cet ami, vous entreprenez (pour son « bien ») de lui faire apprécier votre point de vue.

A partir de là, la situation devient un peu conflictuelle car il ne se laisse pas faire. Vous partez donc en « croisade » idéologique, l'un contre l'autre.

En réalité, quand on regarde bien, cela ressemble à une civilisation (se croyant) développée essayant d'amener dans le « juste chemin » un peuple (qu'elle estime) primitif. Or, aujourd'hui, certains ethnologues remettent en cause la notion de *peuples primitifs,* préférant parler de *civilisations différentes.*

Pourtant, lorsque dans notre quotidien nous rencontrons des gens avec des points de vue différents, notre premier réflexe est de les convaincre, comme s'ils étaient « primitifs ». Pour cela, il n'est pas nécessaire que ce soient des étrangers. Il se passe la même chose avec un ami, un parent, un enfant ou un conjoint quand, par exemple, les avis divergent sur une heure de repas, un programme de télévision, une sortie, l'importance de faire ses devoirs, la pertinence de sortir, le choix d'un spectacle, le désir d'acheter un objet, le programme d'une journée…

La difficulté à accueillir la différence ne concerne pas que le racisme. Dans le racisme, nous trouvons l'excuse que « l'autre » n'a pas la même culture, la même couleur de peau, la même religion, etc. Mais tout cela n'est qu'alibi visant à excuser notre difficulté face à la différence puisque nous y échouons souvent, même avec nos proches. Le racisme n'est, malheureusement, que la caricature d'un comportement plus profond qui nous habite et nous ronge discrètement dans de multiples situations quotidiennes et même familiales.

Evidemment, on retrouve tout cela sur le plan professionnel, quand il s'agit de donner un avis différent sur l'organisation, sur un protocole de fabrication, sur le comportement de la hiérarchie ou celui d'un collègue, d'une équipe, etc. Quand on organise des « réunions » pour y remédier, il est bien rare que la différence soit partagée dans la sérénité et qu'elle aboutisse spontanément à un accueil réciproque (à la « re-union »).

Parfois c'est apparemment réussi mais, là encore, il convient de différencier *communication* et *manipulation.*

4. Communication et manipulation

Certaines fluidités apparentes en surface sont parfois meurtrières en profondeur. La manipulation ressemble beaucoup à la communication. Mais, malgré cette ressemblance, il s'agit exactement du contraire. Comment des choses contraires peuvent-elles autant se ressembler ?

Elles se ressemblent car leur différence est surtout le non-verbal. Dans les mots c'est très proche, mais dans le non-verbal quelque chose de sournois est véhiculé. Même quand le manipulateur maîtrise en partie le non-verbal – on ne peut tout maîtriser – la « manipulation » transpire de toute façon.

La communication c'est l'accueil, alors que la manipulation c'est la destruction sournoise. Comme une bombe à neutrons, elle laisse le matériel intact (ça fait propre) mais détruit la vie à l'intérieur. La différence est perceptible au moins dans le non-verbal. Même quand on ne s'en aperçoit pas tout de suite, on sent bien après l'entretien qu'il y a quelque chose qui cloche (une sorte d'anéantissement indéfinissable).

La manipulation peut être voulue (il existe même des formations permettant de se perfectionner dans cet « art »). Mais il y a aussi la manipulation instinctive où, pour le « bien » de notre interlocuteur, nous sommes poussé à le ficeler gentiment dans une argumentation apparemment bienveillante. Il est vrai que certains enseignements intitulés « Communication » ne sont en fait qu'une étude de la manipulation. Cela a conduit quelques personnes à devenir méfiantes à l'égard de la communication. Cette méfiance est pleinement justifiée tant qu'on ne fait pas la distinction entre *communiquer* et *manipuler.*

Quand on sait communiquer, peut-on manipuler ? Oui, mais ça ne produit que ce que provoque la manipulation : des résultats éphémères où, à long terme, les deux parties seront perdantes. Il ne faut pas s'y tromper : **même quand il y a un vainqueur et un vaincu, il y a toujours deux perdants.**

En fait, il n'existe que deux possibilités si on raisonne à long terme : deux gagnants ou deux perdants.

Par exemple, si quelqu'un a la mauvaise idée de me traiter d'imbécile, je peux avoir assez de force de persuasion pour le convaincre qu'il a tort. Dans ce cas, je serai perdant car je ne saurai jamais pourquoi – de son point de vue – on peut être conduit à penser que je suis un imbécile. L'autre sera lui aussi perdant, car il devra abandonner son point de vue pour le remplacer par le mien. De plus, anéanti dans sa croyance, c'est lui qui se sentira idiot et deviendra « rien » en tant qu'individualité. Donc, en voulant le convaincre, je perds même l'existence de mon interlocuteur et je me retrouve seul !

Si c'était lui qui m'avait convaincu, on se trouverait devant la situation inverse, mais toujours avec deux perdants.

La réalité est que l'autre a raison (de son point de vue) et moi aussi (du mien) ; **nous avons tous deux raison en même temps,** bien que nous ayons des avis contraires. La démarche ne consiste pas à prouver quoi que ce soit, mais seulement à élargir notre champ de connaissances en partageant nos différences d'information.

Je dois pouvoir concevoir que, du point de vue qui est le sien, je suis réellement perçu comme un imbécile à cause de raisons que je ne connais pas, de la même façon que du mien je ne me sens pas en être un pour des raisons que lui ignore.

Lorsque (si nous sommes communicants) nous aurons réciproquement accueilli nos différences d'information, nous aurons un **point de vue nouveau qui n'invalidera pas l'ancien.** L'ancienne opinion restera vraie par rapport à l'ancienne référence, mais les nouveaux éléments conduiront chacun à voir plus large et plus riche.

De même que les lois de la gravitation découvertes par Newton ne sont pas devenues fausses quand Einstein a découvert la relativité, il y a eu extension de la « vérité » à un champ plus vaste mais pas destruction des lois passées. Même si, à la vitesse de la lumière, les lois de Newton sont fausses (là il faut la relativité), aux vitesses habituelles elles restent une approximation satisfaisante.

En communiquant, ne détruisant ni mon avis ni celui de l'autre, il n'y a pas anéantissement mais croissance.

En entreprise, dans le management d'une équipe, on peut être tenté d'utiliser le pouvoir pour obtenir ce qu'on veut. Si mon pouvoir est assez fort, l'autre se soumet. Alors, il s'anéantit et cesse d'être une individualité sur laquelle je peux compter comme partenaire (démotivé, anesthésié, il travaillera sans implication). Nous serons perdants tous les deux.

Au contraire, en communiquant on évite beaucoup de stress et on maintient la motivation de chacun tout en bénéficiant d'un champ d'informations réciproques aussi vaste que possible, permettant des décisions et des actions optimales.

L'entreprise a, elle aussi, particulièrement besoin de communication. Malheureusement, elle a souvent confondu *communication* avec *manipulation,* ce qui lui a causé beaucoup de tort. Vainqueur/vaincu = deux perdants. Certaines entreprises en font l'amère découverte après avoir dépensé des fortunes dans des plans de « communication » qui n'étaient, en fait, que des plans de manipulation.

Pourtant, de telles personnes – pragmatiques et intelligentes – formées à ces techniques, n'auraient pas dû se « faire avoir » aussi naïvement. Comment se fait-il qu'à l'ère de la communication on puisse encore tomber dans des pièges aussi grossiers ?

Bien que l'état communicant soit certainement notre état naturel, nous avons accumulé tant de confusions (culturellement entretenues) à ce sujet qu'il est difficile de s'y retrouver.

On ne peut reprocher à personne de s'y égarer. Cependant, cela n'empêche pas que les conséquences soient parfois graves. Gérer les problèmes de la différence en détruisant cette différence par l'anéantissement de l'un des deux est un comportement répandu depuis les situations les plus anodines (comme dans l'exemple de la sortie au cinéma cité plus haut) jusqu'aux situations les plus graves concernant la gestion d'une entreprise ou d'un pays. Pire encore : l'antisémitisme pendant la Dernière Guerre mondiale en est un aspect particulièrement monstrueux. D'autres types de génocides n'ont malheureusement rien à lui envier.

L'importance des conséquences est donc extrêmement variée, mais le principe reste le même et perturbe beaucoup la vie en société.

5. Pourquoi ce comportement ?

Pourquoi cette tendance à combattre la différence ? Certes, nous sommes à une époque moins raciste, où des différences de culture sont mieux envisagées (malheureusement pas dans tous les pays). Nous avons énormément progressé dans ce sens, même s'il reste encore beaucoup à faire. Pourtant, dans le quotidien, même avec nos proches, nous vivons de nombreuses situations sans accueillir la différence.

Au début de ce chapitre, j'ai parlé de notre paysage intérieur. Nous avons chacun le nôtre. Nous ne voyons le monde qui nous entoure qu'à travers lui, et ce que nous voyons, nous sommes seul à le voir. C'est cette solitude – et la peur qu'on en a – qui est le moteur de nos difficultés.

Seul. Dans notre paysage intérieur, nous sommes seul.

Pour ne pas rester seul, nous sommes prêt à tout ; entre autres à imaginer que nous avons la même perception d'un monde extérieur absolu auquel nous pouvons faire référence en commun. C'est pourquoi la croyance en un paysage commun est si répandue et source d'autant de malentendus. Ce n'est pas parce que nous sommes stupide, c'est parce que *nous ne voulons pas être seul.*

Cependant, maintenir cette illusion est très coûteux : pour avoir le « même paysage intérieur » je dois soit amener l'autre à renoncer au sien afin qu'il adopte le mien, soit (si je suis non pas plus généreux mais seulement moins habile) renoncer au mien pour adopter le sien.

Ainsi nous devenons « égaux », mais nous avons perdu cette individualité qui fait notre richesse. Autrement dit, nous croyons ne plus être seuls mais, ayant perdu la différence, nous ne sommes pas deux pour autant. Nous sommes devenus non différents... on pourrait dire « indifférents » car nous ne tenons plus compte de l'autre ou de soi dans sa spécificité.

En réalité, ici nous payons cher pour finalement retourner à la case départ : nous sommes toujours seuls puisque, au mieux, un seul peut exister au détriment de l'autre.

Pour qu'il y ait rencontre, et pour rompre la solitude, il doit y avoir d'abord *individualisation* (ce mot prendra toute sa dimension dans le chapitre suivant puis dans la Deuxième partie).

Pour rencontrer l'autre, on doit d'abord passer par sa propre solitude, sa propre différence et l'assumer tout en lui permettant d'en faire autant, en l'aidant même à y parvenir si cela lui est difficile.

L'idée de plonger dans cette solitude provoque nos hésitations. Un peu comme quelqu'un qui n'a jamais plongé dans l'eau depuis le bord de la piscine : ce n'est rien à faire, mais il hésite à se lancer tout en sachant qu'il n'y a pas de danger et que la température de l'eau est délicieuse.

Ce passage dans le vide de la solitude (accepter la différence) afin de rencontrer l'autre et ne plus être seul ressemble aux contes, mythologies et religions qui évoquent souvent des traversées de désert en guise d'initiation. Comme ce désert nous fait peur, nous essayons vainement de le contourner en produisant des conséquences qui vont à l'opposé de notre attente. Ainsi, plus on empêche quelqu'un de s'individualiser, plus il aura tendance à devenir individualiste afin de s'extraire artificiellement du groupe qui l'étouffe. On aboutit encore à la solitude.

Pour réussir à se rencontrer, il faut un ensemble de gens individualisés formant une collectivité où les différences s'accueillent et s'intègrent pour contribuer à la richesse de tous (on parlera là de *conscience systémique*).

En revanche, un ensemble de gens non reconnus dans leur individualité constituera un groupe collectiviste tentant d'endiguer les excès des comportements individualistes qu'il produit inévitablement (tant qu'il reste de l'énergie).

Le collectivisme engendre l'individualisme (ou l'anesthésie).

L'individualisation permet la naissance d'une collectivité.

On rencontre rarement totalement l'un ou l'autre des deux types de fonctionnement qui conduisent dans un cas à une harmonie parfaite et dans l'autre à une forme de totalitarisme. En général, il y a plutôt un mélange des deux genres avec des gens partiellement individualisés constituant une société partiellement harmonieuse et partiellement totalitaire.

Comme on n'est pas vraiment d'accord avec une attitude totalitariste, on aura tendance à un certain *laxisme* (qui est plus une forme d'indifférence que l'accueil de la différence). Si on a confondu individualisation et individualisme, on aboutit à l'anarchie quand les lois disparaissent.

Prendre conscience que son paysage intérieur est unique et que nous percevons le monde à travers lui, c'est découvrir que nous sommes seul dans le monde que nous percevons.

A partir de cette individualisation qui fait de nous des individus à part entière, nous pouvons enfin nous rencontrer nous-même puis, rencontrant les autres, sortir de la solitude.

CHAPITRE III

Acteurs et accessoires

POUR communiquer, il faut un *acteur* (celui qui communique) et des *accessoires* (ce qu'il utilise pour communiquer). Quand je dis « acteur », je ne parle pas de quelqu'un qui fait du théâtre ou du cinéma (quoique cela puisse lui arriver), mais de quelqu'un qui agit.

L'acteur est celui qui est la véritable source de l'action. Quand il s'agit de communication, l'acteur est celui qui est la véritable source de l'acte d'émettre ou de recevoir.

Pour y parvenir, il a besoin d'accessoires qui se regroupent en deux familles. Ce ne sont pas des accessoires extérieurs, mais des accessoires si proches de lui qu'ils sont presque comme s'ils étaient un peu lui.

Si j'utilise ici les mots *acteur* et *accessoires* dans un sens différent (mais juste) du sens habituel, ce n'est pas sans malice car cela nous permettra, plus loin, d'aboutir à une compréhension plus fine de la communication : comme pour le théâtre ou le cinéma, nous devrons différencier la notion d'*acteur* de celle de *personnage* (l'acteur est celui qui joue et le personnage est ce qui est joué par l'acteur).

1. Premier accessoire : l'outil physique

C'est l'ensemble des *émetteurs* et des *récepteurs* constitués par nos *organes physiques :*

– Pour émettre la voix et prononcer les mots, nous utilisons notre larynx, nos lèvres, notre langue, nos dents, nos poumons, nos muscles respiratoires, etc.

– Pour les recevoir, nous utilisons nos oreilles (externe et interne, y compris l'ensemble du système osseux transmetteur de vibrations).

– Pour émettre des messages gestuels, nous utilisons nos mains, notre visage, nos bras, nos jambes (position ou démarche) et l'ensemble de notre corps dans ses différentes postures.

– Pour les recevoir, nous utilisons surtout les yeux.

– Nous émettons par la peau des odeurs corporelles (qui sont des messages souvent échangés inconsciemment) ; nous les recevons par le nez.

– La peau nous permet aussi de faire circuler de l'un à l'autre des messages tactiles comme dans la poignée de main (riche en indications non verbales) ou divers touchers comme une main sur l'épaule en réconfort, sur le bras en accompagnement ou pour interpeller, des caresses transmettant des sentiments, etc. Dans tous ces cas, la peau joue d'un côté le rôle d'émetteur et de l'autre celui de récepteur.

Je regrouperais ces émetteurs/récepteurs en un ensemble que je nommerais **outil physique.**

Ils sont anatomiquement très complexes et leur fonctionnement très performant. Cependant, aussi sophistiqués soient-ils, ils ne sont pas la source de la communication. Ils n'en sont que le moyen, le médiateur. Intermédiaire indispensable mais seulement intermédiaire. Avez-vous déjà essayé de parler à une oreille ? Je crains que la communication ne soit alors très limitée. Il n'y en aura même pas du tout. Votre interlocuteur n'est pas l'oreille, c'est *la conscience* qui vous entend et vous comprend.

Si derrière l'oreille il n'y a personne, vous ne pourrez rien échanger. Parler à une oreille – et à une oreille seulement – c'est parler dans le vide ! L'expression : « Je veux bien être une oreille pour toi » a quelque chose de très réducteur où il semble davantage qu'on nous tende une cuvette pour y « vomir » notre verbe mal digéré plutôt que de nous donner la véritable attention qui nous accompagnera dans une digestion salutaire.

Imaginez que vous ayez une station radio très perfectionnée, à la pointe de tous les progrès. S'il n'y a pas d'animateur il n'y a pas d'émission ! De même à la réception, aussi efficaces que soient le tuner et la chaîne hi-fi, s'il n'y a personne pour écouter, il n'y a pas de réception.

Les accessoires de communication, aussi indispensables et perfectionnés soient-ils, ne produisent pas de communication ; ils ne font que la véhiculer.

On rencontre, avec l'*outil physique* d'émission/réception, les mêmes conditions qu'avec les techniques de communication décrites au premier chapitre : si les gens ne sont pas dans un état communicant, quelles que soient les qualités de leur ouïe, de leur vue ou de leur larynx, leurs accessoires physiques ne pourront transmettre que leur non-communication.

2. Les acteurs

Qui utilise l'outil physique ? Qui communique vraiment ?

Je répondrais : « C'est l'acteur, et l'acteur, c'est *nous.* » Oui, mais *nous,* c'est qui ?

Si les idées ne sont pas claires, on peut confondre ce *nous* avec les accessoires et alors, au lieu de se poser la question : « *Nous,* c'est qui ? », on risque de s'égarer en se demandant : « *Nous,* c'est quoi ? »

On dit « quoi » pour des objets, pas pour des êtres. Pourtant, dans la vie on se demande souvent « Pourquoi ? » mais rarement « Pour qui ? ». Tout le monde est d'accord avec cette idée que ce sont les êtres qui comptent et non les objets ; pourtant, on cherche surtout « Pourquoi ? » et « Comment ? ». Le « Pour qui ? » est rarement à l'ordre du jour alors qu'en réalité c'est lui qui mène la danse.

Beaucoup de nos difficultés viennent du fait que nous ne posons pas la bonne question. Nous verrons d'ailleurs plus loin que ce qui nous manque le plus dans la vie ce ne sont pas les réponses justes, mais les questions justes. Cela est dû au fait que la plupart des réponses sont déjà en nous mais ont besoin de questions pour éclore, ce qui sera explicité et illustré dans les chapitres « Conséquences de l'état communicant » et « Exploration ».

Donc l'*acteur* est ce *nous,* et ce *nous* je le baptiserai **individu.** Peut-être cela semble-t-il un mot bien banal pour désigner ce que nous sommes dans toute notre importance et notre dimension d'être. Cette banalité n'est qu'apparente, car ce mot convient exactement pour désigner l'*individualité* que nous sommes. Chacun de nous est unique.

Chacun de nous est une individualité dont la valeur est inestimable. Le mot « individu » désigne aussi cette unité, cette part indivisible de l'humanité que représente chacun de nous et dont la dimension, bien qu'infinie, est sans cesse croissante.
On remarquera au passage qu'il est plus facile de grandir quand on est in-fini (non fini) que quand on est fini. Cela peut paraître un jeu de mot, mais il est parfois important d'écouter aussi le langage des mots.

De même que les astrophysiciens trouvent dans les rayonnements circulant dans l'univers des renseignements sur son histoire depuis le fameux big-bang, **les mots, au-delà de leur sens habituel, véhiculent une part de l'esprit que nous sommes :** notre histoire, notre présent, notre inconscient collectif et notre conscience sociale. Les *écouter* avec le cœur et les *sentir* de l'esprit (plus que de les examiner avec l'intellect) nous renseignent parfois davantage que de lire de nombreux ouvrages.

Cette « écoute du mot » nécessite plus une ouverture d'esprit que des compétences linguistiques, ce qui nous conduit à une remarque étonnante : le *mot (verbe)* ne représente que 10 % du message par opposition aux 90 % de *non-verbal.* Pourtant, le mot lui-même contient un « non-verbal » qui, au-delà du sens habituel, est le reflet du conscient ou de l'inconscient dans lequel on se situe culturellement. Les mots véhiculent à notre insu une richesse méconnue (comme, par exemple, « individu »).

Nous sommes donc partis de la notion d'*acteur* pour arriver à *nous,* finalement désigné par le mot *individu.* Afin de ne pas trop donner l'impression de tourner autour du mot, il est peut-être temps que je précise *qui* est cet *individu* que *nous* sommes. Je ne peux ni vous le décrire ni vous le dessiner. En revanche, je peux peut-être vous le faire « toucher » de la conscience.

Vous est-il arrivé de dire à un rêveur : « Tu pourrais être là quand je te parle ! » Certainement oui. Vous devez avoir dans votre entourage quelques-unes de ces personnes qui savent si bien « s'absenter » lorsque vous vous adressez à elles. On a dû vous le dire aussi à vous lors de vos moments d'évasion, ces moments où vous savez si bien être « ailleurs ».

Etre « ailleurs », dans la lune comme on dit, nous savons tous le faire depuis que nous sommes tout petit. En ce domaine la difficulté n'est pas tant de le faire que de ne pas le faire. On nous l'a assez reproché ! Eh bien, bonne nouvelle ! cela vous aura été utile : le faisant, vous avez fait (sans le savoir) l'expérience de ce qu'est l'*individu.* Vous avez tout à fait su discerner quand il est là ou non. Vous avez parfaitement senti la différence entre sa présence et son absence.

L'individu, c'est ce qui est nous et dont on distingue parfaitement la présence ou l'absence.

Quand il est absent, où est-il ? L'ailleurs dans lequel il se trouve est le *paysage intérieur.* Lorsque quelqu'un est « absent », il est en balade ou en repos quelque part dans son paysage intérieur. Il est clair que nous pouvons « poser nos organes d'émission et de réception » sur un fauteuil, face à quelqu'un. Pendant ce temps, *nous,* nous pouvons partir ailleurs. Les outils physiques sont là, mais pas le propriétaire !

Nous sommes ainsi conduits à envisager deux aspects distincts : les *outils physiques* d'une part, et *l'individu* qui les utilise d'autre part. Bien que nous soyons amenés à faire cette distinction (et il est très important de la faire pour communiquer), n'oublions pas qu'ils sont intimement reliés, et qu'en agissant sur l'un on peut toucher l'autre.

Ils sont liés mais n'en sont pas moins distincts pour autant.

En omettant ces précisions, on risque de finir par ne parler qu'à des oreilles et être très déçu par cette absence de résultats dont on ne saura pas trouver la cause.

3. Deuxième accessoire : l'outil mental

Pour utiliser ses accessoires physiques de communication, l'*individu* a besoin d'un « outillage » complémentaire. Cette deuxième famille d'accessoires – qui inclut les compétences intellectuelles conscientes et inconscientes – sera appelée **outil mental.** Pour simplifier, nous parlerons d'un côté de l'*outil physique* et de l'autre de l'*outil mental,* tous deux au service de l'*individu.*

L'outil mental est en quelque sorte de l'informatique à notre service. Plus qu'un simple computer, comme en robotique, il permet non seulement la gestion d'informations en vue de l'accomplissement d'une tâche, mais est capable de s'ajuster à des circonstances variées dont il reconnaît les différences (à condition de les connaître auparavant).

Par exemple, sur une chaîne de montage automobile robotisée, le robot a des capteurs capables de reconnaître l'objet sur lequel ses outils devront accomplir une tâche précise. Mais le robot ne décide pas des fabrications à lancer. Ça, c'est le rôle de l'individu qui en a la responsabilité.

L'outil mental fait encore plus, car il est capable de s'ajuster non seulement à des situations variées, mais aussi à des situations nouvelles. Il est capable de s'autoprogrammer avec l'expérience. Les scientifiques parviennent aujourd'hui à réaliser en laboratoire des versions très simplifiées d'ordinateurs capables de s'autoprogrammer grâce à une mémoire en réseau (et non plus une mémoire linéaire) : un bras articulé avec des capteurs est animé d'un mouvement aléatoire et vient heurter un objet. Chaque « toucher » maladroit s'enregistre jusqu'à ce que la machine devienne capable de gestes plus précis. Ce type de machine réalise un auto-apprentissage. Il est intéressant de noter qu'elle « apprend » par ses erreurs autant que par ses succès (l'avantage de la machine, c'est qu'elle n'a pas honte de ses erreurs).

Grâce à l'outil mental, une adaptation aux circonstances nouvelles est possible ; chaque « nouveauté » est intégrée à l'ensemble de l'information déjà accumulée. On aboutit ainsi à une croissance de la quantité de données et à un affinement de la structure de l'information déjà en place. On pourrait illustrer cela en comparant les données à des atomes et l'information structurée à la réalisation de molécules complexes.

Il ne suffit pas d'accumuler des atomes pour avoir des molécules. On a beau connaître les constituants de l'A.D.N. (cette molécule contenant les caractéristiques du fonctionnement de notre corps), ce n'est pas en les « mixant » au hasard qu'on aura de l'A.D.N. (et encore moins l'A.D.N. d'un individu particulier).

C'est là toute la différence entre le savoir et la connaissance. Il ne suffit pas d'accumuler des savoirs pour connaître. Il faut en intégrer la pertinence, la hiérarchie et les relations.

Plus simplement, on pourrait dire qu'il ne suffit pas de connaître l'alphabet pour écrire des mots et qu'il ne suffit pas non plus de connaître des mots pour créer une poésie.

Quand j'apprends quelque chose par cœur, j'ai des données nouvelles, mais ce n'est pas encore de l'information structurée.

On peut être érudit sans avoir structuré son savoir et ne disposer finalement que de peu d'efficacité de raisonnement. On connaît de ces personnes « cultivées » qui savent beaucoup de choses mais avec qui aucune discussion cohérente n'est possible.

Donc, l'outil mental reçoit les informations de l'outil physique, les traite puis, en principe, l'*individu,* compte tenu du résultat, envoie un ordre aux outils physiques pour l'accomplissement de l'action la plus appropriée (sauf en situations d'urgences où la conscience peut être court-circuitée pour gagner du temps – comme dans le réflexe de retrait de la main en cas de brûlure des doigts). Dans le cas de la communication, j'entends une question par mes oreilles, je la décode avec mon mental puis je décide de ce que je dois répondre. Je demande alors au mental de coder cette réponse afin qu'elle soit émise par mes émetteurs physiques. C'est par le même processus que mon interlocuteur recevra mon message, prendra sa décision en conséquence, etc. (fig. 2).

→

Fig. 2 : **Circulation de l'information** (acteurs et accessoires) :

1. **Individu émetteur,** véritable point source. Emission d'une information sélectionnée dans l'outil mental (paysage intérieur).
2. **Outil mental de l'individu émetteur.** Codage, puis envoi du message codé vers l'outil physique émetteur. L'élaboration du message se fait en fonction des éléments disponibles dans le paysage intérieur.
3. **Outil physique de l'individu émetteur.** Emission du verbal et du non-verbal. En plus de la voix, tout le corps participe à l'émission du non-verbal. Envoi du résultat vers l'outil physique de l'interlocuteur.
4. **Transmission du message** verbal et non-verbal. Distorsion possible par l'environnement extérieur.
5. **Outil physique de l'individu récepteur.** Réception du verbal et du non-verbal. En plus de l'audition, tous les sens participent à la réception du non-verbal. Ensuite, envoi du message à décoder vers l'outil mental.
6. **Outil mental de l'individu récepteur.** Décodage, puis envoi du résultat vers l'individu. La fabrication de l'image mentale se fait à partir du message reçu et du contenu du paysage intérieur permettant l'interprétation.
7. **Individu récepteur,** véritable point réception. Réception de l'image fabriquée par l'outil mental.

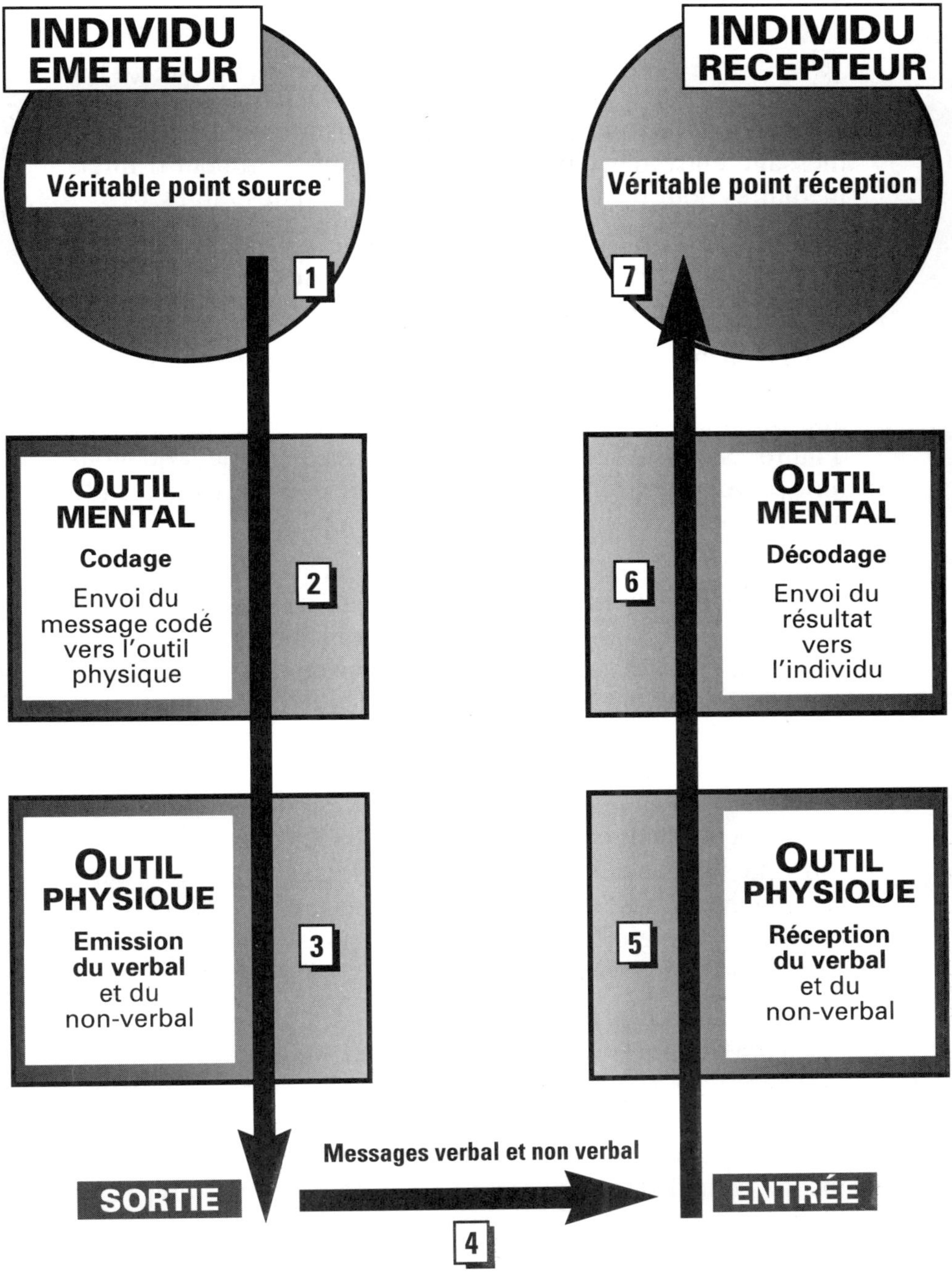

Fig. 2 : **Circulation de l'information** (acteurs et accessoires).

On remarque que, pour la simple transmission d'un unique message entre deux individus, il y a suffisamment d'intermédiaires pour provoquer des distorsions indésirables.

L'outil mental est un indispensable accessoire et nous devons essayer de mieux en cerner la nature : l'individu est-il distinct de l'outil mental comme il l'est de l'outil physique ?

Un fait nous éclairera : certaines actions peuvent se faire sans que nous soyons aux commandes. Il arrive que l'individu que nous sommes se mette « en vacances ». Nous avons d'autres centres d'intérêt dans notre paysage intérieur qui nous font parfois quitter l'instant présent, et nous laissons l'outil mental assurer seul le déroulement des opérations.

A qui n'est-il pas arrivé de conduire sa voiture sur un trajet habituel et de constater avec étonnement : « Tiens ! Je suis déjà arrivé là ! » Dans ce cas, vous n'avez pas utilisé votre mental comme un système d'assistance au service de vos décisions, mais comme un pilote automatique en lequel vous vous remettez aveuglément. C'est extraordinaire. Votre outil mental a tout pris en charge : la vitesse de votre véhicule (accélérations, ralentissements), ses arrêts (feux rouges, stops, obstacles), ses changements de direction (virages, dépassements) et tout ce qui concerne l'usage des commandes de pilotage de votre voiture. Sans oublier de respecter le parcours afin de vous amener à destination. Cela signifie que l'outil mental peut aussi fonctionner (comme l'outil physique) alors que *nous* (l'individu) sommes absent.

Ce qui est intéressant, c'est de constater que les deux accessoires peuvent être présents pendant que *nous* sommes ailleurs. Nous vérifions ainsi que nous ne sommes pas notre outil mental, pas plus que nous ne sommes notre outil physique. Là encore, cette distance ne doit pas nous faire perdre de vue que *corps, mental* et *individu* sont intimement liés et que tout changement au niveau de l'un entraîne un changement au niveau des deux autres.

N'oublions jamais non plus qu'ils sont distincts, car cela nous conduirait à parler (on ne peut appeler cela communiquer) uniquement par automatismes ou par idéologie. Vous connaissez certainement de ces discussions où l'on s'emporte pour faire valoir son idée en se moquant complètement de l'état dans lequel se trouve celui à qui l'on s'adresse. On se souvient d'une triste expérience sous l'Inquisition où, pour « sauver » les gens, il fallait les brûler. Nous ne brûlons plus les gens (du moins chez nous) heureusement, mais nous n'en avons pas terminé avec cette pratique qui conduit à faire de l'*idée* quelque chose de plus important que l'*individu.*

4. L'individu doit rester prioritaire

Dans l'acte d'émettre et de recevoir, il y a des *sujets* et des *objets.* En grammaire, le sujet est celui qui accomplit l'action désignée par le verbe.

En communication, il y a les *sujets* (ceux qui effectuent l'action d'émettre et de recevoir) et les *objets* verbaux ou non verbaux qu'ils se transmettent.

Ce qu'on dit, bien qu'ayant de l'importance, ne devrait jamais être à nos yeux plus important que *celui* à qui on le dit.

De même, quand on nous dit quelque chose, *ce quelque chose* ne devrait jamais prendre pour nous plus de valeur que *celui* qui nous le dit.

Dans les deux cas, l'autre et nous-même devons toujours nous considérer comme plus importants que ce que nous échangeons.

Les messages, verbaux ou non, ont tout de même de l'importance. Mais je veux insister sur le fait qu'ils en ont moins que ceux qui les émettent et les reçoivent.

Pour mieux concevoir cette notion de **priorité de l'individu sur les messages,** imaginez que vous allez voir un ami. Pour aller chez lui, vous devez traverser une rivière enjambée par un pont. Ce pont est très important car, sans lui, ce serait très compliqué d'arriver à destination. Cependant, il ne vous viendrait pas à l'idée de dire que ce pont est plus important que votre ami.

Lorsque vous parlez avec quelqu'un, les messages que vous échangez sont importants car, sans eux, il serait plus difficile de vous rencontrer. Cependant, ces messages – tout comme le pont – sont moins importants que votre interlocuteur et vous-même. Que diriez-vous de quelqu'un qui viendrait vous voir et qui, traversant un pont pour parvenir jusqu'à votre domicile, accorderait plus d'importance à cet ouvrage architectural qu'à vous ? A tel point qu'il resterait sur ou sous ce pont pour l'étudier, le commenter, le réparer, le décorer, etc. Il ne s'occuperait plus du pont pour faciliter votre rencontre, mais seulement pour le plaisir d'avoir un beau pont. Fasciné par cet ouvrage, il vous aurait complètement oublié. Que diriez-vous d'un tel ami ?

C'est exactement ce qui se passe dans les discussions passionnées : ce que l'on dit y devient plus important que ceux à qui on le dit (et que soi-même).

Le message est donc important, mais toujours moins que ceux qui l'échangent. Sinon on se trompe d'interlocuteur. Si ce sont les mots et les idées qui priment, nous finissons par avoir une conversation qui ne s'adresse qu'à des objets. La communication se ferme car l'information n'arrive plus jusqu'à l'*autre.*

5. S'adresser à quelqu'un

L'information ne va que là où est notre attention. Si notre attention se rive sur l'*idée* (l'objet), c'est là qu'ira notre message. Il s'y perdra à notre insu et n'arrivera pas à destination du *sujet* (notre interlocuteur). Peut-être nous reviendra-t-il plus tard, un peu comme une lettre pour laquelle nous nous serions trompé d'adresse : après avoir fait le tour des centres de tri, elle nous est retournée avec la mention « N'habite pas à l'adresse indiquée ». Effectivement, l'autre, en tant que *sujet,* n'habite pas dans notre idée (ni dans la sienne).

L'expression « s'adresser à quelqu'un » indique que pour communiquer il faut accepter d'être à l'adresse de son interlocuteur. En quelque sorte, il faut « passer chez lui ». On craint la « proximité » qui en résulte. On dit souvent que pour ne pas trop souffrir il faut garder ses distances. On n'a pas tout à fait tort, mais l'ennui est qu'on a oublié de préciser de quelle distance il s'agit : s'agit-il de la distance avec l'*individu* ou de la distance avec ses *idées ?*

Il y a beaucoup de choses dans la vie qui sont ainsi vraies et fausses à la fois, simplement parce qu'on manque de précision. On peut dire qu'on n'est jamais trop près de l'*autre* en tant qu'*individu,* mais qu'on risque d'être trop près de ses *idées* en tant qu'*objet.*

Lorsque nous essayons de communiquer avec quelqu'un qui a des problèmes, la distance doit être prise avec ses problèmes, pas avec *lui.* Or, comme nous confondons objet et sujet, nous avons tendance à être si proche de ses problèmes qu'on les vit à sa place. Cela est tellement déstabilisant que nous préférons alors, pour nous préserver, prendre de la distance avec cet *individu* trop dérangeant.

On observe aussi cette réaction chez le personnel soignant. Quand la douleur des autres les atteint trop, il y a prise de distance. Faisant primer le problème sur l'*individu* (car on veut toujours lutter contre ce problème – c'est la « mission »), on voit alors parfois des soignants qui, avec sincérité, ont voulu se mettre au service des autres mais qui, saturés de cette souffrance, s'en éloignent. Cela est doublement douloureux pour eux, car ils sentent bien qu'ils ne mettent plus la dimension souhaitée dans leurs soins. Il en résulte un durcissement ou de la démotivation de leur part.

C'est cette confusion qui conduit à utiliser des mots guerriers pour parler de la communication. J'entends souvent dire qu'il faut se former à la communication afin d'être mieux *armé* face aux autres, qu'une réunion n'a pas eu lieu *faute de combattants,* que face à face dans une expérimentation au cours d'une formation, l'autre est souvent spontanément nommé *adversaire* plutôt que coéquipier, collègue ou partenaire, que pour faire face il faut *se blinder,* qu'il faut être *battant.*

Dans une négociation, la notion de « Il faut être convaincant pour que l'autre soit convaincu » serait presque amusante lorsqu'on constate que cela aboutit à être tous deux *compердants* (je n'ai pas osé l'écrire en deux mots !).

Quand on néglige le *sujet,* l'*individu,* au profit de l'*objet,* on produit des dérapages comme ceux décrits ci-dessus.

J'observe cela dans tous les stages que j'anime, même auprès des publics les plus cultivés dans ce domaine. Ils découvrent souvent qu'ils n'avaient jamais envisagé ce qu'est vraiment la communication malgré leur savoir en la matière. Ils le découvrent non pas parce que je le leur dis, mais parce qu'ils en font l'expérience concluante pendant et après la formation. Leur non-communication précédente n'indique pas qu'ils étaient incapables de communiquer, mais que leur attention était culturellement (car c'est le bain social dans lequel on nage) tournée dans la direction de l'objet plutôt que du sujet.

Même quand il s'agit de gens qui, dans leur métier, se mettent sincèrement au service des autres, ils ont tendance à tourner leur attention vers les problèmes (objet) plutôt que vers ceux qui les éprouvent (individus).

Même quand ce sont des personnes qui exercent un métier de communication, il arrive parfois qu'elles aboutissent au constat qu'en fait elles ne communiquent pas. Malgré leurs connaissances étendues en matière de techniques médiatiques, elles n'avaient pas connaissance de ce que nous décrivons ici.

Pour savoir s'il y a communication ou non, il est souhaitable de ne pas s'arrêter à l'apparence, mais d'oser regarder ce qui se passe en détail.

Une telle précision n'est-elle cependant pas superflue ?

Doit-on se donner tant de mal ?

N'est-ce pas couper les cheveux en quatre que d'aller vers tant de nuances, compte tenu du fait que communicants ou non, il y a tout de même des tas de gens qui réalisent des choses extraordinaires. Finalement c'est cela qui compte, non ?

En fait, on constate surtout la mise en œuvre d'efforts démesurés pour n'obtenir que des résultats décevants par rapport à ce qu'on a investi.

6. La non-communication, source de stress

On pourrait comparer la communication à l'ergonomie qui permet de produire un maximum de qualité avec un minimum de risque et de fatigue. Si nous réussissons quand même dans la vie lorsque nous ne sommes pas communicant, cela se fait au prix de performances dignes d'un jongleur ou d'un acrobate. Nous sommes souvent en déséquilibre dangereux auquel nous résistons « à la force du poignet ». La principale cause de stress et d'épuisement est la non-communication.

Les précisions que je propose ici ne servent pas à couper les cheveux en quatre, mais à devenir plus « ergonomique ».

On pense souvent à étudier des techniques pour gérer le stress apparu, mais on se préoccupe peu de comprendre comment éviter qu'il n'apparaisse.

On peut arriver à vivre sans communiquer, mais ça ressemble à un bricoleur qui, pour percer un trou dans le mur, utilise un escabeau qu'il positionne sans soin, de telle façon qu'il est trop loin et trop de côté. Qu'à cela ne tienne, il va se pencher et se mettre de biais (au risque de tomber) plutôt que de placer son escabeau correctement. Le trou, finalement mal fait, nécessite d'être rebouché puis repercé. Au fond, ce n'est pas si grave quand on a le goût du risque, du temps, de l'argent et de l'énergie à perdre !

Seulement voilà, plus ça va moins on a de surplus à gaspiller. Dans notre société, le stress qui en résulte engendre des maladies ou un dysfonctionnement qui coûte très cher. Même si nous ne nous sentons pas concerné, d'une façon directe ou indirecte nous serons conduit à contribuer pour combler le trou d'énergie et d'argent engendré par cette attitude négligente.

Les nuances que je propose dans ces lignes ne sont donc pas un gadget philosophique de plus. Il s'agit d'aller au plus proche des causes réelles des difficultés que nous rencontrons. Nous vérifierons que les solutions en découlent naturellement.

Distinguer l'*individu* et ses accessoires (*outil physique* et *outil mental*) constitue le début d'une nouvelle approche. La suite va permettre de la préciser et de la rendre utilisable au quotidien.

Avant de passer au chapitre suivant, précisons comment l'*outil mental* dispose d'une remarquable acuité.

7. L'acuité mentale

L'outil mental fabrique des images mentales. Comme nous l'avons vu dans le chapitre II, le mécanisme de perception fait que nous ne voyons que des images mentales (même quand nous regardons le présent). Quand je dis « image mentale », il faut entendre « empreinte correspondant à toutes les perceptions ». Si je vous propose de penser à votre dernier repas, vous pouvez en percevoir l'image visuelle (disposition des couverts, forme des assiettes, couleur des aliments, etc.), mais aussi la température, le contact des couverts dans vos mains (image tactile), les odeurs (image olfactive), les bruits, musiques ou dialogues (image sonore), la position de votre corps et vos mouvements (image kinesthésique), le plaisir que vous avez à manger (image émotionnelle), etc.

Les types d'images sont variés et contiennent un grand degré de précision si on se donne la peine de les explorer (nous verrons plus loin comment).

Quand vous avez vécu l'événement de ce repas auquel vous venez de penser, vous l'avez perçu grâce à ces images mentales que vous venez de rappeler. Ce qui est étonnant, c'est qu'on pourrait pousser l'investigation plus loin et découvrir que cette empreinte contient une richesse d'information insoupçonnée au moment de l'événement. C'est un peu comme une image holographique. Lorsqu'on réalise un hologramme à partir d'un objet, on obtient une image en relief, en trois dimensions. Apparemment, rien d'extraordinaire (à part le relief). Mais, si on regarde l'hologramme avec un instrument grossissant, on découvre un degré de précision étonnant : même les bactéries qui étaient présentes sur l'objet de départ y sont visibles.

L'empreinte mentale que nous fabriquons n'est pas, elle, une représentation fidèle de la « réalité extérieure » puisqu'elle se construit à l'aide de notre paysage intérieur. Cependant, elle recèle un degré de précision très important. En « revisionnant » ce repas, vous pourriez avoir accès à des précisions dont vous n'aviez pas conscience au moment où vous étiez en train de le consommer. Par exemple, vous aviez bien senti que vous vous êtes régalé, mais vous n'aviez pas mis en évidence que c'était surtout grâce à la présence de telle personne que vous avez trouvé ces mets si savoureux. Avec d'autres gens, les saveurs n'auraient pas été aussi appréciables. Peut-être n'aviez-vous pas remarqué avec autant de précision à quel emplacement vous étiez assis à cette table, ni comment, étant placé là, la lumière de telle lampe où de telle fenêtre vous éclairait sous un angle bien précis, etc.

Donc, le mental fabrique des images, mais aussi il les stocke. C'est une évidence, sinon vous n'auriez pas pu vous rappeler ce fameux repas. Il les fabrique, les stocke et les classe. Le mental ne laisse pas ses informations en désordre afin que nous puissions y accéder. Quand je vous ai proposé de penser à votre dernier repas, vous ne vous êtes pas rappelé n'importe lequel.

Ce classement se fait de façon complexe, mais l'utilisation est très souple. Pour simplifier, on pourrait dire que pour chaque image mentale fabriquée, le mental repère les différences et les ressemblances avec toutes les images déjà existantes.

Par exemple, entre cette page et la table de votre repas il repérera des liens de différence et d'analogie : les deux sont de forme rectangulaire, planes, en face de vous, les deux permettent de se « nourrir », etc. *(analogie)*. Mais si l'une permet une nourriture gustative, l'autre apporte une nourriture intellectuelle ; les deux sont rectangulaires, mais ne sont pas de la même taille, ni de la même couleur, ni orientées dans la même direction, pas du même matériau, etc. *(différence)*. En cas de défaut dans ce classement, vous pourriez vous mettre à manger un livre ou à lire une table, car la perception des deux ne serait plus différenciée.

Cet exemple est volontairement absurde afin de montrer le désordre qui peut en résulter (jusqu'à la folie), mais dans le chapitre XVI nous verrons que cela se passe couramment à notre insu dans de nombreuses situations moins apparentes car moins caricaturales.

Le mental est donc très rigoureux dans son classement afin de permettre une utilisation optimum des données accumulées. Mais ce classement, normalement rigoureux et pertinent, peut parfois faire défaut et entraîner des dérapages de comportement.

Les données ainsi stockées et classées sont souvent utilisées à notre insu avec beaucoup de rapidité et de précision. C'est le cas, par exemple, des informations subliminales.

Dans une expérience, on propose à un groupe de personnes d'observer la photographie de quelqu'un dont l'expression est volontairement neutre sur un écran. Sans que les observateurs le sachent, on projette en surimpression pendant seulement un millième de seconde un autre portrait ayant une expression agressive, puis on demande au groupe : « Que pensez-vous de cet individu ? » Et le groupe de répondre : « On ne s'y fierait pas ! » L'information d'un millième de seconde a été perçue et a généré un sentiment d'insécurité.

Si on répète l'expérience avec, en surimpression, le flash d'un millième de seconde représentant un visage souriant, l'avis du groupe sera que cette personne est plutôt sympathique.

C'est très important car cela montre à quel point il est difficile de tricher. On comprend encore mieux pourquoi le non-verbal a une telle importance et que si un malheureux petit millième de seconde d'information suffit à « renseigner » l'interlocuteur, il est illusoire de vouloir *faire semblant* de communiquer.

C'est pour cela que communiquer n'est pas une affaire de trucs à appliquer ou de techniques à mettre en œuvre. C'est un nouvel état d'esprit que j'appellerai l'*état communicant.*

CHAPITRE IV

L'état communicant

POUR pouvoir se dire des choses, se « communiquer » des informations, il faut d'abord *être communicant.* Pour que l'information circule, il faut d'abord s'ouvrir.

1. L'ouverture d'abord, l'information ensuite

En fait, nous faisons souvent le contraire. Nous envoyons l'information sans nous préoccuper de savoir si l'autre est prêt à la recevoir. Nous ne nous préoccupons pas trop non plus de recevoir ce que l'autre éprouve le besoin de nous rétorquer (surtout quand son avis est différent du nôtre).

Lorsque nous jugeons que notre information est importante, nous sommes plus ferme encore, car là plus que jamais « il faut que le message passe » ! Plus ferme ? On peut dire (c'est pareil) plus *fermé !* Parler ferme, c'est parler fermé. Comment notre message pourrait-il arriver à destination puisque, avant même de l'envoyer, nous sommes fermé.

Pour que notre message parvienne à l'autre, il serait souhaitable que nous soyons d'abord ouvert (sinon il ne pourra pas sortir de nous pour aller vers lui). Vous viendrait-il à l'idée de franchir une porte sans l'ouvrir ?

D'abord l'état communicant, ensuite les échanges de messages sinon on se casse le nez.

Pourtant, nous envoyons souvent nos messages sans nous préoccuper d'ouvrir la « porte ». Est-ce par stupidité ? Non, rien n'est stupide. Dans la vie nous ouvrons toujours les portes avant de les franchir… sauf si on ne les voit pas comme dans le cas de la porte vitrée d'un magasin ou d'une véranda. En étant plus vigilant on l'aurait vue. On était juste un peu pressé ou un peu distrait.

Si nous essayons de communiquer sans être communicant (ouvert), ce n'est pas parce que nous sommes incapable, mais seulement parce que nous ne sommes pas assez lucide (lucidité : *lux* = lumière) ; c'est dans le noir, quand on se lève la nuit, qu'on se cogne dans les portes de son appartement que l'on connaît pourtant très bien !

Plus que de travailler la compétence et les aptitudes en communication, je proposerais de travailler d'abord la lucidité sur ce que sont la communication et l'état communicant. Le reste suivra naturellement.

2. Etre d'abord, agir ensuite

Nous vivons dans une culture qui a privilégié l'action sur l'état, le faire plutôt que l'être. Pourtant, qu'on le veuille ou non, il peut y avoir de l'*être* sans *faire*, mais pas de *faire* sans *être*. Etre d'abord, agir ensuite.

Si je ne *suis* pas, qui agit à ma place ? Quel automatisme, quelle idéologie me remplace ? A qui ai-je donné la procuration qui lui laissera carte blanche pour agir à travers moi en mon absence ? C'est d'autant plus fâcheux que même si je laisse « cela » ou « ceux-là » agir à travers moi, c'est quand même moi qui devrait assumer les conséquences de « mes » actes.

L'action a de la valeur, beaucoup de valeur, mais il faut d'abord *être* (même si ensuite cette action aura permis de renforcer l'*être*).

Dans la communication, mettre l'accent sur ce qu'il faut faire nous égarerait. L'accent doit être mis sur l'*état* correct : l'*état communicant*.

Ce que je décrirai dans les chapitres suivants permettra de mieux cerner de quel état il s'agit. J'y décrirai ce qui se passe quand on est communicant et non pas ce qu'il faut faire pour communiquer. Cette description nous conduira à ressentir avec finesse les nuances qui se manifestent quand on y est.

CHAPITRE V

Etre présent

L'UNE des caractéristiques essentielles de l'état communicant est d'être présent. Nous avons vu que tout en étant physiquement là nous pouvons être « ailleurs ». Ailleurs dans le temps ou dans l'espace de son paysage intérieur. Quand vous parlez à quelqu'un qui est ainsi « dans la lune », vous ne pouvez établir de communication avec lui.

De même, si c'est vous qui êtes « absent », les autres ne peuvent communiquer avec vous.

1. Communication implique présence

Vous ne pouvez communiquer que s'il y a présence. Il ne vous viendrait pas à l'idée de téléphoner à quelqu'un et de commencer votre conversation alors que votre correspondant n'a pas décroché. Voyant quelqu'un agir de la sorte, vous seriez très inquiet à propos de son équilibre psychologique.

Il ne viendrait à l'idée de personne non plus de composer un numéro et, quand l'interlocuteur répond, de partir discuter ailleurs. Votre correspondant se demanderait alors quel est le mauvais plaisantin qui fait sonner son téléphone pour rien.

Ou encore, il ne serait guère pertinent de converser avec un répondeur téléphonique.

Pour tous ces cas, l'évidence nous guide naturellement : si, parlant avec quelqu'un au téléphone la communication est coupée, vous arrêtez de converser spontanément.

Pourtant, quand on communique de vive voix, l'évidence nous quitte un peu :

– Nous parlons facilement à quelqu'un sans nous assurer qu'il est bien à l'écoute.

– Nous continuons de parler alors qu'il ne nous écoute plus depuis un moment.

– Nous continuons à converser alors que, plutôt que de nous écouter, il a simplement branché son « répondeur » et répète la même chose sans nous entendre (son répondeur n'est même pas enregistreur !).

Ce que, par bon sens nous ne ferions pas (et trouverions stupide) avec le téléphone, nous le faisons pourtant chaque jour de vive voix avec de nombreuses personnes.

Si nous sommes dans l'*état communicant,* il n'y a pas que l'apparence physique qui est présente. *Nous*, nous sommes également présent en tant qu'*individu* et notre interlocuteur aussi.

2. Etre présent

Que veut dire « être présent » ?

On pense à une localisation dans le temps. La localisation dans l'instant présent est effectivement importante – encore qu'il soit difficile d'accéder à la notion de présent absolu, compte tenu du mécanisme de perception qui engendre toujours un retard. Ce que je perçois, je le perçois toujours en différé (voir chap. II).

L'instant présent est une localisation dans le temps (le présent n'a pas de durée). Comme le point en géométrie, il est de dimension nulle. **Etre dans le présent, c'est accepter d'être dans une dimension nulle.**

Déclarer que la dimension du présent est nulle ne veut pas dire qu'il ne contient rien. Paradoxalement, tout s'y trouve. **Chercher ailleurs que dans le présent, c'est prendre le risque de ne rien trouver et de se sentir en état de manque permanent.**

Même quand on fait une psychothérapie et qu'on travaille sur des événements passés, pour être efficace et rapide on y accède en travaillant sur le présent qui est la source de toutes les informations dont nous avons besoin, même lorsqu'il s'agit d'incidents extrêmement anciens.

Sur un Compact Disc, toute la musique est dans l'instant présent. Tout l'enregistrement se trouve dans cet instant de dimension nulle. Cette nullité de durée ne l'empêche aucunement de contenir toute l'information musicale. L'information est dans l'espace et non dans le temps. Pour écouter un morceau de l'enregistrement, on localisera un espace (une plage du disque) et non un instant. Le temps n'intervient que pour la lecture et l'écoute.

De même, en psychothérapie on travaille sur le présent car tout y est. Mais la lecture de ce qui y apparaît nécessite un déroulement dans le temps pour être conscientisée.

A la différence du CD, les enregistrements dont nous disposons dans notre mental sont modulables et interactifs. En les explorant, nous y modifions en permanence la structure de l'information. Cette structure évolue en même temps que notre conscience. Cette évolution se fait dans le sens de l'ouverture, comme cela sera décrit dans le chapitre XI.

On ne devrait pas confondre « information enregistrée » avec « information structurée ». On peut très bien cumuler du savoir tout en restant stupide, alors qu'un autre qui en aura moins produira des idées de génie simplement en structurant ses connaissances d'une façon inédite et pertinente. Cela reste inaccessible à ceux qui ne feraient qu'accumuler la structure d'information des autres à l'état inerte.

Il y a presque autant de différence entre de l'information structurée et de l'information seulement enregistrée, qu'entre un être vivant et un fossile.

Pour acquérir une structure vivante et significative de l'information qui est en nous, il s'agit de la conscientiser en la localisant dans notre paysage intérieur (comme la plage du disque) pour finalement l'explorer en y consacrant le temps nécessaire (comme pour la lecture de cette plage).

J'ai déjà mentionné plus haut que ce qui manque le plus ce ne sont pas les réponses, mais les questions. En effet, les questions sont comparables à la télécommande d'une platine laser qui permet d'accéder à la musique de son choix. Une fois appuyé sur le bouton, il n'y a plus qu'à écouter.

La communication permet d'accéder à la musique qui est en nous et à celle qui est en l'autre afin de l'entendre avec une oreille nouvelle qui nous permettra d'en tirer de la créativité et d'en faire une réelle connaissance et non un savoir fossilisé.

Nous pourrions explorer davantage la notion de présent mais, pour être honnête, cette localisation dans le temps de dimension nulle est un peu difficile à concevoir et surtout à appliquer. Pour simplifier, je vous proposerai d'y accéder autrement : au lieu de dire *être présent* je dirai : *être le présent.*

Alors qu'on a beaucoup épilogué dans bien des philosophies sur l'« ici et maintenant » (sur l'instant présent – localisation dans le temps – et sur le lieu où l'on est – localisation dans l'espace), nous comprendrons mieux la notion de donner/recevoir qui s'y rattache en considérant « présent » dans son autre signification : « cadeau ».

3. Instant présent = instant cadeau

« Présent » veut aussi dire « cadeau ». A Noël, on offre des présents. Si « instant présent » signifie « instant cadeau », peut-être est-ce Noël à chaque instant ? Mais encore faut-il ne pas oublier de déballer ses paquets !

Etre présent : « être cadeau ». Ce sens décrit très bien l'état communicant : **quand on est communicant, on est un cadeau pour l'autre et on considère l'autre comme un cadeau pour soi.**

Comme pour la fameuse lessive où le premier cadeau c'est la blancheur (le gadget offert dans le paquet n'est que le second), en communication le premier cadeau c'est nous (ce qu'on se dit n'est que le deuxième). Quand j'ai envie de dire de quelqu'un : « C'est pas un cadeau ! », c'est que je ne suis pas communicant.

On ne peut pas communiquer en « appliquant » des techniques, cependant on peut intervenir sur le fait d'*être un présent* et de considérer l'autre comme *un présent* pour nous (dans le sens de « cadeau »).

En fait, ce n'est pas sur notre façon d'agir qu'il faut intervenir, mais sur notre façon d'être et de penser. Ce qui doit changer ce n'est pas notre acte, mais le regard que l'on porte sur l'autre et sur soi. Le chapitre XI nous y aidera avec beaucoup de précision, car il est tout à fait naturel que cela ne semble pas spontanément possible, ou même semble impossible dans certains cas.

Pour simplifier, avant d'aborder le chapitre qui nous éclairera à ce sujet, nous examinerons d'abord le cas où l'*état communicant* existe déjà. Ce que j'y décrirai sera la conséquence naturelle de cet état et non pas ce qu'il faut faire pour y parvenir.

Cette description n'est en aucun cas un mode d'emploi. Si on désire le lire comme une technique à suivre, on risque de se laisser emporter vers une dérive qui ne serait qu'une parodie de la communication. Certaines personnes, soucieuses de manipuler leurs interlocuteurs, ont étudié la communication sous forme de techniques à appliquer, et cela n'a rien à voir avec ce que je vous propose.

Si je veux communiquer alors que je ne suis pas communicant, même en étant très doué mon non-verbal me trahira et je perdrai tôt ou tard la confiance de mes interlocuteurs. Nous éviterons cet écueil en considérant les lignes qui vont suivre comme une « anatomie » de la communication, un constat, en nous gardant bien d'y voir une marche à suivre.

A quoi cela sert-il alors ? Cela sert à devenir beaucoup plus conscient des situations de communication et de non-communication. **Plus conscient, plus lucide,** c'est cela qui importe. Le reste se fera presque tout seul, sans effort.

Ce sera un nouvel outil de perception beaucoup plus fin, qui reviendra à passer de la loupe au microscope électronique. La conscience qui en résulte permet de spontanément mieux communiquer.

Comme je l'ai déjà indiqué, ce qui nous manque ce n'est pas de savoir communiquer (nous savons déjà), mais d'être plus lucide.

4. Donner et recevoir

Puisque nous sommes « cadeau » et « présent », il y a la notion de donner et de recevoir. Mais donner et recevoir quoi ?

Donner de soi et recevoir de l'autre ?

Oui, mais sous une forme particulière : l'*attention.*

Quand je souhaite parler à quelqu'un, je dois lui donner de l'attention afin d'orienter correctement mon flux verbal. Si je devais lui envoyer un simple ballon, je devrais faire attention à lui pour l'envoyer là où il se trouve puis pour vérifier si lui, faisant attention à moi, est prêt à le réceptionner. Dans le cas contraire, il risque de ne pas le saisir.

Quand on dit quelque chose à quelqu'un, on lui dit : « Tu as saisi ? » (comme si on venait de lui envoyer un objet tel qu'un ballon par exemple). En informatique aussi, entrer des données en mémoire s'appelle « saisir des données ».

Pour échanger ces « objets » que sont les flux verbaux, il en est de même qu'avec le ballon. Sans attention, pas de saisie.

Donner de l'attention, d'accord. Mais pour en recevoir, doit-on faire quelque chose de particulier ?

Avez-vous déjà observé comment se déroule un échange courant durant une journée quelconque ? Quatre personnes se retrouvent le matin, et l'une dit : « Hier soir, j'ai vu un film extraordinaire à la télévision. » La deuxième enchaîne : « Eh bien, nous, nous avons été au cinéma et avons passé une super soirée ! » La troisième continue : « Moi, le week-end dernier, je suis allée au théâtre. Qu'est-ce que j'ai rigolé ! » Et la quatrième, qui se moque comme de sa première chemise de tout ce qui vient de se dire, essaye de caser : « Vous savez, j'aime tellement le théâtre ! Ça fait déjà trois mois que je participe à une troupe d'amateur. »

C'est très clair, chacune des quatre personnes n'a strictement rien à faire de ce que les trois autres disent. Chacune essaye de surenchérir pour obtenir l'attention, sans se soucier du fait qu'elle casse la communication des autres. Comme des journalistes (dans le mauvais sens du terme), elles sont prêtes à tout pour avoir le scoop.

Prêtes à tout ? Oui, car l'article à sensation marche bien aussi dans la douleur. Prenons l'exemple d'une autre journée, moins heureuse ; la première personne arrive en disant : « Qu'est-ce que j'ai mal à la tête ! » La deuxième insiste : « Mais *moi*, ça m'est arrivé l'autre soir. Je n'ai pas dormi de la nuit. » La troisième enchaîne, sans prendre le temps de respirer (des fois qu'on ne la laisse pas parler) : « Mon mari a toujours mal à la tête. Je n'arrête pas de lui répéter qu'il devrait faire un scanner. On ne sait jamais… » Et la quatrième : « Moi, je connais quelqu'un à qui on a trouvé une tumeur au cerveau grosse comme une mandarine. Il n'est pas opérable, pensez donc ! Ça doit être dur pour lui… » Là aussi, chacun est indifférent aux autres et à ce qu'ils disent. L'essentiel est d'obtenir

« le plus fort tirage ». *France-Dimanche* n'a rien inventé ! Au quotidien (c'est le cas de le dire), nous faisons exactement la même chose.

Evidemment cela n'est pas de la communication. Ce n'est que de la relation.

Ce qui domine chez presque tout le monde, c'est **le besoin de recevoir de l'attention.** Tout le monde veut en recevoir. Mais si tout le monde veut en recevoir, *qui va en donner ?*

Si on veut briser ce cercle vicieux, il va être indispensable d'accepter de renoncer à recevoir de l'attention pour faire ce que tous attendent le plus : leur en donner. On a là une situation paradoxale, puisque **le seul moyen dont nous disposons pour obtenir de l'attention est d'en donner.**

Dans le cas contraire, si on souhaite jouer au jeu du « plus intéressant », on entre dans une escalade conflictuelle où, finalement, celui qui se sentira moins intéressant se trouvera minable et disparaîtra en tant qu'interlocuteur pertinent. En voulant être vainqueur – et même en y parvenant comme nous l'avons vu dans les premières lignes – on sera perdant.

Le seul moyen est donc de donner de l'attention.

Examinons comment, et pour aboutir où.

5. Donner, c'est quoi ?

Avons-nous fait l'expérience de donner ? En dehors de la morale et de la culture dans laquelle nous baignons – qui nous affirme que LE « bien » est de donner et LE « mal » de prendre – on peut étoffer la réflexion sans prendre parti.

Donner, c'est être capable de recevoir, et recevoir c'est être capable de donner. Il y a deux modes de fonctionnement :

DONNER/RECEVOIR
et
IMPOSER/PRENDRE

Ils se ressemblent beaucoup, mais il ne faut pas les confondre car leurs conséquences sont opposées.

Quand je donne, je permets à celui à qui je donne de disposer comme il l'entend de ce que je lui donne. Se sentant libre, il apprécie d'être avec moi. Dans le cas contraire, j'ai seulement l'air de lui donner mais, en réalité, je ne lui donne pas, je lui impose… et, par-là même, je prends sa liberté. Alors, il se sent piégé et préfère rester à distance.

Il ne s'agit plus de se demander ce qui est bien ou ce qui est mal, mais seulement de faire un constat et de se décider pour ce qui est plus avantageux.

Nous arrive-t-il de donner quelquefois ? C'est très rare. Quand vous offrez un cadeau à votre enfant, le lui donnez-vous *vraiment ?* Par exemple, si vous lui offrez une bicyclette, peut-il la refuser parce que la couleur ou la marque ne lui plaît pas, peut-il l'échanger auprès d'un copain contre quelque chose qui lui convient mieux ou peut-il la mettre en pièces détachées pour réaliser ainsi l'objet de ses rêves ? Honnêtement, non !

Cela veut dire en réalité que le vélo ne lui a pas été donné mais que, au mieux, on lui en a offert un certain usage. Il en aura seulement l'usufruit (c'est-à-dire l'utilisation), mais pas la propriété (il ne peut en disposer à sa guise pour le vendre ou le modifier). Celui qui a soi-disant donné garde ce qu'on appelle la « nue propriété ». Nous avons souvent des difficultés à donner vraiment, car nous voulons rester le « nu propriétaire » de notre « don ».

Quand nous nous plaignons que quelqu'un ne sait pas recevoir notre cadeau, c'est peut-être parce que nous ne l'avons pas vraiment donné.

Comme **donner et recevoir vont de pair,** nous sommes alors réciproquement atteint de cette double carence.

La difficulté est évidente quand ce qu'on doit recevoir est désagréable : si le cadeau ne plaît pas ou, pire, si on ne nous adresse pas un cadeau mais plutôt des critiques ou de l'agressivité. Là, franchement, on a une bonne raison de ne pas recevoir. On pourrait hâtivement croire que notre difficulté est liée au fait que ce qui nous est adressé est mauvais. En réalité, le problème est ailleurs que dans la nature même de ce que l'on reçoit. Gare aux mirages !

Par exemple, que faisons-nous lorsque nous recevons des remerciements profonds ou des compliments ? Cela devrait pourtant être plus facile… Or, ce n'est pas mieux !

Si quelqu'un vous remercie que dites-vous ? Recevez-vous facilement ? J'ignore ce que vous allez répondre (vous seul connaissez votre réponse) mais, en général, je constate que dans ce genre de situation on dit : « De rien… Tout le plaisir était pour moi… Je n'ai fait que mon devoir… Oh ! vous savez, je n'ai rien fait d'extraordinaire !… » (selon ce dont il s'agit).

Chaque fois on se met en avant pour minimiser ce qu'on a fait, sans jamais se préoccuper de recevoir, de donner de l'attention à ce qui importe pour l'autre. Bien qu'ayant l'air modeste, on ne pense en fait qu'à soi.

L'autre se fiche pas mal de ce que ça représente pour nous ; qu'on ait peiné ou non n'est pas son propos. Il nous fait seulement savoir que ça compte pour lui. Et nous, lorsqu'il nous dit : « C'est formidable, merci ! », nous répondons : « De rien ! » L'autre pourrait rétorquer : « Excuse-moi, je croyais que c'était quelque chose. Tu peux alors le reprendre puisque ce n'est rien. » En clair, « De rien » signifie : « Tu crois que c'est formidable ? Eh bien, non ! c'est nul ! », ou encore : « Tu crois qu'il y a quelque chose de merveilleux ? Arrête tes illusions, il n'y a rien ! »

Pour être plus clair encore, cela peut vouloir dire : « Tu es stupide de voir quelque chose là où il n'y a rien ! » Ce n'est plus alors de la modestie, mais de la destruction (involontaire) d'autrui. C'est pourtant monnaie courante.

La difficulté à recevoir ne dépend pas seulement du fait que ce qui est offert est agréable ou désagréable, mais surtout du fait qu'on ne sait pas réceptionner.

La démarche est plus aisée quand la réception est facilitée par le fait que celui qui donne, donne vraiment et est, lui, capable de recevoir notre réaction quelle qu'elle soit (mais ces cas sont rares), ou quand ce que l'autre attend de nous correspond à ce qui nous intéresse.

Par exemple, l'autre m'impose de faire du vélo avec celui qu'il vient de m'« offrir » mais, au fond, ça m'arrange parce que, actuellement, j'ai envie de faire du vélo. Tout le monde n'y voit alors que du feu et est très content de cette apparente générosité dont le leurre (et la douleur) apparaîtra au premier « différent ». Arrive alors le « différend ».

En fait, il en va pour l'attention comme pour les cadeaux : on en reçoit rarement pour de vrai. D'ailleurs, dans le langage habituel, on ne dit pas « Donner attention », mais « Prêter attention ». On prête avec intérêt ; on est surtout *intéressé.* Ce n'est pas la même chose.

Souvent, notre interlocuteur ne nous donne pas d'attention ; il est seulement intéressé par ce qu'on dit. Notez bien la différence. « Si tu veux que je t'écoute, dis des choses intéressantes. » Si vous dites soudain des trucs moins intéressants, il vous lâche. S'il vous donnait vraiment de l'attention, il vous demanderait ce que représentent pour vous ces « trucs » qu'il trouve, lui, inintéressants. Son attention serait alors plus portée sur vous que sur votre propre discours. C'est assez rare !

Combien de fois avez-vous rencontré des gens qui vous *donnent* de l'attention à *vous,* simplement parce que vous êtes *vous ?* Quelqu'un avec qui vous n'êtes pas obligé de faire des pirouettes pour qu'il vous écoute, quelqu'un avec qui vous n'êtes pas en permanence obligé de marcher sur des œufs pour vous faire comprendre ?

Combien de gens comprennent et accueillent spontanément votre différence ? Je vous souhaite qu'il en ait beaucoup mais, malheureusement, souvent il y en a peu… quand même il y en a ! Des gens qui cherchent non pas à « prendre la parole » mais à donner la leur et recevoir la vôtre.

Quelqu'un qui donne de l'attention, c'est rare. C'est même tellement rare que quand on en rencontre, ça interpelle et on aimerait le connaître mieux. **Quelqu'un qui *donne* de l'attention attire l'attention !**

6. S'accepter pour exister

Donner de l'attention, c'est renverser un processus qui est un piège. Tout le monde veut recevoir de l'attention, pourquoi ? Le désir d'être reconnu, d'exister, en est à l'origine.

Pourquoi un tel besoin d'être reconnu par autrui pour se sentir exister ? Cela sera explicité dans le chapitre XI. Toutefois, on peut déjà dire qu'il nous est difficile de nous sentir exister pleinement car nous rejetons une part de nous-même (lorsqu'on ne s'accepte pas tel qu'on est).

Quand je ne m'accepte pas comme je suis, je me sens un peu moins exister. Si des choses en nous ne nous conviennent pas, nous avons tendance à les occulter, à les rejeter, à lutter contre, à essayer de nous en débarrasser comme de déchets encombrants. Mais en nous en débarrassant (apparemment du moins, car c'est impossible), nous nous débarrassons surtout de nous-même.

Nous ne pouvons pas, en même temps, mettre une part de nous à la poubelle et nous sentir *être*. **A chaque fois que nous rejetons une part de nous, nous nous tuons un peu.**

Cette part de nous que nous n'aimons pas a un sens. Elle correspond à une intelligence qui est en nous. Ce n'est pas à rejeter, mais à accueillir et à décoder. C'est un cadeau qu'il est souhaitable de savoir recevoir aussi. Comme pour tous les cadeaux, il ne faut pas se fier à l'emballage, mais prendre la peine de l'ouvrir afin d'en recevoir le meilleur.

Notre quête d'attention dans le but d'exister est un leurre car, en fait, **l'attention dont nous manquons le plus est celle que nous nous refusons à nous-même** (et non pas celle que les autres nous refusent). Je ne parle pas de l'attention que l'on donne à son image, à son personnage. Lui, on essaie de le soigner, on le bichonne. Dans la mythologie, on nous parle de Narcis qui a voulu admirer son image dans l'eau… et s'y est noyé ! Là, je ne parle pas de l'attention portée à notre image comme Narcisse, mais de l'attention portée à l'*individu* que nous sommes.

7. Donner = être

Nous reviendrons plus loin sur « qui nous sommes au milieu de tous ces personnages que nous jouons » et « Soi, c'est qui ? ». Quand je donne de l'attention, je me sens vivant. Je fais ce qui caractérise un être vivant et qu'aucune « chose » ne peut réaliser. Quand je ne souhaite qu'en recevoir, je deviens comparable à un objet de musée, ce qui devient douloureux pour moi.

Non seulement de chercher à recevoir de l'attention sans en donner n'est pas efficace, mais en plus ça aggrave le fait que je ne me sens pas *être* en me réduisant au niveau d'*objet,* car je ne récolte que de l'intérêt.

En résumant (fig. 3, p. 76), on peut dire que dans l'état communicant :

– On est présent.
– On est « cadeau » l'un pour l'autre.
– On donne et reçoit de l'attention.
– Quand on en donne, on en reçoit en même temps.

Donner de l'attention procure au donneur cette sensation d'exister qu'il recherche tant.

Comme cela provoque la réciprocité (quand je donne de l'attention, l'autre m'en donne aussi), **mon interlocuteur se sent donc exister également.**

Nous sommes dans une attitude gagnant/gagnant et non plus vainqueur/vaincu (qui serait donc perdant/perdant).

On notera qu'il n'y aura pas alternance entre « donner et recevoir de l'attention » selon qu'on est émetteur ou récepteur, mais qu'il y a réciprocité permanente des deux en même temps.

Fig. 3 : **L'état communicant.**

Je ne peux émettre qu'en acceptant de *recevoir* l'attention de mon interlocuteur, et mon interlocuteur ne peut recevoir qu'en me *donnant* de l'attention. On voit ainsi qu'il y a en permanence émission et réception d'attention simultanément des deux côtés, quel que soit le sens de circulation du flux verbal.

C'est seulement en ce qui concerne le flux verbal qu'il y a alternance entre l'émission et la réception. On ne parle pas en même temps; c'est souhaitable si on veut avoir un échange intelligible.

Mais quand on tient compte (et il faut en tenir compte) du non-verbal, le flux de messages à ce niveau est réciproque en permanence. Ainsi, quand je dis quelque chose à quelqu'un, ses gestes et mimiques sont des messages non-verbaux qui me renseignent sur la façon dont il reçoit mon propos et ce, pendant que je lui parle.

L'émission/réception de l'attention et du non-verbal est réciproque en permanence, alors que l'émission verbalisée se fait avec une alternance où l'un est émetteur puis l'autre récepteur chacun à son tour.

A ce stade, étant communicants, nous allons pouvoir commencer à échanger des informations verbales.

CHAPITRE VI

Manifestations de l'état communicant

Si j'ai quelque chose à dire à mon interlocuteur, je vais le faire d'abord grâce à l'état communicant dans lequel je suis. C'est la première étape indispensable, incontournable. Cela signifie qu'à travers cet état d'ouverture, **je suis d'accord pour être entendu, être compris et être perçu.**

1. Je suis d'accord

C'est évident : si je veux dire quelque chose à quelqu'un, je devrais être d'accord pour qu'il le reçoive ! Pourtant, il arrive que l'on doive dire quelque chose tout en craignant de le dire. Quelquefois, je sais que je dois le dire et, en même temps, je redoute la réaction qui va en résulter.

Par exemple, je dois dire à quelqu'un que je manque de temps mais j'ai peur qu'il ne le prenne mal. Je dirai doucement, l'air exténué sans m'adresser à personne (mais de façon à ce qu'il l'entende) : « Mon Dieu, je suis débordé en ce moment ! » Et, s'il me reproche : « Vous n'avez pas le temps de m'écouter, une fois de plus ! », je pourrai répondre (avec innocence) : « Oh ! mais pas du tout ! »

Je dis ainsi que je n'ai pas le temps sans le dire, tout en le disant, mais en ne le disant pas vraiment, tout en l'exprimant sans en avoir l'air… afin de pouvoir préciser, si ça tourne mal : « Oh ! ça n'est pas ce que je voulais dire ! » Je ne prends pas la responsabilité de ce que je dis. C'est un exemple clair de non-communication où je n'accepte pas d'être la *cause,* la *source* officielle de mon émission.

Quand je suis communicant, en revanche, je ne crains pas la réaction que pourrait provoquer mon propos, car je sais que je la gérerai quand elle se produira, si elle se produit. En étant communicant, je suis suffisamment réceptif au non-verbal de mon interlocuteur pour ne pas laisser la situation s'envenimer au-delà d'un point de non-retour. Je dis donc ce que j'ai à dire avec correction et respect, mais sans détours. **J'assume ce que je dis et en gère la conséquence.**

De son côté, mon interlocuteur, sentant (le plus souvent inconsciemment) par mon non-verbal que je suis communicant et prêt à recevoir sa réaction quelle qu'elle soit, sera à l'aise pour me dire ce qu'il a à me dire. Je pourrai alors aisément clarifier la situation chaque fois que cela sera nécessaire.

2. Gérer les réactions au fur et à mesure

En communication, on ne prévoit pas les réactions de son interlocuteur, mais on les gère au fur et à mesure avec une grande précision. Grâce à notre réceptivité à ses messages verbaux et non verbaux, on peut sans cesse s'ajuster à la situation présente en tenant compte des nuances qui apparaissent instant après instant.

Continuer sur une lancée calculée par avance risquerait rapidement de nous éloigner de la réalité et la justesse de notre comportement en serait fortement affectée. Un peu comme lorsqu'on envoie une fusée, des corrections de trajectoire sont nécessaires en cours de voyage, au moins parce qu'il est impossible d'avoir une précision de tir absolue. Sur une grande distance, le moindre écart au départ entraîne une importante différence à l'arrivée.

Pour un tel cheminement « pas à pas », sans chercher à savoir par avance les corrections qui seront à apporter, cela suppose de la confiance en l'autre et surtout de la confiance en soi. Nous verrons quels en sont les fondements.

Quand je suis communicant, je suis d'accord pour être entendu et mon interlocuteur (ne sentant ni jugement, ni agressivité, ni peur de ma part) est d'accord pour recevoir ce que j'ai à lui transmettre ne se sentant pas en danger. Dans cette situation de « donner/recevoir », il se sent libre. Il n'a pas besoin de se protéger pour ne pas être pris ou dupé.

Je peux alors verbaliser mon message, lui exprimer ce que j'ai à lui dire. Sur le plan verbal, je suis émetteur et il est récepteur.

Quand on est communicant, la réception est suivie d'un retour (verbal et/ou non verbal) contenant trois éléments indispensables. S'il en manque un seul, c'est qu'il n'y a pas eu communication, mais simplement relation.

3. Le feed-back

Après l'émission de mon message, mon interlocuteur va :

1. **Recevoir mon message.** En retour, il m'adresse un *accusé de réception* qui me confirme qu'il l'a bien reçu (c'est indispensable car, s'il ne m'en informe pas clairement, je ne peux le deviner). Je n'ai en aucun cas la possibilité d'accéder à son paysage intérieur pour m'en assurer. Pour que je le sache, il doit me le faire savoir. Mais cet accusé de réception est encore très insuffisant pour qu'il y ait eu communication.

2. **Comprendre mon message.** En effet, il pourrait recevoir mon message sans le comprendre (par exemple, mon langage n'est pas assez clair, ou encore nous ne parlons pas la même langue). Si une lettre inintelligible vous est adressée avec accusé de réception, vous signez bien entendu l'A.R. des P.T.T. signifiant que avez bien reçu la missive, mais vous ne l'aurez

pas encore comprise (malgré l'A.R.). Mon interlocuteur va donc aussi comprendre et me le faire savoir. En plus de l'accusé de réception, il devra m'adresser un *message de compréhension.*

Dans le cas contraire, s'il n'a pas compris il m'exprimera un *message de non-compréhension* afin que l'on reprenne ce qui n'a pas été clair pour lui (cela se fait le plus souvent de façon non verbale, et il ne faut pas passer à côté sous peine de dériver vers l'incommunicabilité).

3. **Accueillir mon message.** Il pourrait très bien recevoir et comprendre mon message, mais ne pas l'accueillir. Par exemple, quelqu'un vous dit que vous êtes un imbécile ; vous recevez, vous comprenez, mais vous n'accueillez pas forcément !

Pourtant, quand il y a communication et que le message est reçu et compris, il y a aussi « accueil ». Mon interlocuteur me le fait alors savoir par un *message d'accueil* en plus de l'accusé de réception et du message de compréhension.

J'expliquerai plus loin comment ces trois étapes (recevoir, comprendre et accueillir) s'expriment. Pour le moment, vous pouvez observer sur la figure 4 à quel niveau s'effectue chacune d'elle.

4. Qu'est-ce que l'accueil ?

Comme vous venez de le constater, la notion d'accueil mérite quelques explications.

Je voudrais préciser que cette notion de message d'accueil est rarement abordée dans les enseignements sur la communication. On s'arrête souvent à la notion d'accusé de réception, allant rarement jusqu'à la notion de message de compréhension et on ne va pratiquement jamais jusqu'à celle de message d'accueil. Ce point mérite donc toute votre attention.

Si nous revenons à la proposition ci-dessus où quelqu'un vous traite d'imbécile, lui, c'est clair, n'est pas communicant.

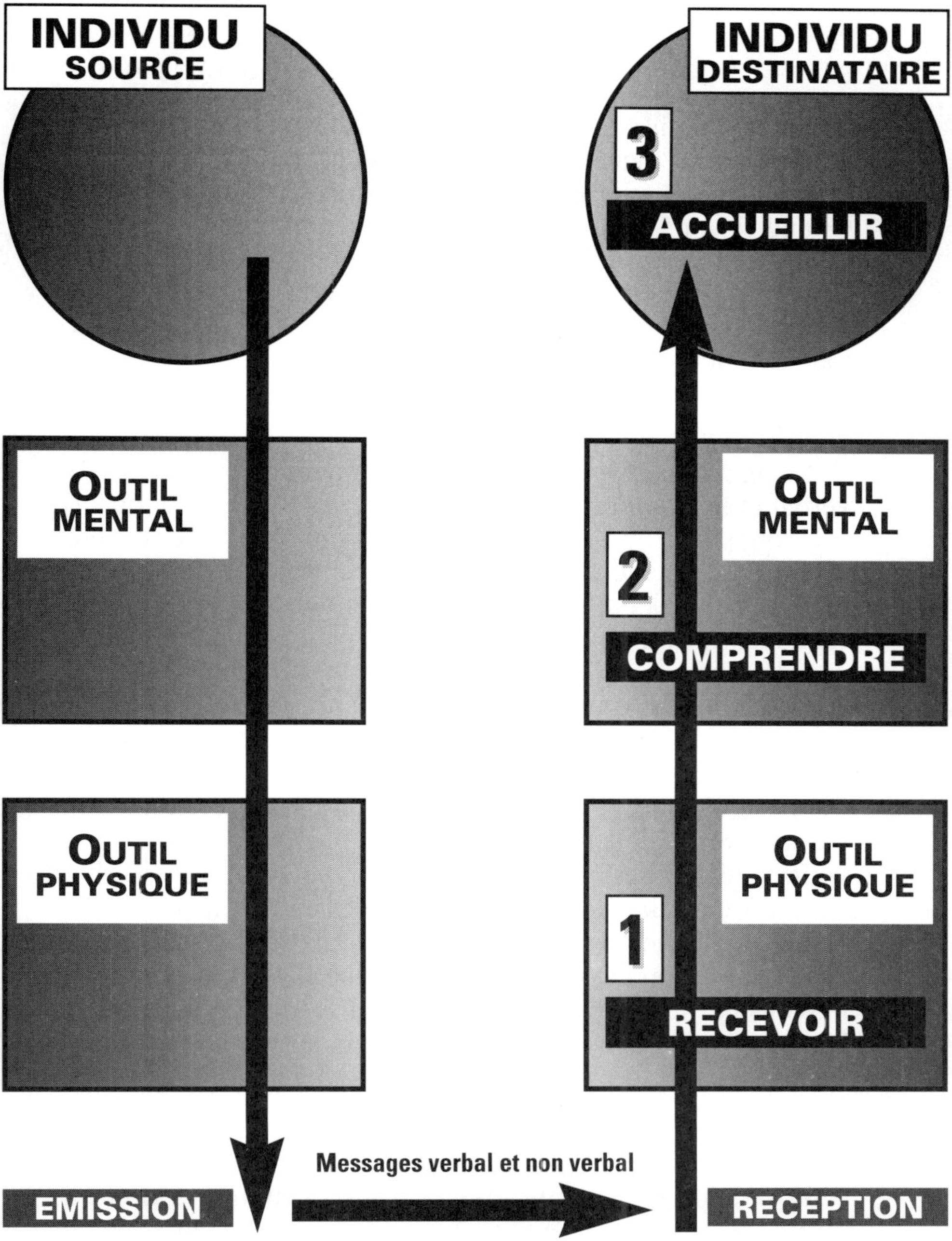

Fig. 4 : **Etat d'accueil** (circulation de l'information).

Mais vous, vous pouvez l'être et accueillir son message. Pourtant, comment peut-on accueillir un tel propos ?

Pour cela, il faut remonter au niveau de la compréhension. Quand il vous traite d'imbécile, que comprenez-vous ? La verbalisation qu'il exprime n'est qu'un type particulier de « pont » qu'il jette droit devant pour arriver jusqu'à vous ou pour que vous arriviez jusqu'à lui. En fait, ce message (comme tous les autres) comporte deux niveaux :

– le message *apparent ;*

– le message *réel.*

Le *message apparent* est essentiellement représenté par le verbal et le *message réel* par le non-verbal. En réalité, quand celui qui s'exprime est communicant, l'*apparent* et le *réel* ont le même sens, ne faisant que se compléter (comme nous l'avons vu au début pour le verbal et le non-verbal). Le message réel, quand on est communicant, peut même être verbalisé clairement, et c'est la situation la plus souhaitable.

Pour celui qui vous traite d'imbécile l'apparent et le réel sont différents car il n'est pas communicant. Souvenez-vous : en fait, il parle de *lui,* pas de vous. Le message apparent est : « Espèce d'imbécile ! », tandis que le message réel est : « Je me sens très mal, je ne te supporte pas, j'ai trop mal ! » Ce que vous devez accueillir, c'est le message réel où il parle de *lui,* car c'est à partir de lui que vous pouvez entrer en communication et clarifier la situation.

Donc, si nous avons du mal à accueillir, c'est que nous n'avons pas focalisé notre attention sur le message réel, nous laissant éblouir ou hypnotiser par le flash du message apparent. En partie parce que nous sommes nous-même trop préoccupé de notre propre apparence.

Bien des échanges qui se veulent être de la communication ne sont en fait que des relations tournant en rond autour de messages apparents. Il en résulte un sentiment de frustration : on a beaucoup parlé, mais il n'en ressort rien. On en ressort même encore plus vide qu'on y est entré !

Doit-on se donner la peine d'accueillir des messages dont l'apparence est trop désagréable ? On n'y est pas obligé. Mais, quand quelqu'un éprouve le besoin de s'adresser à nous de cette façon, c'est qu'il a quelque chose d'important à dire qu'il n'ose ou ne sait dire. Nous pouvons l'y aider.

Si nous ne le faisons pas (rien ne nous y oblige), nous créons une *rupture de communication.* C'est un peu comme si nous posions une mine sur le chemin qui mène à l'autre. Un jour, au moment où on ne s'y attendra pas, cette mine pourra sauter et nous serons surpris, ayant l'impression de n'y être pour rien. Surtout que cette mine, nous ne la posons pas seulement en l'autre, mais aussi et surtout en nous : nous pourrons la subir ultérieurement face à quelqu'un d'autre qui, simplement, « lui ressemble ».

D'autant plus que, fondamentalement en quête de réconciliation, nous nous arrangeons toujours à reproduire ces situations afin de « déminer » le terrain de notre paysage intérieur.

Quand je dis « accueillir », je parle donc d'accueil du message réel, car le message réel est celui où mon interlocuteur parle de lui et, si je suis communicant, je sais qu'il est un cadeau.

Quand je dis « accueillir », je ne dis pas « être d'accord » ou « être du même avis ». Accueillir, c'est accepter qu'il en soit ainsi « pour l'autre », en prendre acte, enregistrer cette information qui signifie que « pour lui » il en est ainsi dans son paysage intérieur.

Prenons un exemple par l'absurde : quelqu'un, délirant, m'affirme qu'il fait froid et qu'il y a de la glace partout alors que je constate qu'il fait très chaud et que le soleil est radieux. Accueillir ce qu'il dit, ce n'est pas être d'accord dans l'absolu, c'est être d'accord avec le fait que « pour lui », dans son paysage intérieur, il en est ainsi.

Nous intéressant à *lui* (plus qu'à son discours) nous pouvons alors lui demander ce que représente ce « froid ». Il va alors fouiller dans son paysage intérieur et trouvera peut-être qu'un jour, enfant, en plein été il s'est accidentellement retrouvé enfermé dans l'armoire frigorifique de la boucherie de son père et qu'il a eu très peur de mourir. Maintenant, à chaque fois qu'il fait chaud et qu'il voit un verre avec des glaçons, il est pris d'angoisses inexpliquées et même, parfois, délire en voyant de la glace et du froid partout.

Ayant trouvé cela, on peut alors l'aider à s'en libérer (nous verrons plus loin comment).

Les messages cachés n'ont pas toujours des racines aussi profondes, mais le processus reste le même. Que cet exemple ne nous fasse pas exclure le cas où c'est nous qui délirons et où la différence de l'autre peut nous être très utile.

Notons que même s'il y a délire, ce délire a un fondement pertinent qui mérite d'être exploré.

Ces cas sont peut-être un peu trop extrêmes. Si nous revenons à des situations plus quotidiennes, il y a des tas de moments où des « différends » existent entre les autres et nous-même. L'exemple du cinéma, cité au chapitre II, où l'un a trouvé le film extraordinaire et l'autre l'a trouvé nul, illustre une telle situation sans délire. Les deux ont raison de leur point de vue.

Accueillir, dans ce cas aussi, ce n'est pas « être du même avis ». C'est simplement autoriser l'autre à penser ainsi, accorder valeur à sa différence, en reconnaître le fondement intelligent et, éventuellement, lui offrir l'opportunité de le préciser, de l'expliquer.

D'une telle démarche, comme nous l'avons vu, il résulte une richesse pour chacun. Les deux seront gagnants en découvrant de nouvelles données inconnues ou inaccessibles pour eux jusqu'alors. Il ne s'agit plus alors de garder ou d'abandonner sa propre opinion, mais plutôt d'accroître sa conscience des choses et, par là même, d'inviter l'autre à en faire autant s'il le veut bien. Dans ces conditions, il est toujours possible d'accueillir ce que me dit mon interlocuteur et de rester communicant, quoi qu'il me dise.

La limite à cela (l'expérience nous montre qu'il y en a une) est l'illusion dans laquelle je tombe quand ce qu'il dit crée des « résonances » insupportables dans mon paysage intérieur par rapport à des souvenirs trop douloureux. Nous y reviendrons au chapitre XV.

5. Recevoir, comprendre, accueillir

Dans la situation communicante, il y a d'un côté « émettre » du verbal, de l'autre « recevoir » du verbal (avec émission/réception réciproque et permanente dans le non-verbal). Celui qui reçoit le verbal aura :

1. **Reçu :** il émettra un *accusé de réception.*
2. **Compris :** il émettra un *message de compréhension.*
3. **Accueilli :** il émettra un *message d'accueil.*

Concrètement, comment se formule un tel retour ? Evidemment, ces trois messages ne sont pas prononcés séparément ; un seul mot verbalisé représentera les trois. Par exemple, si on nous dit : « Je ne pourrai pas venir car je me sens très fatigué ! » Suite à un tel message (alors que nous comptions sur l'autre) si nous sommes communicant nous recevrons [1], comprendrons [2], accueillerons [3] puis le ferons savoir par un mot du genre : « D'accord… Très bien… O. K… Entendu… » Un tel mot suffit. Le non-verbal qui l'accompagne indiquera s'il représente seulement [1] ou [1+2] ou [1+2 +3].

Si j'ai pris la peine de décortiquer ces trois étapes qui, pourtant, se formulent simultanément dans un seul et même mot, c'est que, justement, elles passent habituellement inaperçues alors qu'inconsciemment elles ont un impact très fort sur l'évolution d'un échange entre deux personnes. Les reconnaître dans leur présence ou leur absence chez soi ou chez autrui est une information très précieuse pour redresser une situation relationnelle qui « tourne mal » (voir fig. 5).

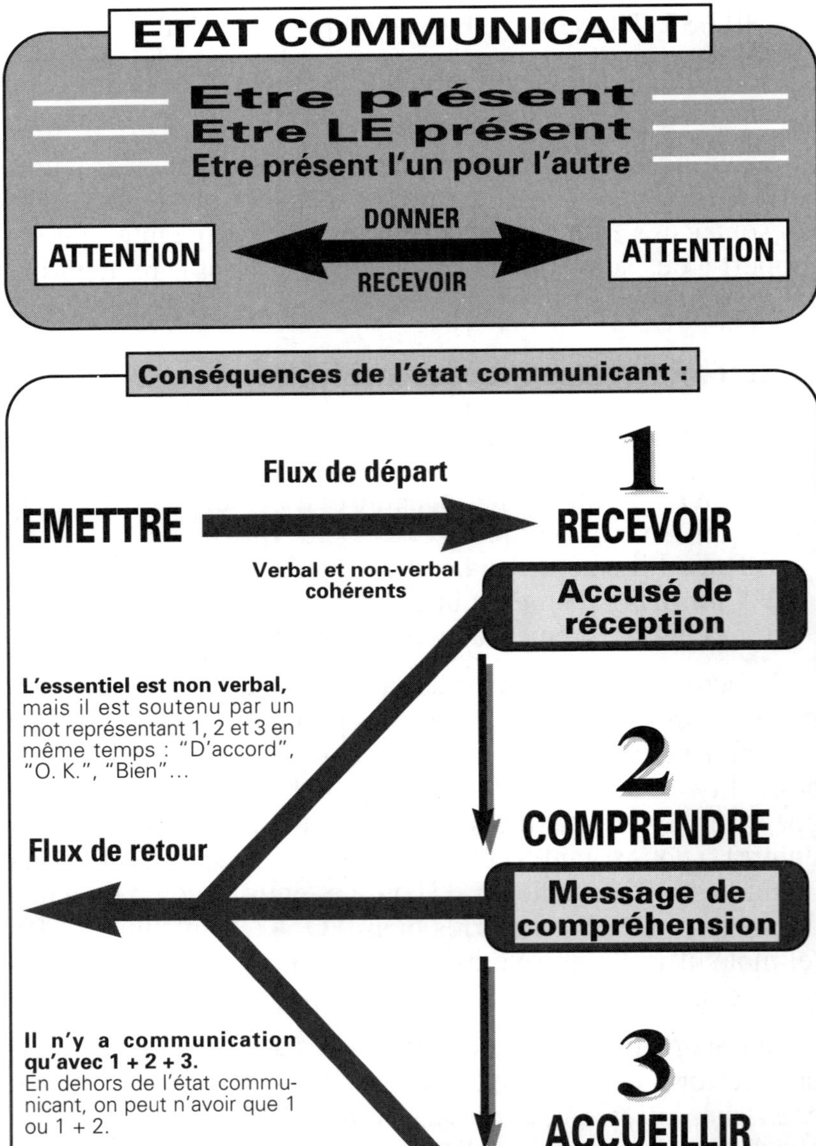

Fig. 5 : **Conséquences de l'état communicant.**

Doit-on absolument les verbaliser ?

Pas forcément. Un geste, un signe de tête, un regard ou une mimique peuvent produire le même effet. Cependant, la verbalisation est souhaitable aussi souvent que possible. Elle permet une assise plus solide, une confirmation du non-verbal, une validation effective et concrète de ce qui est « senti » inconsciemment.

Sans cette verbalisation de 1+2 +3, il risque de persister un doute, un flottement, un sentiment d'inconfort et d'incertitude.

Il faut se rappeler que notre interlocuteur n'a pas accès à notre paysage intérieur et, quand nous ne le lui disons pas, il lui est difficile de savoir si nous avons reçu, compris et accueilli son propos. Il arrive même parfois, en cas de doute, qu'il soit nécessaire d'exprimer 1, 2 et 3 de façon explicite et distincte : « J'ai parfaitement entendu et compris ce que tu me dis. Je conçois tout à fait que tu le vois ainsi. »

6. Séquence de communication

Dans tout ce qui va suivre, nous simplifierons en ne mentionnant que le message d'accueil. Il sera implicite que pour accueillir il faut déjà avoir reçu et compris.

Tout ce qui vient d'être décrit ci-dessus peut se résumer dans le diagramme de la figure 6 (p. 88). Nous appellerons cela une *séquence de communication.*

Une séquence est une suite d'éléments constituant un tout mais pouvant s'inscrire dans un ensemble plus vaste qui en contient plusieurs. Dans un film, une séquence est une suite de plans formant une scène, mais s'inscrivant dans une histoire constituée de plusieurs scènes. Dans un texte, une phrase peut être considérée comme une séquence qui s'inscrit dans un chapitre, etc.

C'est parce que cette séquence forme une unité que je la représente par une ligne continue où l'angle correspond à une articulation et non pas à une rupture. Une représentation avec

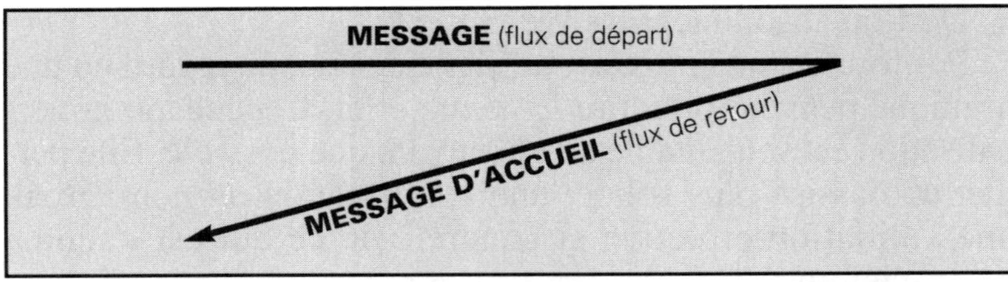

Fig. 6 : **Séquence « message / message d'accueil ».**
Résumé des conséquences de l'état communicant.

deux flèches de sens opposé (message dans un sens et message d'accueil dans l'autre) serait moins correcte.

Voici donc ce que produit l'état communicant. Il ne s'agit pas d'une « marche à suivre » pour y parvenir, mais de ce qui se passe quand on y est déjà.

Cela permet d'être, au minimum, beaucoup plus conscient de la situation réelle. Mais comme la lucidité amène la compétence, cela permet aussi, le sachant, d'améliorer quelque chose dans sa propre communication (en travaillant sur l'état plus que sur l'action).

Ce que produit l'état communicant ne se limite pas à ce qui est décrit ci-dessus. Cependant, il était important de consigner cela dans un chapitre à part afin d'en clarifier l'explication.

Il existe un autre type de séquence : celui où l'on pose une question. Notre interlocuteur nous adresse sa réponse et nous lui verbalisons notre message d'accueil en retour (diagramme de la fig. 7).

Ce deuxième cas de séquence mérite un chapitre à lui tout seul, car il est extrêmement important en communication. Nous l'appellerons : « Question sans condition de réponse ».

Puis, souvent, les réponses obtenues nécessiteront une « exploration » afin d'en préciser le sens. Cela représente un ensemble de séquences « question » qui constitue une conversation devant répondre à des critères bien précis pour mériter

Fig. 7 : **Séquence « question / réponse / message d'accueil ».**

le label « communication ». Il faudra un chapitre de plus pour expliciter cette notion d'« exploration ».

CHAPITRE VII

Question sans condition de réponse

CET autre type de séquence revêt une importance évidente quand on sait que ce dont nous manquons le plus, ce n'est pas de « réponses » mais de « questions ». **Il y a beaucoup plus de réponses sans questions que de questions sans réponses.**

Cette notion, déjà évoquée dans les chapitres précédents, va apparaître ici dans toute sa signification.

Quand je dis « question sans condition de réponse », j'ai tout à fait conscience de faire un pléonasme. Si je pose une question, en principe c'est pour connaître la réponse de mon interlocuteur et je ne pose pas de conditions qui lui interdiraient de la formuler si elle me dérange. Ce qui m'intéresse, c'est sa réponse à lui quelle qu'elle soit, pourvu que ce soit réellement *sa* réponse à ma question.

C'est une évidence, mais pourtant, une fois encore, la pratique quotidienne est souvent différente.

1. L'apparence d'une question

Quand je demande à quelqu'un : « Que penses-tu de ma voiture ? », le plus souvent ce n'est pas pour entendre : « C'est ce qu'il y a de plus nul sur le marché de l'automobile ! » Quand je pose une telle question, souvent ce sera pour m'entendre dire quelque chose d'un peu valorisant. **C'est plus une façon d'attirer l'attention qu'une façon de savoir ce que pense l'autre.**

Cet exemple est un peu caricatural mais chaque journée est remplie de situations analogues où, demandant quelque chose à quelqu'un, je suis déçu par sa réponse.

Reprenons l'exemple : « Que penses-tu de ce film ? » Si son avis n'est pas ce qu'on attend, on est déçu. Ou encore : « Que pensez-vous de ce gâteau que j'ai cuisiné pour notre dessert ? » ou : « Le rapport que j'ai rédigé suite à notre dernière réunion vous convient-il ? » Dans chacun de ces cas, comment accueillerions-nous une réponse défavorable ?

On voit bien cela chez les jeunes qui, après un long devoir en français, demandent à leurs parents : « Que penses-tu de ma rédaction ? » Si on doit formuler une réponse défavorable, il y aura des représailles du genre : « De toute façon tu n'apprécies rien… Tu critiques toujours tout… Quoi que l'on fasse, avec toi ça ne va jamais… »

Il n'y a souvent que l'apparence d'une question.

Même dans les réunions professionnelles où l'on est sensé être adulte, clair et sincère pour faire avancer les projets, quand quelqu'un interroge les autres sur sa réalisation : « Qu'en pensez-vous ?… », celui qui répond : « Ça ne va pas du tout » est mal venu, surtout si le travail critiqué est le fruit de plusieurs semaines de labeur !

« Question sans condition de réponse » est un pléonasme, mais ce pléonasme est utile pour souligner que **quand je mets des conditions de réponse, il n'y a plus de question.**

Quand je demande à quelqu'un : « Que penses-tu de ma voiture ? », en réalité, souvent implicitement, je lui demande : « Pourrais-tu me dire combien tu apprécies ma voiture. Pourrais-tu énumérer les qualités que tu lui trouves, me confirmer que j'ai fait le bon choix, me dire que je suis bon… Oh !

oui, dis-moi que je suis bon, ça me ferait tellement de bien ! Admire-moi un peu ! » Peut-être trouvez-vous que j'exagère ? Si vous êtes attentif, vous verrez quotidiennement des situations qui ressemblent à celle-ci.

Ce qui manque, ce sont les « vraies questions ». Ce manque est le principal obstacle à l'harmonie familiale ou conjugale. Il est aussi une opposition discrète, mais puissante, au fonctionnement optimum des établissements ou entreprises : il y ralentit ou bloque l'information juste.

Les dirigeants ont ainsi du fil à retordre pour gérer des informations auxquelles ils n'ont pas accès. Combien de patrons ou de cadres disent à leur personnel : « Mon bureau est ouvert. Vous pouvez tout me dire ! » Puis, quand on vient pour énoncer quelque chose qui ne va pas ou faire une demande difficile à réaliser, celui-ci répond sèchement : « Vous savez bien que c'est impossible ; on n'y peut rien ! » Dans ce cas, on a vraiment la sensation d'avoir perdu une occasion de se taire. On se sent trahi, car on nous avait dit qu'on pourrait s'exprimer. On se sent en rupture, puis… à quoi bon ! On assiste à la démotivation, à la rétention d'informations puis à la circulation de rumeurs qui ne signifient plus rien de réel mais sèment le trouble.

2. Les bases d'une vraie question

Pour poser une question qui en soit une, il faut tout d'abord *accepter de ne pas savoir*. Là aussi, c'est évident, mais le préciser est utile.

Ne pas savoir quoi ? Tout simplement ne pas savoir ce que l'autre sait. C'est justement pour ça que nous le lui demandons. Nous ne « saurons » qu'après sa réponse.

Le plus difficile, quand on pose une question, c'est d'**accepter de se mettre dans la position de celui qui ne sait pas.** Cela suppose une aptitude à l'humilité que nous n'avons pas forcément en permanence. D'autant moins que, culturellement, nous baignons dans une ambiance où tout nous incite à toujours savoir. Souvent, le non-savoir est même sanctionné douloureusement. Ça commence à l'école, puis ça continue au travail. Plus on a de responsabilités, plus on est conduit à recevoir des reproches quand on ne sait pas.

Lorsque quelqu'un pose une question, il est fréquent qu'après la réponse il éprouve le besoin d'ajouter doucement, mine de rien : « Je m'en doutais ! », afin de ne pas donner l'impression de ne rien savoir du tout. Quelque part, il doit montrer qu'il savait au moins un peu !

Accepter de ne pas savoir est déjà difficile pour notre ego, mais en plus, quand on y regarde bien, c'est pire encore puisque c'est **accepter de ne pas savoir face à quelqu'un dont on reconnaît que lui sait.** En lui posant une question, on reconnaît forcément qu'il sait quelque chose que nous, nous ignorons. Notre ego n'est pas habitué à une telle humilité.

Affirmation de soi et respect d'autrui sont des qualités qui existent ensemble ou pas du tout. On ne peut avoir l'une sans l'autre. La mesure de l'une indique la mesure de l'autre.

Pour avoir cette humilité, pour accepter de se mettre dans cette position de ne pas savoir face à quelqu'un qui sait, il faut être en pleine affirmation de soi. Sinon, le danger (apparent) qui en résulte nous conduit soit à nous sentir paralysé par la peur (timidité, perte de ses moyens), soit à devenir agressif et étaler son propre savoir au risque de dévaloriser notre interlocuteur (c'est même souvent un peu le but caché – inconsciemment).

Ici, le mot *agressivité* n'est peut-être pas toujours approprié. Mais dans tous les cas, même s'il y a plus de douceur, on pourra parler de *destructivité.* Quand je me mets en avant au détriment de mon interlocuteur, je le détruis. Je détruis l'assurance qu'il a, je détruis la valeur de ses propos, je détruis ce par quoi il essaye de se faire comprendre, je *le* détruis (et il me le rend bien !).

Le mot « détruire » n'est pas trop fort, même si cette destruction passe la plupart du temps inaperçue. Elle fait partie des innombrables microruptures de communication qui jalonnent nos journées et nous font nous coucher complètement stressé et épuisé quand vient le soir.

On peut maintenant compléter notre diagramme (de la fig. 7) sur la figure 8 :

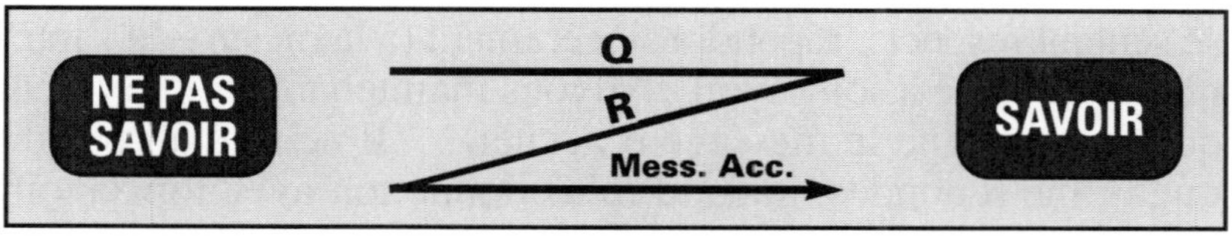

Fig. 8 : **Question sans condition de réponse.**

Quand je pose une question – comme dans chaque situation où je m'exprime – mon propos est accompagné de non-verbal. Ce non-verbal est très important, puisqu'il représente environ 90 % de ce que je transmets.

Afin de clarifier encore un peu l'esprit dans lequel j'accomplis cela, je vais tenter de verbaliser le non-verbal qui doit accompagner mon discours. Imaginons une scène de cinéma ou de théâtre où une voix « off » commenterait la pensée de celui qui pose une *vraie question.* Cela donnerait : « Je sais qu'il ne m'est pas dû que tu me répondes mais, vois-tu, tu sais quelque chose que j'ignore. Si tu voulais bien avoir l'obligeance de me le révéler, je t'en serai infiniment gré et t'en remercie par avance. »

Ça peut sembler un peu long et obséquieux. Il ne faut pas dire tout cela. Il est même recommandé de ne pas le faire (vous vous feriez enfermer !). Mais même si ça n'a pas à être verbalisé, cela décrit parfaitement l'état de respect dans lequel on doit être pour poser une vraie question.

Si cet état d'esprit vous donne l'impression qu'on s'aplatit, qu'on devient hypocrite ou servile, c'est que vous manquez d'affirmation de vous. Si je me sens assez sûr de moi, je peux avoir un infini respect pour mon interlocuteur sans m'aplatir.

Le problème n'est pas de savoir si j'y arrive ou y arriverai tout le temps, mais seulement d'être bien conscient de ce qui se passe en vérité. **Les pires ennemis de la communication sont l'illusion et le manque de lucidité.**

Donc, puisque nous venons de découvrir le non-verbal qui accompagne une question, on peut imaginer que l'interlocuteur, se sentant respecté, répondra sincèrement (à la mesure de l'intérêt qu'on porte à son savoir). Voyons maintenant le non-verbal qui accompagne le message d'accueil : « Il ne m'était pas dû que tu me répondes, mais tu m'as donné ton avis, ton savoir, avec sincérité. Je t'en suis très reconnaissant et te remercie infiniment pour ce privilège que tu viens de m'accorder. »

Tout cela est le non-verbal qui accompagne un message d'accueil dont la verbalisation peut se réduire à « O. K. ».

Concernant le message d'accueil, il est essentiel de comprendre qu'il réside plus dans le non-verbal que dans les mots. Certains mots ne seraient pas souhaitables comme : « Ah bon !… Tiens… », car ils dénoteraient un étonnement et donc le fait que nous nous attendions à une autre réponse. Nous n'étions pas en « non-savoir ».

Si nous sommes dans l'état d'esprit juste, les mots justes nous viendront spontanément. Ne faisons pas comme certains qui croient que la communication est une affaire de mots. Même avec des mots justes, on peut très mal communiquer. La justesse des mots a son importance, mais elle est la conséquence de la justesse de l'état d'esprit, et non l'inverse.

Quand nous ne trouvons pas les bons mots, c'est que nous ne sommes pas dans le bon état d'esprit pour communiquer. Nous ne sommes qu'en « représentation ».

3. Une vraie réponse, un vrai accueil

Si nous sommes communicant et posons une vraie question (une question sans condition de réponse), nous obtenons souvent une vraie réponse.

Pour que ce soit une vraie réponse, il ne suffit pas que notre interlocuteur prononce des mots. Il peut arriver qu'au lieu de répondre quelqu'un parle abondamment de tout à fait autre chose. Par exemple, vous demandez à une personne ce qu'elle pense d'un repas et elle vous fait un long discours sur la couleur du papier peint de la salle à manger, sur les différentes possibilités de décoration, etc.

Même si ce qu'elle dit est intéressant, ce n'est dans ce cas pas une réponse. On terminera l'échange sans avoir communiqué et il en résultera un sentiment de frustration dont on ne s'apercevra même pas tout de suite, car on aura l'impression à tort d'avoir beaucoup communiqué. En fait, on aura été uniquement dans une relation où on aura beaucoup *parlé,* le propos de chacun n'étant qu'un prétexte pour l'autre de caser son propre discours.

Afin de simplifier, pour le moment nous ne considérerons que les cas où on obtient de vraies réponses.

Une vraie réponse à la question : « Que penses-tu du repas ? » peut être par exemple : « Ce repas est merveilleux », ou « Ce repas est quelconque », ou encore : « Ce repas est une vraie merde », etc. Une vraie réponse, ce n'est pas forcément quelque chose de poli ou d'agréable, c'est une réponse à la question posée qui dit comment, dans son paysage intérieur, notre interlocuteur perçoit ce qu'on lui demande.

Le fait qu'il nous fasse le privilège d'accomplir ce qu'on lui demande (on lui demande de donner son avis) doit entraîner de notre part un remerciement, quelle que soit la réponse pourvu que ce soit *sa* réponse. Si par exemple je lui demande : « Que penses-tu de ce repas ? » (que je viens de lui servir) et qu'il me répond : « C'est de la merde ! », si je suis communicant je dois accueillir sa réponse en le remerciant. A l'extrême, mon message d'accueil pourrait être « Merci ».

Pourquoi dire merci ? Parce que je lui demandais ce qu'il pense de mon repas et qu'il a accompli ce que je lui ai demandé en me disant sincèrement ce qu'il en pense. En général, la moindre des règles de politesse, quand quelqu'un fait ce qu'on lui demande, c'est de l'en remercier.

D'abord, *je ne sais pas* ce qu'il en pense, donc *je le lui demande. Il me le dit* (lui il sait) et, plein de gratitude, *je le remercie* (grâce à lui maintenant je sais aussi). Si je ne voulais pas savoir, je ne devais pas poser de question !

Naturellement, le « merci » doit passer surtout dans le non-verbal. La verbalisation peut être de simples mots comme ceux cités plus haut : « D'accord... O. K... Bien... Entendu... », pourvu qu'en non-verbal ils contiennent l'idée de remerciement.

Je précise encore une fois que le non-verbal représente 90 % du message et que même en disant le mot « merci » mon non-verbal peut dire le contraire. Par exemple, si j'accompagne mon « merci » d'une expression et d'un ton qui signifient : « Tu ne perds rien pour attendre », je n'aurai rien accueilli malgré le mot utilisé. Dans ce cas, je n'aurai pas été communicant.

Evidemment, ce n'est pas une obligation de l'être. Nous restons libre à chaque instant de faire comme nous voulons. Mais si nous ne sommes pas communicant parce que nous trouvons qu'il est mieux de ne pas l'être dans telle ou telle circonstance, il ne faudra ni être surpris ni se plaindre si la situation devient de plus en plus complexe ou pénible.

Si nous faisons le choix d'être communicant et posons de vraies questions, nous remarquerons qu'elles sont – selon les circonstances – formulées de deux façons différentes : *questions ouvertes* ou *questions fermées.* Au sujet de ces deux types de questions, nous devons clarifier un mythe.

4. Question ouverte ou question fermée ?

Une **question ouverte** est une question où je laisse à mon interlocuteur la possibilité de développer sa réponse. Par exemple : « Quel est ton avis sur ce film ? » Il peut développer en détail : « J'en pense ceci... J'en pense cela... »

Une **question fermée** est restrictive car elle ne permet pas de développement. Ce sera : « As-tu aimé ce film ? », à quoi on ne peut répondre que par oui ou par non.

La tendance, dans quelques enseignements en communication, est d'affirmer qu'il ne faut poser que des questions ouvertes. C'est là un mythe qui montre qu'on n'a pas su distinguer la notion de question avec ou sans condition de réponse.

Si on éprouve des difficultés à poser des questions sans condition de réponse, en effet la question ouverte sera préférable car l'interlocuteur, quand son avis est contraire au nôtre, pourra toujours se livrer à quelques contorsions verbales pour esquiver notre manque de communication.

Si j'ai, *a priori,* du mal à accepter qu'il n'ait pas apprécié le film, quand je lui demande : « Qu'en penses-tu ? » (avec un non-verbal qui lui dit : « Tu as aimé, hein ! »), s'il ne l'a pas aimé il pourra toujours répondre : « C'était pas mal. Il y a des choses correctes bien que, dans l'ensemble, il y ait des passages que je n'ai pas trop appréciés, etc. »

Si, en revanche, je lui pose une question fermée : « As-tu aimé ce film ? » (toujours avec ce non-verbal qui dit : « Tu as aimé, hein ! »), il sera plus embarrassé car, s'il dit non il sentira qu'il me dérange, et s'il dit oui il ne sera pas en accord avec lui-même.

Dans la mesure où on ne pose que des questions sans condition de réponse, peu importe qu'elles soient fermées ou ouvertes.

La question fermée n'est pas un obstacle à la communication (contrairement à l'idée trop répandue). C'est parfois même le contraire. **On peut avoir besoin de questions fermées** (mais sans condition de réponse : notre interlocuteur doit librement pouvoir répondre oui aussi bien que non).

Poser une question ouverte est souvent déstabilisant pour celui qui doit y répondre. Avant de donner son avis et de commenter ce qu'il pense, il doit pouvoir ordonner ses idées.

Demander soudainement à quelqu'un : « Qu'en penses-tu ? » le met en difficulté. Il lui sera beaucoup plus facile de commencer par répondre à des questions fermées. Par exemple : « Avez-vous un avis sur ce film ? » ; là, la personne peut facilement répondre oui ou non et, ensuite seulement, on passe en question ouverte en lui demandant : « Quel est cet avis ? » (s'il a répondu oui) ou : « Pourquoi n'avez-vous pas d'avis » (s'il dit non). Vous remarquerez qu'on ne privilégie aucune piste par avance.

C'est cette absence de condition de réponse qui fait que l'interlocuteur se sent libre et reste d'accord pour continuer. C'est toute la différence entre *poser des questions* et *mener un interrogatoire.* Dans l'interrogatoire, la personne bloque très vite (sauf si on a un moyen de pression pour la faire parler... mais là n'est surtout pas notre idée !).

Quand la communication bloque, la question fermée est souvent le plus sûr moyen de la débloquer. Curieusement, elle permet de rouvrir le dialogue ; elle est un « ouvre-communication ».

Avec les enfants, c'est très fréquent ; vous l'avez tous expérimenté. Quand votre enfant rentre de l'école, vous demandez : « Alors, comment était cette journée ? » Il ne répond pas ou répond en rectifiant de lui-même comme si c'était une question fermée : « Bien » (et c'est tout).

La question ouverte est compliquée pour celui qui la reçoit, car ça lui donne trop d'informations à gérer pour répondre. On aurait pu lui demander : « Es-tu satisfait de ta journée ? » (question fermée). Si, par exemple, il répond oui, on peut ensuite lui demander : « Qu'est-ce qui a été satisfaisant pour toi ? », etc. S'il répond non, on peut également continuer par exemple avec : « Qu'est-ce qui ne t'a pas satisfait ? », etc.

Progressivement, on arrive à une vision claire et structurée de la réponse qu'il fait avec aisance, car nous sommes alors *aidant* pour lui.

« Ecouter », comme nous l'avons vu au début, ce n'est pas avoir les oreilles en forme de cuvette dans lesquelles on laisse l'autre vomir son flux verbal. C'est une démarche active dans laquelle on guide notre interlocuteur tout en lui laissant l'entière liberté de ses réponses. Ce n'est pas le « laisser vomir » son verbe : c'est plutôt l'aider à le digérer afin d'en tirer la quintessence.

Cela nous conduit à la notion d'*exploration.* Quand une réponse est obtenue, il est rare qu'elle soit claire, structurée et complète. Muni de questions ouvertes ou fermées (mais toujours sans condition de réponse), on peut devenir un excellent explorateur. Avant d'aborder le prochain chapitre sur l'exploration, il est important de noter à quel point – lorsque nous posons des questions avec condition de réponse – nous amenons notre interlocuteur à dénaturer l'information que nous lui demandons.

5. La circulation des informations

Lorsque nous posons des questions avec condition de réponse, trois cas peuvent se présenter :

1. **La personne me respecte profondément.** Elle veut donc me ménager. Alors, au lieu de me donner *sa* réponse, elle me donnera une réponse édulcorée, tellement adoucie qu'elle n'aura plus rien à voir avec l'information demandée.

2. **La personne ne me respecte pas** et même est en rupture avec moi. Elle ne loupe pas une occasion de me « casser ». Sentant que là elle peut me nuire, elle me donnera une réponse dénaturée dans le sens désagréable. Je n'aurai toujours pas l'information dont j'ai besoin.

3. **La personne s'en fiche** et, sentant que je ne suis pas prêt à m'impliquer et à saisir les nuances qui pourraient me déranger, elle répond à la va-vite un peu n'importe quoi. Là non plus, je n'ai pas l'information juste.

Dans les trois cas l'information est dénaturée ou complètement fausse.

Les questions avec condition de réponse rendent la vie difficile chez soi (rien n'est fiable, on marche toujours sur des œufs) et inefficace dans le monde professionnel (on travaille toujours avec d'importantes distorsions de l'information et souvent sans information du tout). Dans toutes les circonstances de la vie, une réelle communication est souhaitable.

La communication n'est pas un dû, c'est un privilège. Il ne nous est pas dû que les autres communiquent avec nous, et il n'est pas dû aux autres que nous communiquions avec eux. Nous sommes toujours libre de faire comme nous voulons. Il n'y a pas d'un côté la communication qui serait ce qui est bon et de l'autre la non-communication qui serait condamnable.

Je ne peux pas en parler en termes de bien et de mal. Ces notions sont tant incrustées dans notre culture dans un sens erroné et encombrant que leur utilisation ici ne serait pas claire. On y est tellement attaché qu'on les a remplacées par une version plus moderne mais équivalente : le *positif* et le *négatif.* On ne dit plus : « Faites le bien », mais : « Positivez. » Nous y reviendrons plus tard en détail, car ces notions méritent un chapitre à elles seules (chapitre XIV).

Donc, soyons lucide mais évitons de juger. Si nous savons que le meilleur moyen de parvenir à quoi que ce soit, c'est de communiquer, nous découvrirons aussi que si la non-communication engendre toujours des difficultés, elle a néanmoins un sens et une raison d'être (chapitres X et XI).

Communiquer ne veut pas forcément dire « parler ». Nous l'avons vu, c'est avant tout **un état d'être** que nous pouvons avoir avec tout ce et tous ceux qui nous entourent. Nous pouvons aussi (et surtout) l'obtenir *avec nous-même.*

La première personne à qui vous devez poser des questions sans condition de réponse, c'est vous-même. Par exemple, pensant à notre vie, nous nous demandons « Pourquoi ? » Honnêtement, est-ce une vraie question ? Voulons-nous savoir seulement ce qui nous arrange ou voulons-nous vraiment savoir !

Si nos questions sont de vraies questions, le chapitre suivant va être d'une grande utilité pour faire éclore les réponses avec une infinité de nuances.

CHAPITRE VIII

Exploration

LORSQUE nous posons une vraie question, nous obtenons le plus souvent la réponse de notre interlocuteur (nous aborderons plus tard les cas où il ne répond pas). Cependant, cette réponse reste souvent imprécise.

Il nous fait effectivement le privilège de nous transmettre quelques informations de son paysage intérieur, mais elles sont vagues. Parfois, il répondra spontanément avec précision, mais c'est assez rare pour plusieurs raisons :

La **première raison** est que, souvent, la réponse n'est pas précise non plus pour lui. Il donne ce qui lui vient à l'esprit. Pour en dire davantage, il lui faut ordonner et clarifier ses idées. Son paysage intérieur, dans cette zone, manque de structure. La question fait surgir à sa conscience des éléments mais, pour en dire plus, il doit réfléchir. Il est rare qu'il le fasse spontanément à moins qu'il ne soit d'une grande curiosité.

La **deuxième raison** est que, même si c'est clair pour lui, il ne mesure pas à quel point ça ne l'est pas forcément pour nous. Nous ne pouvons pas lire dans son paysage intérieur. Il doit verbaliser, pour nous, ce qu'il y voit. Comme il ne pense pas au fait que nous sommes dans des mondes différents (il croit que ce qui est évident pour lui l'est aussi pour nous), il se contentera de quelques mots imprécis.

Souvenez-vous que nous avons l'impression de vivre dans un paysage commun. Mais nous n'avons accès à la réalité extérieure (peut-être commune ?) que par l'intermédiaire de notre paysage intérieur toujours unique et différent pour chacun.

1. Demander des précisions

Dans la plupart des cas, il sera nécessaire de demander des précisions. Nous parlerons alors d'*exploration.*

Pour explorer le paysage intérieur de notre interlocuteur, nous serons amené à lui poser une succession de questions qui devront respecter certaines règles (en plus de toutes celles déjà évoquées). Quand nous sommes communicant, nous les respectons spontanément ; dans le cas contraire, nous dévions rapidement.

Si nous ne sommes pas communicants, connaissant ces règles nous pourrons tout de même mieux comprendre ce qui se passe et, peut-être, rectifier notre niveau de communication en ajustant notre état (être « soi-même présent » et considérer l'autre comme un « présent »). On ne le dira jamais assez : il est souhaitable d'intervenir au niveau de notre *état* et non de notre *action.* **En communication, la notion de mode d'emploi est un mirage.**

Quand je parle d'exploration, il ne s'agit pas de se transformer en conquistador, en colonisateur ou en inquisiteur. Comme un ethnologue parfaitement respectueux des différentes cultures qu'il rencontre, nous devons avancer en douceur, avec respect. L'ethnologie ne s'est pas toujours comportée ainsi mais, comme je l'ai déjà mentionné, on ne parle plus de cultures primitives, mais de cultures différentes. L'échange de ces différences est source de richesse.

Explorer ne veut pas dire violer le paysage intérieur. Nous ne faisons qu'y solliciter une ballade « touristique et culturelle » qui ne nous est aucunement due.

Suite à une question, quand nous obtenons la réponse nous continuons avec une seconde question, puis une troisième, etc. Chacune de ces nouvelles questions sera comme un nouveau réglage de téléobjectif sur un appareil photo, ou comme le passage à un objectif de plus fort grossissement sur un microscope. Cela permettra d'accéder à une représentation de plus en plus fine du paysage intérieur de notre interlocuteur (dans la zone qu'il accepte de nous révéler).

Pour y parvenir, chaque question nouvelle peut être construite sur la réponse qui vient d'être faite (fig. 9) :

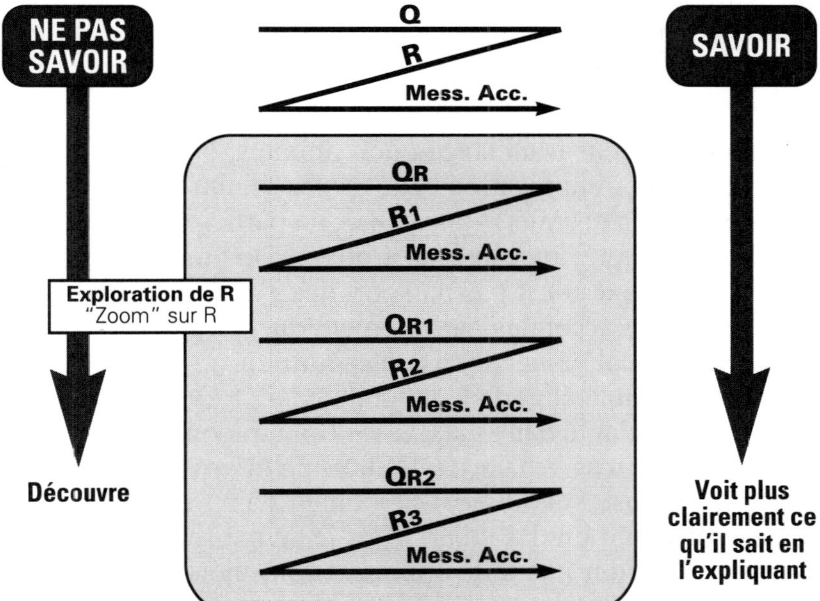

Chaque question est construite à partir de la réponse précédente qui doit avoir été accueillie pour être explorée.
C'est comme un zoom agrandissant un secteur du paysage intérieur.

Fig. 9 : **Faire préciser une réponse.**

Par exemple, je demande : « Que penses-tu de ce film ? » Il me répond : « Pas terrible ! » Je le remercie (message d'accueil).

Je continue en demandant : « Qu'est-ce que tu n'apprécies pas dans ce film ? » Il répond : « Il est trop violent. » Je le remercie de nouveau.

Je poursuis avec : « En quoi cette violence rend-elle ce film pas terrible pour toi ? », etc.

Si je m'étais contenté de la réponse de départ, je ne saurais pas grand-chose. Je pourrais même penser que son avis n'est pas juste, ou stupide. Pourtant, en allant plus loin, il va me confier, par exemple, ce que la violence représente pour lui, ce qu'il attend d'un film, le contexte dans lequel il l'a regardé et plein d'autres éléments qui me permettront de comprendre son opinion dans toute sa nuance (sans la juger ni la condamner), d'en capter la richesse *sans pour autant renoncer à ma propre opinion,* même si elle est opposée à la sienne.

Je me souviens d'un stage que j'animais, où nous venions de parler de communication et de respect d'autrui dans l'affirmation de soi. Au cours d'une pause, un participant, parlant de son loisir préféré, me dit : « La boxe, c'est un sport formidable ! » La boxe n'est pas un sport que j'apprécie particulièrement, mais j'acceptais parfaitement que, pour lui, il en soit ainsi. Seulement, je ne voyais pas pourquoi.

Le plus simple était de le lui demander : « Qu'est-ce que tu trouves formidable dans la boxe ? » Il me répondit : « Dans la boxe, tu vois, tu as la haine ! » J'aurais pu m'arrêter là et considérer sa réponse stupide, car ne collant pas avec tout ce que nous étions en train d'étudier. Mais je ne me sentis ni le droit ni le désir d'avoir une telle opinion à son sujet.

Je continuais donc en lui demandant : « Qu'est-ce qui est intéressant dans le fait d'avoir la haine ? » Et il me répondit : « Tu vois, quand on est en combat, on a toute sa haine, là, c'est très fort. Puis, dès que sonne le gong, c'est fini, on peut se serrer la main. Ce sport me permet d'apprendre à défouler et surtout à maîtriser ma haine. La boxe, pour moi, est un sport formidable qui me permet de mieux vivre avec les autres ! » Je l'ai remercié à chaque fois pour chacune de ses réponses.

J'ai ainsi pu parfaitement comprendre comment, pour lui, la boxe est un sport formidable, et ce sous un angle que je n'avais jamais envisagé. Je ne me suis pas mis pour autant à apprécier la boxe pour moi-même ni à la pratiquer. Je pouvais cependant accéder à la richesse de son point de vue sans pour autant renoncer au mien.

C'est cela l'affirmation de soi dans le respect d'autrui.

Ayant conscience que nos points de vue restent justes tous les deux mais par rapport à des références différentes, il en résulte une richesse réciproque car **chacun peut parler sans avoir à se protéger ou à se défendre.** Cela crée une ouverture d'esprit où de nouvelles pistes peuvent être envisagées en de nouvelles circonstances.

L'exploration est nécessaire pour aboutir à cette compréhension précise du message réel et profond. **Sans exploration, on reste le plus souvent au niveau du message apparent.**

L'exploration, nous le verrons, est aussi une occasion de permettre à notre interlocuteur de verbaliser son non-verbal. Quand il répond avec un ton « douteux », un peu agressif, avec des sous-entendus, on peut ainsi l'*inviter* (et il s'agit vraiment d'une invitation et non d'une obligation) à préciser « ce qu'il veut dire ». C'est souvent un excellent moyen de déminer le terrain.

2. Trouver des questions pertinentes

Nous venons donc d'évoquer le premier élément de l'exploration : trouver la question pertinente qui permettra d'accéder à un degré de précision supérieur.

Pour y parvenir, il est capital (comme indiqué ci-dessus) de parfaitement *recevoir, comprendre* et *accueillir* chaque réponse, car de chacune d'elles dépend notre question suivante. Je n'aurai, la plupart du temps, qu'à en reprendre les mots pour trouver et verbaliser ma nouvelle question.

Quand on me répond : « Ce film est nul ! », j'aurai ainsi seulement à demander : « Peux-tu me préciser ce que tu trouves nul dans ce film ? » C'est tellement simple ! **Si je ne sais pas quoi demander, c'est qu'avant je n'ai pas écouté.**

Et c'est souvent le cas ! Dans beaucoup de situations nous pensons à la question que nous devrions poser, mais nous y pensons tellement que nous oublions d'écouter les réponses. De ce fait, nous ne trouvons pas de questions pertinentes.

Quand je lui demande : « Que penses-tu de ce film ? », avant qu'il n'ait répondu je risque d'avoir tendance à déjà préparer ma question suivante (pour ne pas être en panne). Ce faisant, je n'entends pas sa réponse. Ma question suivante (si j'en trouve une) ne pourra pas être pertinente. On passera du coq à l'âne et ce sera vite démotivant pour lui qui ne se sentira pas écouté mais plutôt trimbalé de-ci de-là dans son paysage intérieur sans intelligence.

Par exemple, alors que je commence avec : « Que penses-tu de ce film ? », après sa réponse (dont je ne tiens pas compte) je demanderai : « Tu vas souvent au cinéma ? » J'obtiendrai ainsi un ensemble de questions/réponses qui n'aura ni queue ni tête (même en restant sur le sujet du cinéma). *On aura beaucoup parlé mais on ne se sera rien dit.*

3. Accepter d'avancer pas à pas

Se donner le temps d'accueillir une réponse avant de trouver et de poser la question suivante nécessite de la confiance en soi et de la confiance en l'autre. Je ne dois pas me préoccuper de la suite. Pour la suite, je verrai quand j'y serai.

Je comparerais cela à un jeu de piste où je dois passer par chaque étape pour y découvrir le chemin menant à l'étape suivante. Si j'en saute une (croyant aller plus vite), je me perds. **Je ne dois me préoccuper que de l'étape en cours.**

Quand je pose une question, il en est de même : je ne dois me préoccuper que de la séquence en cours. Je me donne le temps de recevoir, comprendre et accueillir la réponse qu'on me fait. Ensuite – et ensuite seulement – je commence à me préoccuper de la nouvelle question à poser.

Curieusement, en faisant ainsi, en me donnant le temps (ou en donnant à la communication le temps qui lui revient), je vais beaucoup plus vite. En revanche, si je brûle des étapes pour prendre des raccourcis (comme un voleur de temps), je vais beaucoup plus lentement… et je n'arrive pas à destination.

Le premier élément-guide menant à la question pertinente est donc l'accueil de la réponse qu'on vient de nous faire. Mais ce n'est pas tout à fait suffisant. En pratiquant seulement de la sorte, on ne ferait qu'accroître la précision ; or ce n'est pas le but. Le but, c'est d'**accroître la compréhension.** Avoir de plus en plus de détails peut devenir non seulement inutile, mais aussi encombrant et nous éloigner de ce qu'on cherche.

4. Message de cohérence

Le deuxième élément-guide sera donc d'aller jusqu'à un point où on peut clairement relier la dernière réponse de détail qu'on nous fait avec la première qui est à l'origine de cette exploration. On pourrait comparer cette première réponse à l'énoncé du titre d'un livre ; si je demande : « Que penses-tu de ce film ? » et qu'il me répond : « Je le trouve nul ! », c'est comme s'il me disait : « Dans mon paysage intérieur, j'ai un livre qui parle de ce film et qui a pour titre : *Ce film est nul.* »

A la première réponse, on est un peu comme quelqu'un qui connaît le titre d'un ouvrage mais pas son contenu. Comme son « bouquin » est différent du mien, je l'invite à m'en faire la lecture, chapitre par chapitre. Chaque chapitre se terminant par un message de cohérence de ma part lui indiquant que je comprends tout à fait la relation qu'il y a entre le contenu de ce livre et son titre.

Il se peut parfois que son livre s'appelle comme le mien. Pour moi, c'est *le Film est super,* pour lui aussi c'est *le Film est super.* Miracle, nous pensons la même chose ! Nous avons le même paysage intérieur ! Miracle ou plutôt mirage… Nous avons chacun des bouquins ayant le même titre, mais ils n'ont pas le même contenu. Même quand le titre est semblable, une lecture attentive s'impose. Il n'aime certainement pas le film exactement pour les mêmes raisons que moi. Peut-être même est-ce pour des raisons complètement différentes.

Donc, c'est comme si je demandais à mon interlocuteur de me faire la lecture de « son livre », et cette lecture ne devra pas se faire de façon désordonnée. Elle se déroulera chapitre par chapitre, chaque chapitre se clôturant par mon message de cohérence le reliant au titre.

Par exemple, dans l'échange avec mon stagiaire boxeur, je pouvais terminer en lui disant : « Si la boxe te permet de défouler et de maîtriser ton agressivité pour mieux vivre avec les autres (dernière réponse de détail résumant son chapitre), je comprends tout à fait que tu trouves que c'est un sport formidable (première affirmation origine de l'exploration, qui en est le "Titre" dont la cohérence se révèle pertinente par rapport à l'histoire). » J'appelle donc cela un *message de cohérence.*

Si je venais à m'y perdre et à ne pas comprendre la relation entre les dernières réponses de détail et sa première affirmation, je resterais simple en lui demandant de m'expliquer en quoi « ceci » explique « cela ». Je ne le ferais pas avec un air de suspicion, mais *en étant vraiment intéressé pour découvrir ce que je ne sais ou ne comprends pas.* Par exemple : « Quel rapport y a-t-il entre cette violence maîtrisée dans la boxe et le fait que tu trouves ce sport formidable ? Moi je ne sais pas mais, grâce à toi, je vais apprendre ! »

Notre diagramme prend ainsi l'aspect suivant (fig. 10) :

→

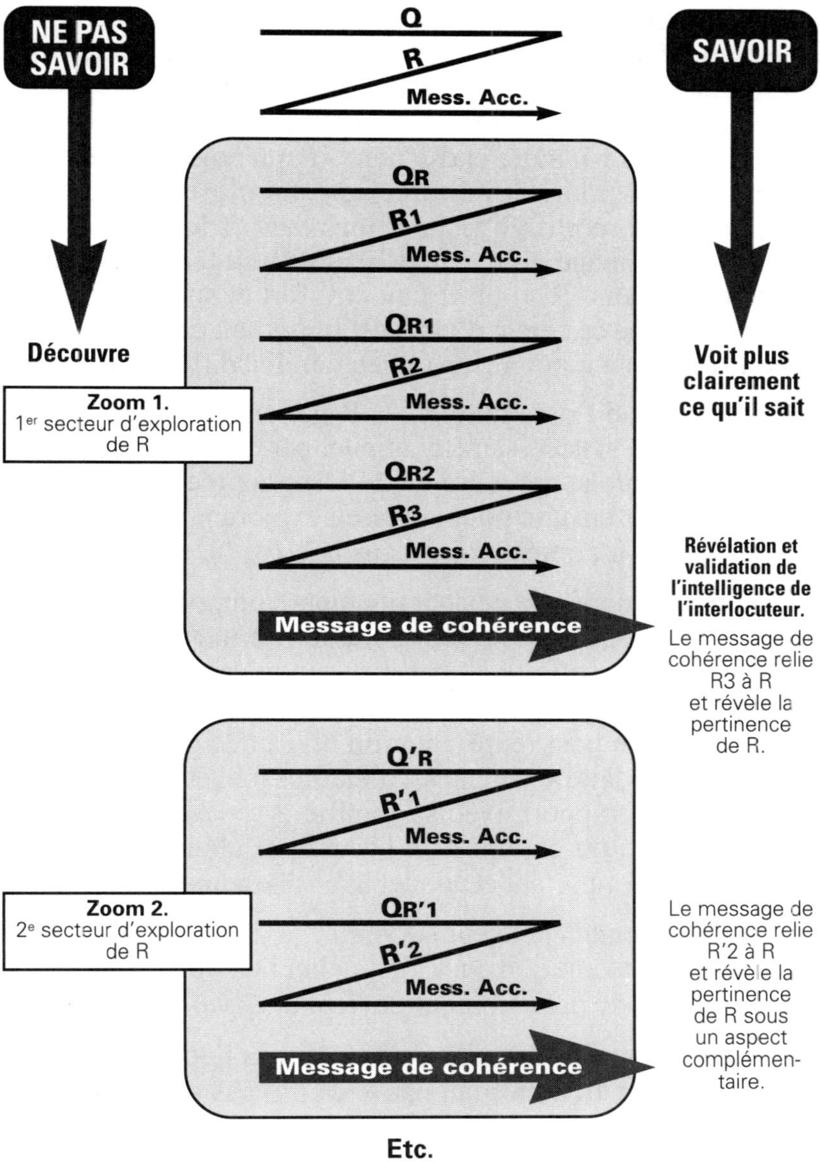

Fig. 10 : **Message de cohérence.**

Naturellement, selon la précision nécessaire pour accéder à une compréhension suffisante, on peut arrêter l'exploration à R2, ou la poursuivre jusqu'à R6, R7, R10, etc.

Quand à Q'R, si je reprends l'exemple de la boxe, ce pourrait être : « Y a-t-il autre chose pour toi qui rende ce sport formidable ? » Il pourrait me préciser que c'est la qualité de l'entraînement sportif (R' 1) qui le maintient en forme (R' 2), par rapport à une image qu'il veut donner de lui-même (R' 3), dans un cercle d'amis (R' 4) où il faut être fort et sportif pour être reconnu, et que ce cercle d'amis est important car il lui permet de s'affirmer par rapport à un milieu familial difficile (R' 5), etc.

Une fois que l'on a relié R' 5 à R par un message de cohérence, on peut, si nécessaire, continuer par Q''R en demandant : « Y a-t-il encore autre chose qui te fasse apprécier la boxe ? »

On pourrait ensuite poursuivre en explorant : « Y a-t-il des choses que tu n'apprécies pas dans la boxe ? », etc.

On remarquera que ce cheminement comporte des *paliers de cohérence.* Quand on veut adresser un message de cohérence, cela doit se faire à un palier, sinon ça sonne faux. Par exemple, le fait que l'entraînement de la boxe lui permette de rester en forme peut représenter un niveau de précision suffisant (palier). Mais on peut aussi aller plus loin et aboutir au fait que cela à un rapport avec sa famille, sa vie amoureuse, sa petite enfance ou encore n'importe quel élément de sa vie intime qui est important et auquel la boxe est une réponse utile.

Deux difficultés peuvent survenir : je donne mon message de cohérence avant d'arriver à un palier ; ou alors je continue vers un degré de précision qui devient une *indiscrétion.*

Si, par exemple, je lui dis : « Si tu aimes l'entraînement, je comprends que tu aimes la boxe », ça n'a pas de sens. Je n'ai pas été assez loin. En revanche, quand il me précise que c'est parce que cet entraînement lui permet d'être en forme, là ça marche : « Si la boxe te permet d'être en forme grâce à l'entraînement, je comprends que tu l'apprécies. »

Mais nous pouvons dépasser ce premier palier et aboutir à des précisions du genre : « Cette forme est un avantage pour séduire une fille que j'aime beaucoup » ; on continue alors par : « Qu'est-ce qui te plaît chez cette fille ? » ou : « Pourquoi souhaites-tu la séduire ? » Peut-être arrivons-nous là à un seuil d'indiscrétion. Nous verrons que si nous sommes attentif il nous le fera savoir et il nous sera facile de ne pas dépasser le seuil d'indiscrétion qui est le sien.

Il est parfois nécessaire d'aller assez loin dans l'exploration et de prendre le risque de l'indiscrétion. Notons déjà qu'**il n'existe aucun seuil d'indiscrétion dans l'absolu.** Chacun a le sien et on ne peut donc pas prévoir grand-chose en la matière. La simplicité nous conseille seulement d'être **en état de réceptivité pour s'ajuster à chaque différence de sensibilité.** Nous y reviendrons ci-dessous (dans « Les limites ») et au chapitre suivant dans « Les cas de non-réponse ».

5. L'écoute

Vous remarquerez la différence qu'il y a entre *écouter* et simplement *laisser parler.*

Quand on communique et qu'on écoute vraiment, on guide, on canalise l'exploration. L'information se structure dans le paysage intérieur de celui qui répond. Chaque message de compréhension clôture une famille d'informations avant de passer à la suivante. On ne change pas de thème en permanence.

Fouiller « en vrac » dans le paysage intérieur peut avoir un intérêt pour certains projets comme dans le *brain storming* (littéralement « tempête cérébrale », technique du « remue-méninges » dans laquelle le but est de saisir des informations au hasard de notre imagination débridée afin d'accéder à une créativité plus libre et plus riche). En communication, c'est néfaste. On ne dira pas que l'un est meilleur et l'autre moins bon ; tout a un intérêt à condition de l'utiliser à sa juste place.

6. Les limites

Donc, à partir d'une phrase banale en apparence, on peut ainsi accéder à un échange où notre interlocuteur parle vraiment de lui. **De superficielle, la conversation peut devenir profonde et enrichissante.** Il peut même en venir à parler de lui dans des circonstances majeures de sa vie, de son histoire.

Y aura-t-il indiscrétion ? On trouve deux limites : la sienne et la nôtre.

– *La nôtre :* avons-nous le temps et, si oui, sommes-nous capable d'accueillir ce qu'il va nous dire ?

– *La sienne :* a-t-il le temps et, si oui, à quelle limite place-t-il le niveau qui, pour lui, serait un niveau d'indiscrétion ?

A priori, nous ne connaissons pas sa limite. Ce n'est pas grave parce que lui la connaît (consciemment ou inconsciemment). Lorsque nous atteindrons ce qui est pour lui le seuil d'indiscrétion, il nous le fera savoir (souvent de façon non verbale). Nous pourrons alors simplement lui demander : « Est-ce que ma question te gêne ? »

S'il répond oui, nous aurons juste à recentrer en disant : « Je te prie de m'excuser, je ne voulais pas être gênant. Préfères-tu qu'on n'en parle plus ? », etc.

S'il répond non, on pourra continuer.

On pourra facilement se conformer à son seuil d'indiscrétion.

Il serait dommageable de ne pas oser poser de questions par peur d'aller trop loin, car nous ne connaissons jamais par avance ce seuil au moment où nous lui parlons (en plus, il peut varier en fonction des circonstances). En vérité, on ne court aucun risque d'indiscrétion.

Le risque le plus important serait d'être si peu attentif que nous ne verrions pas le moment où la gêne apparaît et serions incapable de respecter la limite qui est la sienne.

Quand à la limite de notre capacité d'accueil, vous découvrirez que les gens ne vous confient le plus souvent que ce que vous êtes capable d'entendre. Il est difficile de dire par quelle alchimie non verbale l'autre est renseigné sur notre limite, mais il en est souvent ainsi. **Quand nous commençons à juger, nous avons atteint notre limite d'accueil et devenons indiscret.**

7. Y a-t-il du superflu ?

Entre le message d'accueil et le message de cohérence, cela peut sembler faire beaucoup de détours et de « tralala » pour se poser simplement deux ou trois questions. Et puis, a-t-on besoin d'aller si loin ? Là encore, nous pouvons faire comme nous voulons. Mais si nous souhaitons une qualité d'échange, nous n'avons pas le choix. Ça passe par là.

Le message d'accueil : s'il n'y en a pas, notre interlocuteur n'est jamais sûr que nous prenons en compte ce qu'il vient de dire (étant entendu que le vrai message d'accueil ne peut être formulé efficacement que lorsqu'on est vraiment en état d'accueil). Sans lui, l'interlocuteur se démotive très vite et ne voit pas très bien à quoi bon se donner la peine d'expliquer et de répondre. La communication tourne court et reste vague.

Le message de cohérence : s'il n'y en a pas et que nous passons directement à Q'R, il se demande alors à quoi ses explications ont servi puisque nous changeons de secteur d'information sans montrer en quoi ce qu'il a dit nous a éclairé :

Exemple :

– Question : « As-tu aimé ce film ? »
– Réponse : « Non ! »
– Message d'accueil : « O. K. »

– QR : « Qu'est-ce que tu n'as pas aimé ? »
– R1 : « Je n'ai pas du tout aimé la violence qui s'en dégage. »

– Message d’accueil : « D’accord ! »

– QR1 : « Quelle est la violence qui t’a dérangé dans ce film ? »

– R2 : « La succession des séquences se fait avec trop de rapidité. Je trouve que cette rapidité des images agresse ma vue. J’ai une vue fragile et je ne supporte pas cela. C’est trop violent. »

– Message d’accueil : « O. K. »

– Message de cohérence : « Si tu as la vue fragile, je comprends que la rapidité des scènes soit une violence pour toi et que ce film ne t’ai pas plu ! »

– Q’R : « Y a-t-il autre chose que tu n’as pas aimé dans ce film ? », etc.

Si je refais le même échange sans message de compréhension, c’est complètement différent :

– Q : « As-tu aimé ce film ? »

– R : « Non ! »

– Message d’accueil : « O. K. »

– QR : « Qu’est-ce que tu n’as pas aimé ? »

– R1 : « Je n’ai pas du tout aimé la violence qui s’en dégage. »

– Message d’accueil : « D’accord ! »

– QR1 : « Quelle est la violence qui t’a dérangé dans ce film ? »

– R2 : « La succession des séquences se fait avec trop de rapidité. Je trouve que cette rapidité des images agresse ma vue. J’ai une vue fragile et je ne supporte pas cela. C’est trop violent. »

– Message d’accueil : « O. K. »

– QR : « Y a-t-il autre chose que tu n’as pas aimé dans ce film ? », etc.

Ici, la personne va se demander si on a pris en compte ce qui est violent pour elle dans ce film. Comme on continue à la questionner, elle ne voit pas très bien l'intérêt de se donner la peine de répondre à quelqu'un qui se moque de ce qu'on lui dit. Il y a microrupture. Sans nous en rendre compte, nous venons de poser une mine sur notre terrain d'échange.

Donc, en verbalisant des messages d'accueil et des messages de cohérence, il n'y a rien de superflu. On pourrait plutôt dire que cela devient « super-flux » de communication qui nous met en situation réciproquement privilégiée.

8. Validation du message

Quand nous arrivons en fin d'exploration et comme la communication n'est pas un dû, nous devons valider ce qui vient de se passer. Nous pouvons le faire simplement en disant quelque chose comme : « Je te remercie de m'avoir donné tous ces détails », ou : « Je te remercie d'avoir consacré du temps à me répondre », etc.

Il est important de terminer la communication ainsi, car sans validation c'est un peu comme un billet de train : vous aurez beau expliquer au contrôleur que vous avez bien payé et que vous avez simplement oublié de composter (pour preuve, vous lui montrez le billet), il vous fera quand même payer une pénalité. Non validé, c'est comme si vous n'en aviez pas.

Pour la communication, ça ressemble un peu à ça. Il faut valider pour qu'elle prenne toute sa valeur. Sur un ordinateur, si vous ne sauvegardez pas le travail accompli, il sera effacé lorsque vous prendrez congé (lorsque vous éteindrez l'ordinateur).

Naturellement, message d'accueil, message de cohérence et validation prennent naissance dans un état d'esprit. On doit d'abord être dans l'état communicant, le reste suit tout seul. Parfois cela n'est pas verbalisé. Peu importe si le non-verbal est suffisamment explicite. Et quand on est dans l'état communicant, il l'est !

Si on n'est pas communicant, là encore inutile de faire semblant d'accueillir et de comprendre les significations profondes. Votre non-verbal vous trahira et votre interlocuteur ne sera pas dupe (ou, au mieux, pas longtemps).

9. Garder le cap

Quand la communication a pour but de résoudre des relations conflictuelles ou de clarifier des situations de vie, il peut s'avérer nécessaire de connaître le cap à suivre. Devant le déluge de paroles et de raisons « toutes meilleures les unes que les autres » déversé par votre interlocuteur, il devient difficile de trouver des questions pertinentes pour le canaliser.

La progression vers la précision avec tout ce que nous avons vu ci-dessus est alors insuffisante.

Pour ne pas vous perdre, il vous faut connaître le cap à suivre, et pour ne pas vous en écarter, utiliser une boussole. De même que dans l'hémisphère Nord les navigateurs utilisent l'étoile Polaire, vous devez vous aussi avoir un repère dont la position est stable.

Ce repère est le suivant : **quoi que fasse une personne, elle le fait dans le but de se réconcilier par rapport à des ruptures antérieures.**

Par exemple, le stagiaire aimait la boxe parce que cela l'aidait à gérer sa haine afin de mieux vivre au milieu d'un entourage difficile avec lequel il avait tendance à se mettre en rupture. Pour résoudre cela à sa façon, il pratique un sport où l'on se frappe. Curieusement, pour se réconcilier il frappe quelqu'un.

Un bon outil pour ne pas vous éloigner de ce cap est de poser surtout des questions qui amèneront votre interlocuteur *à parler de lui.* Il a souvent tendance à parler *de son histoire* pour se faire remarquer tout en se cachant. Rarement il parle *de lui.*

Les gens très bavards ont toujours plein de choses à vous dire… sur les autres. Parfois, vous avez l'impression qu'ils parlent d'eux car ils vous racontent leur vie – et même quelquefois leur vie intime. Si vous regardez bien, vous verrez qu'ils le font en parlant des gens qu'ils ont rencontrés, des événements extérieurs, des membres de leur famille, de leur conjoint, de leurs enfants… jamais d'eux. Pourtant, ils cherchent à se réconcilier, mais ils ont si peur qu'ils vous éloignent en vous noyant dans un discours « fleuve ».

Dans ce cas, posez des questions qui les ramènent à eux. Quand ils vous disent : « Oui mon conjoint est insupportable, il a toujours été insupportable », vous demanderez, après avoir accueilli ce propos : « Qu'est-ce qui est insupportable *pour vous* chez votre conjoint ? » Ne tombez surtout pas dans le piège de lui demander : « Comment est-il ? » car là vous allez avoir droit à une description/démolition en bonne et due forme qui ne vous servira à rien pour comprendre ni pour aider. Quand à votre interlocuteur, trop content de pouvoir « casser du sucre » sur le dos de son conjoint désagréable, il ne fera – sans s'en rendre compte – que s'épuiser davantage. Il ressortira vidé de l'entretien… et vous aussi.

Bien sûr, même quand il fait cela c'est pour gérer sa rupture avec son conjoint. Il croit qu'en se mettant plus loin il souffrira moins de cette rupture.

En réalité, inconsciemment il fait tout pour accéder à la réconciliation. En essayant d'augmenter la distance, il s'y collera encore plus en se sentant comme poussé à ne parler que de lui pour mieux le maudire. Il maudit (mal dit) car il n'arrive pas à dire. Quand on n'arrive pas à dire, on dit mal, trouvant cela mieux que de ne pas dire du tout. Ce faisant, il est de plus en plus « contre », de plus en plus obsédé par celui dont il veut s'éloigner. Il s'y colle littéralement en lui faisant des « reproches ».

On se colle pour gérer ses ruptures.

On voit ainsi de nombreuses personnes être en rupture avec l'un de leurs parents (ou les deux) puis, prenant de l'âge, leur ressembler de plus en plus. On pourrait croire que c'est parce qu'elles suivent un modèle qu'elles ont connu. En vérité, **elles ressemblent à celui avec qui elles sont en rupture afin de s'en rapprocher** ou, ce qui revient presque au même, pour ne pas lui donner tort. C'est pour le moment la seule réconciliation dont elles sont capables. Si elles acceptaient de se réconcilier en elles avec ce parent, elles ne leur ressembleraient plus autant et pourraient être pleinement elles-mêmes. En attendant, leur ressembler est le meilleur moyen dont elles disposent pour mieux les comprendre et ne pas les perdre. Tout cela se passe inconsciemment.

Ainsi, avec l'âge, elles s'aperçoivent qu'elles disent les mêmes mots, font le même type de réflexions à leurs enfants, ont les mêmes manies… tout ce qu'elles détestaient chez leurs parents. Faute d'avoir manifesté de la compréhension et de l'accueil autrefois envers autrui, elles peuvent aujourd'hui s'interroger sur elles-mêmes.

Nous en avons déjà parlé au début : **plus nous sommes en rupture, plus nous sommes attaché.** En fait, c'est loin d'être stupide car il s'agit d'un excellent moyen de ne pas perdre l'autre de vue en attendant la réconciliation (qu'au fond nous souhaitons – bien qu'on s'en défende). Nous reviendrons plus loin sur ces notions. Pour l'instant notons deux choses :
– Il y a toujours quête de réconciliation.
– On doit amener l'interlocuteur à parler de lui.

Il ne doit pas parler de l'histoire qui lui arrive (ou lui est arrivée), mais de l'histoire qu'il *est.* L'histoire qu'il *est,* c'est ce qu'il sent, ce à quoi il aspire, son état de rupture ou d'accueil face à telle situation, son bonheur ou sa souffrance face à telle autre, ses émotions, sa plénitude, ses vides, ses joies, ses peurs… ou, plus discrètement, ses avis, ses pensées, ses points de vue, etc.

10. Gagnant/gagnant

Quand il y a communication, les deux sont gagnants en même temps. Que gagnent-ils ?

– Celui qui pose les questions, au départ, est en « non-savoir ». Ce qu'il gagne c'est de savoir plus.

– Celui qui répond « sait déjà » mais, avant qu'on lui pose les questions, il n'a pas conscience de tout ce qu'il sait. Ce qu'il gagne c'est d'en devenir plus conscient.

La situation de départ où l'un ne sait rien et l'autre sait mais n'en est pas conscient devient pour l'un « savoir plus », pour l'autre « plus conscient ».

Curieusement, celui qui pose les questions est complètement aveugle au paysage intérieur de l'autre. Et celui qui répond est le seul à voir dans son propre paysage intérieur. Par contre, *pour y voir, il a besoin des questions de celui qui ne voit pas.*

Par exemple, si je ne vois pas ce que vous êtes en train de lire (je suis l'aveugle) je pourrais vous demander : « Combien de lignes y a-t-il sur cette page que vous lisez ? » Si vous le voulez (vous qui voyez cette page), vous les comptez, me répondez et maintenant je sais, moi, combien vous voyez de lignes et vous, vous êtes devenu conscient du nombre de lignes que vous voyez. Sur un tel sujet cela peu sembler sans importance, mais quand il s'agit de situations à clarifier, c'est capital.

Notez que quand vous habitez une ville, vous la connaissez « en gros ». Si un ami – qui ne la connaît pas – vous pose des questions à son sujet, vous vous renseignez, la visitez et découvrez ce que vous aviez sous les yeux mais n'aviez jamais pensé regarder.

Avec le paysage intérieur il en est de même. Toutes les réponses s'y trouvent mais, pour penser à regarder dans leur direction, nous avons besoin des questions appropriées. **Nous sommes voyant, mais avons besoin d'un aveugle pour nous**

guider et il ne pourra efficacement nous guider qu'en acceptant d'être aveugle.

S'il veut nous faire croire qu'il voit à notre place, non seulement il ne va pas nous aider, mais va nous déstructurer.

Le diagramme prendra finalement l'aspect de la figure 11.

11. Quand il y a plusieurs pistes

Votre interlocuteur peut vous proposer plusieurs pistes d'exploration en même temps. Par exemple, il vous apprend qu'il a détesté ce film simultanément à cause de sa violence et de sa musique. Comment savoir si on doit d'abord explorer ce qui concerne la violence ou ce qui concerne la musique de ce film ?

Plutôt que d'essayer de le deviner et de faire des suppositions scabreuses et fatigantes, le plus simple, vraiment le plus simple, est de le lui demander. **Par notre question, nous allons l'amener à hiérarchiser son savoir.** Nous allons par exemple lui demander : « Est-ce la musique ou la violence qui t'a surtout fait ne pas aimer ce film ? »

Il saura instantanément si c'est l'une plutôt que l'autre et vous le dira. Vous n'aurez qu'à suivre cette piste prioritaire pour lui. Vous prendrez l'autre ensuite. S'il vous avait dit que c'est autant l'une que l'autre, vous auriez pu commencer au hasard, ou mieux, tenter une nouvelle approche en demandant : « Duquel des deux préfères-tu parler d'abord ? » Si ça lui est encore indifférent, là vous décidez vous-même par quoi commencer.

Ce type de question est voisin des questions fermées. On l'appellera *question à choix multiples.*

En effet, on aurait pratiqué de même s'il avait proposé trois pistes comme « la violence, la musique et les acteurs ».

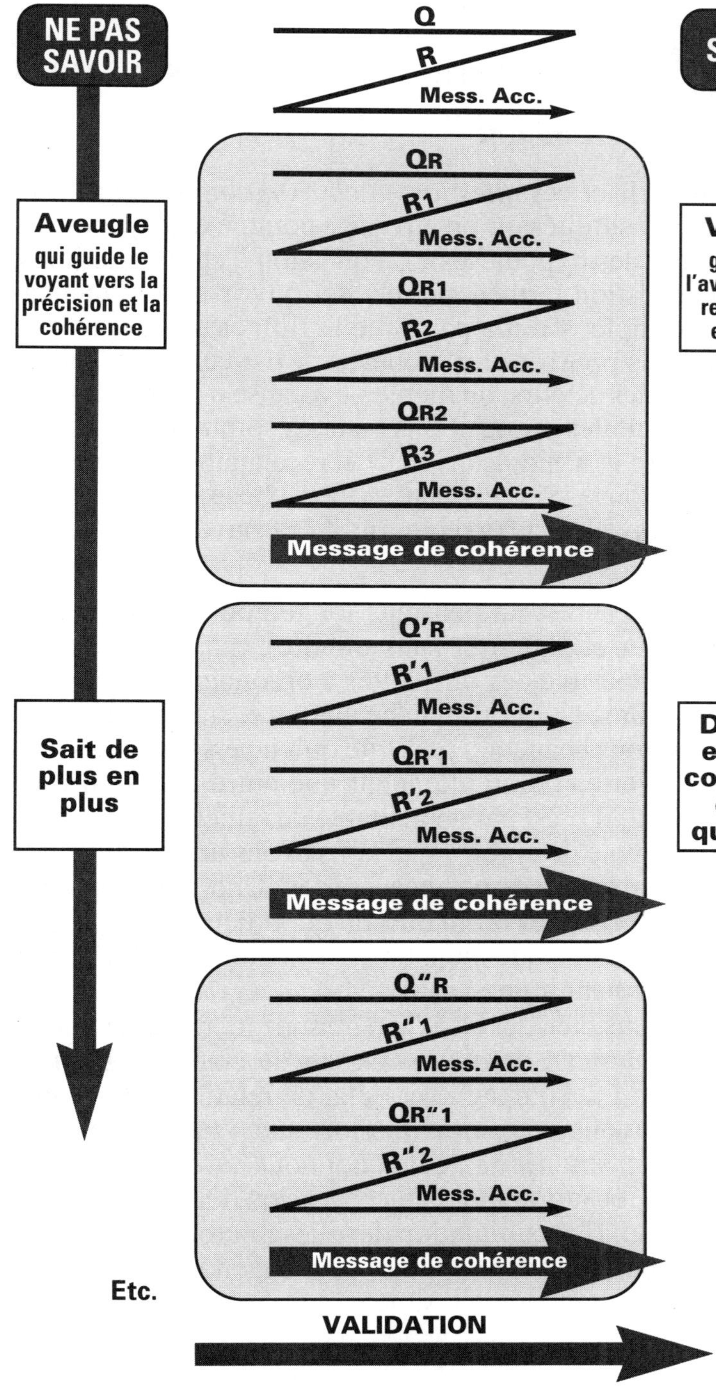

Fig. 11 : **Exploration.**

12. Quand on est bloqué

On peut utiliser ces *questions à choix multiples* pour lister différentes possibilités qu'on envisage comme des hypothèses (et seulement des hypothèses). La question à choix multiples, comme la question fermée, permet de rouvrir la communication. Par exemple, s'il n'a pas aimé le film et ne sait pas dire pourquoi, nous pourrons lui proposer : « Est-ce plutôt à cause de l'histoire, des acteurs, du thème ou à cause d'autre chose ? » Dans les différentes propositions (si nous sommes sans condition de réponse et n'induisons rien), il reconnaîtra le secteur où se tient sa réponse. Si c'est dans « autre chose », nous proposerons une nouvelle liste (à moins qu'il ne trouve spontanément quoi), etc.

Cette approche est un peu plus longue ou difficile (car il faut improviser et supposer sans induire), mais quand notre interlocuteur éprouve des difficultés à ordonner ses idées et à les extraire tout seul, cela l'aide beaucoup et finalement, dans ce cas, nous irons beaucoup plus vite qu'en persistant avec des questions ouvertes ou en attendant une autre occasion d'en parler. Souvent, il n'est pas souhaitable de remettre à plus tard.

Pour l'exemple du cinéma que nous avons utilisé, autant de détails ne sont peut-être pas nécessaires. Une telle approche alourdirait les échanges ordinaires du quotidien. A chaque fois que nous posons une question, une exploration aussi détaillée n'est pas forcément utile.

Pourtant, dans bien des cas « apparemment ordinaires » nous devrions y regarder à deux fois. Ce cas du cinéma – selon le non-verbal qui l'accompagne et l'état de relation dans lequel nous nous trouvons avec notre interlocuteur – mérite peut-être une exploration soignée faute de quoi nous aurons « posé une mine de plus », et surtout perdu une occasion d'améliorer notre contact avec lui. L'accumulation de telles microruptures (dont chacune est en apparence anodine) peut engendrer un malaise relationnel important dont on situe mal l'origine, celle-ci étant diffuse.

13. Exprimer sa propre différence

Quand nous avons respecté ce qui est décrit dans ce chapitre, nous pouvons alors exprimer notre point de vue même s'il est différent (ou opposé) à celui de notre interlocuteur. Cela ne le heurte pas car il s'est senti compris et accueilli (son intelligence reconnue).

Il pourra faire de même envers nous (on verra plus en détail pourquoi au chapitre XII, § 5).

CHAPITRE IX

Quand il ne répond pas

J'ai, jusque-là, volontairement évité de parler des cas où notre interlocuteur ne répond pas. Cela aurait compliqué notre cheminement. Cependant, ces cas existent et le moment est venu de les aborder.

Il vous est certainement déjà arrivé de demander quelque chose à quelqu'un et que cette personne ne dise rien ou, au lieu de répondre, fasse une pirouette en changeant de sujet, ou encore qu'elle « réponde » à votre question par une autre question. Elle peut aussi « répondre » complètement « à côté ».

1. Les cas de non-réponse

Pour nous y retrouver dans tous ces cas, nous commencerons par les classer en cinq catégories. Tous les cas de non-réponse ne sont pas équivalents.

Il n'y a pas de réponse quand :
A. Notre question n'était pas une question.
B. Notre question n'était pas pertinente.

Toutefois, si A et B sont corrects, on risque encore :
1. Que la question ne soit pas reçue.
2. Que la question ne soit pas comprise.
3. Que la question ne soit pas accueillie.

Nous ne parlerons pas du cas A qui vient d'être largement précisé dans le chapitre VII. Notons que cela représente peut-être 90 % des cas de non-réponse. **Si nos questions sont de vraies questions, nous aurons déjà beaucoup plus de réponses.**

Nous ne traiterons pas non plus du cas B, le chapitre précédent l'ayant déjà fait largement. Il représente peut-être la moitié des 10 % de cas restants.

Les derniers 5 % concernent les cas nos 1, 2 et 3 (ces pourcentages ne servant qu'à indiquer un ordre de grandeur).

2. La question n'est pas reçue

Si vous êtes communicant, vous posez votre question quand votre interlocuteur vous donne de l'attention. Eliminons tout de suite le cas où, peu vigilant, vous n'avez pas remarqué qu'il n'était pas réceptif. Cela étant précisé, notre question ne sera pas reçue si :

– nous ne parlons pas assez fort ;
– notre interlocuteur a une mauvaise ouïe ;
– des bruits extérieurs parasitent la perception ;
– etc.

Il suffit alors de répéter notre question en s'ajustant à la circonstance.

Mais, en dehors des problèmes techniques de ce genre, il peut s'agir de problèmes psychologiques de l'interlocuteur. Il peut, étant très instable, vous donner de l'attention quand vous commencez à poser votre question et se disperser en cours de route. Cette difficulté à maintenir son attention le conduit à « papillonner » au gré des apparitions de son paysage intérieur.

Quand vous lui demandez : « Que penses-tu de ce film ? », il vous répond : « Je trouve que le prix des Caméscopes a beaucoup baissé ces derniers temps. D'ailleurs, je connais un magasin où ils font de sacrées ristournes en ce moment. Mais je me demande si c'est toujours intéressant. L'autre jour, ma belle-mère a acheté un fer à repasser en solde. Il ne fonctionnait pas bien. En fait, les commerçants ne sont pas toujours très honnêtes. Avec tout ce chômage, en plus, on a l'impression qu'ils prennent des gens qui ne sont pas qualifiés, pour les payer moins cher. D'ailleurs, ce chômage est une vraie calamité. Je connais un voisin qui... » Le plus dur est de l'arrêter !

Pour cela, il faut pratiquement lui dire « stop ! ». C'est un peu violent, mais il faut savoir que ce qu'il dit n'est pas intéressant, même pour lui. Ce n'est pas intéressant, mais sa démarche, elle, l'est (pour lui comme pour nous). Nous devons l'arrêter en lui disant par exemple : « Attend ! », puis le recentrer en le rendant conscient de ce qu'il dit. Nous lui demandons alors : « Pourquoi as-tu éprouvé le besoin de me parler du prix des Caméscopes ? »

A ce moment, il est amené à s'interroger sur ce qu'il a fait sans s'en rendre compte. Il peut dire qu'il n'en sait rien et ajouter : « Au fait, que me demandais-tu ? », trop content d'être avec quelqu'un qui l'aide à se recentrer et compense son instabilité.

Si, au contraire, le fait d'évoquer les Caméscopes s'avère important pour lui, c'est qu'alors nous sommes plutôt dans le cas n° 3 de la question non accueillie. Notre interlocuteur a une autre priorité. Nous en parlerons plus loin. Notons seulement que si nous nous contentions (pour un cas n° 3) de l'arrêter comme ci-dessus, nous risquerions de créer une rupture de communication. Notre interlocuteur nous le ferait rapidement sentir en s'énervant de plus en plus.

S'il ne s'agit que de « papillonnage », nous avons simplement à récupérer son attention (en l'arrêtant et en l'amenant à s'interroger sur ce qu'il veut dire), puis à reformuler notre question.

En pensant à ce cas, j'imagine un zappeur indifférent qui passe de chaîne en chaîne avec la télécommande de son téléviseur sans être capable de choisir un programme. En appuyant vous-même sur une chaîne (votre question), vous lui rendez service car, finalement, il n'aurait pas pensé s'arrêter à ce programme, qu'au fond il trouve intéressant.

Notez que quand on l'arrête dans son « discours fleuve », **on l'arrête pour l'inviter à s'exprimer réellement et non pour le bloquer.** Notre question arrête son « zapping » et l'invite à regarder le programme qu'il recherche mais n'arrive pas à trouver seul (le programme « communication »).

3. La question n'est pas comprise

Il ne répond pas ou répond à côté. Le plus souvent, il manifestera son incompréhension de façon non verbale.

L'idéal serait, étant communicant, qu'il ose nous adresser un message de non-compréhension du genre : « Que veux-tu savoir exactement ? » afin que nous le lui expliquions. Il « répondrait » alors à notre question par une autre question afin de s'assurer qu'il nous communique exactement ce que nous souhaitons savoir. (Si, au contraire, quelqu'un « répond » à une question par une autre question, mais dans le but de se défiler, nous sommes alors dans le cas n° 3 avec, cette fois, comme autre priorité de « ne pas répondre ».)

S'il ne verbalise pas son incompréhension, nous devons être attentif à tous ses messages non verbaux. Vous connaissez très bien de tels messages qui peuvent être un temps de silence, un froncement de sourcils, un regard étonné, une expression de gêne, etc.

Il est difficile d'affirmer qu'un message non verbal veut absolument dire ceci ou cela. Alors, pour rester simple, nous pourrons l'inviter à le verbaliser en lui demandant par exemple : « Que se passe-t-il ? », ou : « Y a-t-il quelque chose qui n'est pas clair ? », ou encore : « Qu'as-tu compris que je te demandais ? » (en évitant soigneusement un non-verbal à travers lequel nous indiquerions de l'impatience avec un silence significatif du genre : « Alors ? tu ne comprends rien ! »).

Sentant qu'il n'y a aucun jugement de notre part pour le fait qu'il ne comprenne pas, il osera verbaliser son incompréhension. Nous pourrons alors lui donner les précisions dont il a besoin pour répondre. Ce cas – comme le cas n° 1 – n'est pas très difficile à résoudre si on est attentif.

4. La question n'est pas accueillie

Dans ce troisième cas, pour des raisons qui lui appartiennent la personne préfère ne pas répondre.

Manifestations possibles alors qu'elle a reçu et compris notre question :
– Elle reste silencieuse.
– Elle répond à côté du sujet.
– Elle répond à notre question par une autre question (dans un but de fuite ou de manipulation).

Trois **causes** sont possibles :
– La réponse qui apparaît dans son paysage intérieur est gênante.
– Elle est préoccupée par autre chose (et notre question vient de le lui rappeler).
– Elle se sent en rupture avec nous.

Là encore, nous laisserons de côté le cas où la personne est dès le départ préoccupée. Ne recevant pas son attention, nous aurions dû, avant de la questionner, vérifier si elle pouvait nous la donner. Si elle nous avait dit qu'il lui était impossible de nous répondre, nous aurions alors pu tenter de gérer cette situation avec elle (et son consentement).

Nous prendrons ici en compte le cas où cette *non-réponse par non-accueil* surgit en cours d'échange. Au lieu d'avoir à gérer cette situation en préliminaire à notre communication pour obtenir l'attention, nous devrons le faire en ouvrant une parenthèse en cours de conversation. Cette parenthèse sera un « présent » offert à notre interlocuteur, qui consistera en un temps lui étant spécialement consacré.

Pour y parvenir correctement, cela suppose qu'on ait de bons freins ! Souvent, emporté par notre élan et poursuivant notre objectif, nous fonçons tête baissée sans percevoir les réticences de notre interlocuteur.

Si nous reprenons le dernier diagramme, cette non-réponse peut surgir à n'importe quel moment de l'exploration ; ça peut coincer n'importe où, au moment où l'on s'y attend le moins, et pas forcément en début d'échange. En guise de réponse, nous recevons une information concernant ce qui, pour lui, est une autre priorité (fig. 12).

Cette autre priorité peut être un problème, mais aussi une heureuse préoccupation. La personne a peut-être vécu quelque chose de si merveilleux que le besoin d'en parler est trop impérieux pour qu'elle puisse nous répondre. Il est important

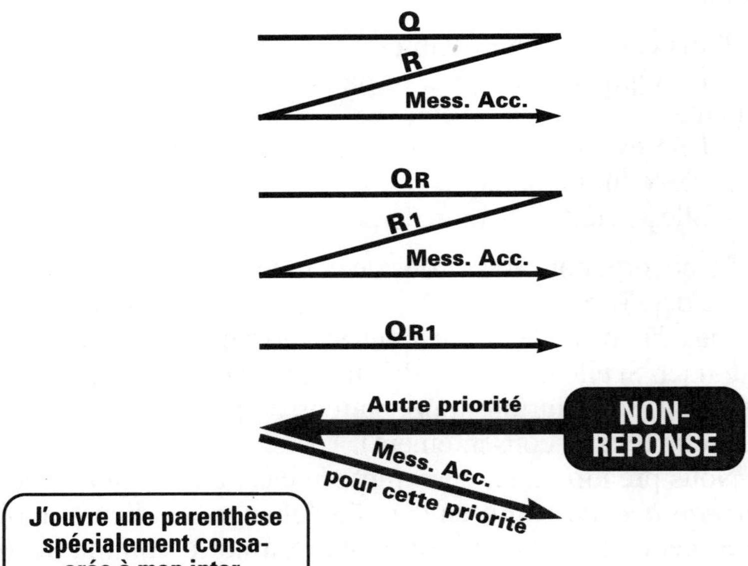

Fig. 12 : **Non-réponse à cause d'une autre priorité verbalisée.**

de savoir qu'elle n'est pas forcément bloquée par un événement douloureux.

Vous avez sans doute déjà vécu l'expérience d'arriver le matin au travail en ayant assisté, la veille, à un spectacle extraordinaire. Tellement extraordinaire que si quelqu'un fait allusion à quelque chose évoquant un spectacle, il vous est difficile de donner de l'attention avant d'avoir pu raconter le bonheur que vous avez vécu. **On peut aussi bien être coincé dans de la passion que dans de la douleur** (quoique nous verrons plus loin le sens voisin de ces deux mots).

Avec cette autre priorité de notre interlocuteur qui surgit (car ravivée par notre question), le diagramme devient identique à la figure 12.

Ici, au lieu de recevoir R2 (comme c'était le cas figure 11), nous recevons un message concernant l'autre priorité. Nous ne pourrons passer outre pour continuer. Si nous le faisions, nous aboutirions à une rupture. Nous devons d'abord recevoir, comprendre et accueillir ce nouveau message. Ensuite (après l'accueil), nous ouvrirons une parenthèse spécialement consacrée à l'exploration et à la gestion de cette autre priorité. Parenthèse qui devra être aussi courte que possible, mais aussi longue que nécessaire.

Avant d'aller plus loin, nous devons faire le point comme un navigateur qui, constatant qu'il s'est perdu en mer, sans paniquer prend son sextant pour se localiser. Il y consacre le temps nécessaire et ensuite – ensuite seulement – décide de la route à prendre.

Il serait stupide de réfléchir sur la route à prendre avant de savoir où l'on est (même si on sait où on va). **Il faut en permanence accepter de ne pas connaître l'issue de cette parenthèse,** bien que notre projet soit d'obtenir la réponse à notre question initiale.

Nous devons même accepter l'éventualité d'abandonner ce projet si la situation qui apparaît le justifie. Notre navigateur saura remettre son projet à plus tard si la météo ne permet pas pour l'instant d'emprunter la bonne route en toute sécurité (mieux vaut arriver une autre fois que de ne jamais arriver – **en voulant gagner un peu de temps, on peut perdre « tout le temps »**).

On trouve ici le fossé qui sépare la communication de la manipulation. En manipulation la fin justifie les moyens, alors qu'en communication la découverte d'éléments nouveaux peut modifier le projet. Curieusement, le chemin le plus court n'est pas toujours la ligne droite.

Dans le premier cas (manipulation), le projet est « solide », il est « fossilisé ». Dans le deuxième (communication), il est vivant et évolutif ; il garde sa pertinence.

5. Comment mener une parenthèse

a) Accueillir l'autre priorité

La première étape est d'accueillir le message (verbal ou non) indiquant cette autre priorité. **Avant de se demander comment on va s'y prendre,** on se contente d'accueillir. Comme nous l'avons déjà vu, le travers est de vouloir connaître par avance ce qu'on va devoir faire. Acceptons de ne pas savoir. Chaque chose en son temps.

D'abord j'accueille, ensuite j'explore.

b) Explorer l'autre priorité

Après avoir accueilli ce message « autre priorité », j'en explore la signification. Je vais ainsi comprendre ce qu'il représente pour mon interlocuteur.

Je n'ai pas à en juger l'importance par rapport à mon paysage intérieur ; ce qui compte, ce n'est pas ce que son message représente pour moi, mais ce qu'il représente *pour lui.* Pour le savoir, là encore soyons aussi simple que possible : demandons-le lui. Je vais ainsi explorer son « autre priorité » (selon le même principe que dans le chapitre VIII).

A ce stade, plusieurs cas peuvent se présenter :

1. Sa situation se révèle beaucoup plus importante que mon besoin de réponse. Je choisis alors d'abandonner ma question pour privilégier la « priorité » mon interlocuteur.

2. Son message, après exploration, apparaît négligeable de son point de vue par rapport à l'importance de ma question. Je reviens directement à ma question. Il me le propose d'ailleurs spontanément.

3. La situation est importante, mais ma question aussi. Je vais alors faire un bout de chemin avec lui à propos de son « autre priorité », puis revenir à la réponse que je cherchais au départ.

Si nous étions dans une situation de manipulation, l'exploration ne servirait qu'à se renseigner sur la nature de ce qui préoccupe notre interlocuteur pour mieux l'exploiter et arriver à nos fins. Ici, au contraire, l'exploration permet de nous ajuster à la réalité de notre interlocuteur afin de le respecter authentiquement. Cela peut nous conduire à changer notre projet en cours de route ; nous l'acceptons, car nous savons que pour être gagnant nous devons être gagnants *tous les deux*. Rappelons-nous que dans la relation vainqueur/vaincu il y a deux perdants (même si ça ne se voit pas tout de suite). Nous l'acceptons également, car nous nous sentons en mesure d'affirmer notre projet si la situation révélée le justifie.

Dans le premier cas, la situation est simple puisque nous abandonnons notre question.

Dans le deuxième aussi, puisque là c'est son « autre priorité » que nous laissons de côté (avec son consentement). Après l'avoir accueilli, nous lui demanderons par exemple : « Est-ce que cela te gêne pour continuer notre conversation ? » Il répondra : « Non. Ça ira. Au fait, que me demandais-tu ? » et nous pourrons reprendre sans difficulté. Nous lui aurons consacré quelques secondes et cela aura suffit à le « décoller » de sa préoccupation, à le ramener avec nous. C'est un exemple de parenthèse aussi courte que possible.

Le cas le plus délicat est le troisième. Là, nous devrons continuer un bout de chemin avec lui dans son paysage intérieur, sur cette zone qu'il privilégie. Cependant, nous ne devrons pas perdre de vue notre projet de départ qui est d'obtenir une réponse à notre question. Là réside la difficulté : ne pas se laisser dévier ou noyer. Deux possibilités se présentent :

– Soit on se consacre d'abord complètement à sa préoccupation avant de revenir à notre question.

– Soit on s'y consacre seulement un peu afin d'y revenir, plus tard, après avoir obtenu la réponse que nous cherchions.

L'attitude la plus souhaitable apparaîtra d'elle-même par simple bon sens.

Si, par exemple, votre interlocuteur est gêné par le froid et que sa solution est de fermer la fenêtre, vous pousserez naturellement la fenêtre avant de terminer votre conversation. En revanche, si cela nécessite de faire venir un menuisier parce que la fenêtre ferme mal, vous allez prendre sa gêne en compte mais tenterez de terminer votre conversation avant la réparation.

Si cet interlocuteur se plaint d'avoir soif et que vous disposez d'eau et d'un verre sur votre bureau, vous lui en proposez avant de poursuivre. Mais si vous devez aller en acheter, il sera préférable d'aboutir à la réponse avant ce périple. Cependant, s'il a un malaise et demande de l'eau, même s'il vous faut aller en acheter vous privilégierez cet achat plutôt que votre question.

Je crois qu'il ne faut pas trop compliquer parce que, si on est attentif, l'évidence nous guidera naturellement.

Ici, nous nous arrêterons surtout au cas le plus délicat : celui où sa préoccupation n'exclut pas de revenir à notre question avant de l'aider (tout en tenant compte de sa situation).

Par exemple, la personne pense soudain qu'elle doit téléphoner à quelqu'un dont elle n'a pas le numéro. Cette apparition soudaine dans son paysage intérieur la tracasse et elle ne peut plus nous accorder réellement de l'attention.

Pour gérer cette « autre priorité », quand il s'agit d'un problème, le premier réflexe risque d'être de lui proposer une solution (qu'on la mette en œuvre tout de suite ou en différé). Attention au piège…

c) Explorer le désir de solution

Si, après avoir exploré, vous avez découvert l'importance de ce numéro de téléphone pour elle, n'allez pas vous précipiter pour le lui chercher, mais explorez maintenant quel est son souhait à ce sujet.

Imaginez que vous lui proposiez de le lui chercher dans l'annuaire, elle peut vous répondre : « C'est inutile, il est sur liste rouge ; mais je l'ai sur un calepin. » Alors vous vous précipitez pour l'aider à trouver ce calepin et elle vous précise que : « Ce n'est pas la peine, je l'ai laissé dans ma voiture. » Entêté et « serviable », vous vous proposez de l'accompagner jusqu'à sa voiture pour le récupérer et elle vous révèle que celle-ci est en réparation au garage. Lui proposant de téléphoner au garagiste, elle vous en dissuade car, dit-elle : « Il me la ramène ici à 11 heures. »

Vous aurez ainsi erré inutilement de problèmes en solutions. Vous vous serez énervé et l'aurez agacée par votre précipitation mal à propos.

Vous lui auriez simplement demandé : « Voulez-vous faire quelque chose pour trouver ce numéro ? », elle vous aurait peut-être immédiatement répondu : « Inutile, il est dans ma voiture que je récupère tout à l'heure. »

Pour des raisons qui lui appartiennent, votre interlocuteur peut même ne pas souhaiter résoudre son problème. Il a par exemple mal à la tête. Alors que vous vous mettez en quatre pour trouver une solution, il vous apprendra qu'il préfère attendre et le laisser passer tout seul. Il prétextera qu'il est contre les médicaments, mais peut-être en réalité avait-il seulement « besoin » de son mal de tête comme prétexte (inconscient) afin de parler un peu de lui. Si vous le lui enlevez, non seulement vous ne l'aidez pas, mais vous le mettez dans l'embarras.

Le plus simple (on n'est jamais trop simple) serait de lui demander : « Veux-tu faire quelque chose pour ton mal de tête ? » S'il vous répond non, vous gagnerez du temps en proposant directement de revenir à votre question initiale (sans omettre la « charnière » dont je vous parlerai plus loin). S'il dit oui, vous pouvez passer à l'étape suivante : explorer ses solutions à lui.

d) Explorer ses solutions à lui

S'il veut une solution, ne vous précipitez pas non plus pour lui en proposer une même si, fort de votre expérience, vous en avez plein en tête.

Si vous venez d'explorer son problème (par exemple, son mal de tête) et son désir de faire quelque chose (il a dit oui), ne gâchez pas tout en lui proposant des solutions.

Quand quelqu'un nous dit avoir mal à la tête, que faisons-nous ? Le plus souvent, il n'a pas encore terminé sa phrase que nous lui tendons déjà de l'aspirine. Gêné, il nous apprend alors qu'il ne la supporte pas à cause de son estomac.

Qu'à cela ne tienne, nous lui proposons de prendre l'air. Encore plus gêné, il nous explique que c'est impossible car il vient de s'enrhumer et qu'avec son état fébrile ce ne serait pas prudent.

Sans nous décourager – toujours « serviable » – nous lui proposons alors de s'allonger cinq minutes. « Ah ! non, nous dit-il, quand je m'allonge ça m'élance encore plus fort ! »

Rassemblant tous nos dons « bienfaisants », nous lui proposons enfin de lui masser la tête (nous avons remarqué qu'en pareil cas ça nous avait déjà soulagé). Il s'y oppose formellement, presque en nous agressant : « Je ne supporte pas qu'on me touche la tête. Ça me provoque des angoisses insoutenables. » Etc.

Il nous apprend finalement qu'il a simplement besoin de fumer une cigarette pour se calmer, son mal de tête étant dû à sa nervosité. Seulement voilà, il n'a pas de cigarettes sur lui.

On aurait gagné tellement de temps en lui demandant (après avoir vérifié son désir de solution) : « As-tu une solution en pareil cas ? » Il nous aurait tout de suite renseigné : « Oui, j'aurais besoin de fumer une cigarette ! » Il serait resté calme et nous aussi.

Mais ce n'est pas tout : pour moi qui suis non fumeur, je pourrais être tenté (connaissant les méfaits du tabac) de le dissuader d'un choix aussi « stupide ». Je ne le dois pas car si ce choix me semble stupide, il ne l'est pas forcément pour lui (un peu comme pour le stagiaire qui pratiquait la boxe : il avait besoin de taper sur quelqu'un en respectant des règles pour gérer son agressivité et se réconcilier).

Ses solutions lui appartiennent. Tout au plus, pourrai-je l'aider en l'amenant à réfléchir sur ce que lui apporte « sa » solution grâce au processus d'exploration qui lui permet de devenir « plus conscient de ce qu'il sait ».

Notre diagramme devient alors celui de la figure 13 (p. 140).

Quand j'arrive à *sa* solution, si sa mise en œuvre demande du temps, je vais parfois devoir en différer la réalisation. Par exemple, s'il peut fumer en même temps que nous parlons, il allumera sa cigarette et nous pourrons terminer. Mais s'il doit aller en acheter et que cela risque de nous faire perdre notre conversation, nous devrons terminer d'abord.

Pour y parvenir, nous utiliserons une « charnière ». Le mot « charnière » indique bien que c'est un axe autour duquel s'articule notre échange. Il arrive même qu'elle « grince » (quand nous ne sommes pas communicant).

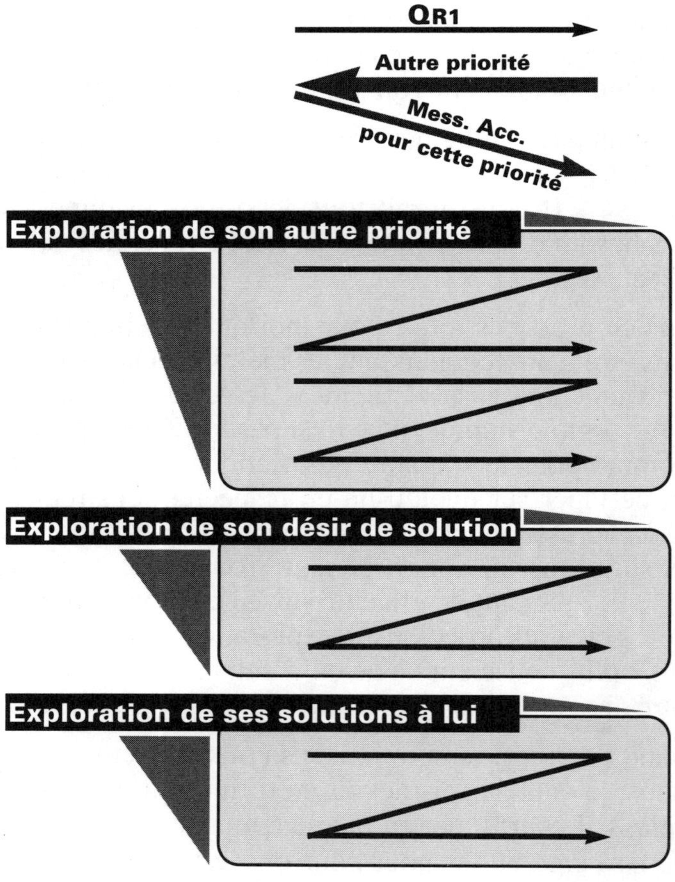

Fig. 13 : **Non-réponse** (gérer son autre priorité verbalisée).

6. La charnière

Quand il nous a révélé sa solution qui, bien que réalisable, doit être différée, nous l'invitons d'abord à repasser par notre point de départ. Il y aura spontanément quatre étapes (fig. 14) :

1. Rassurer – 2. Resituer – 3. Motiver – 4. Proposer.

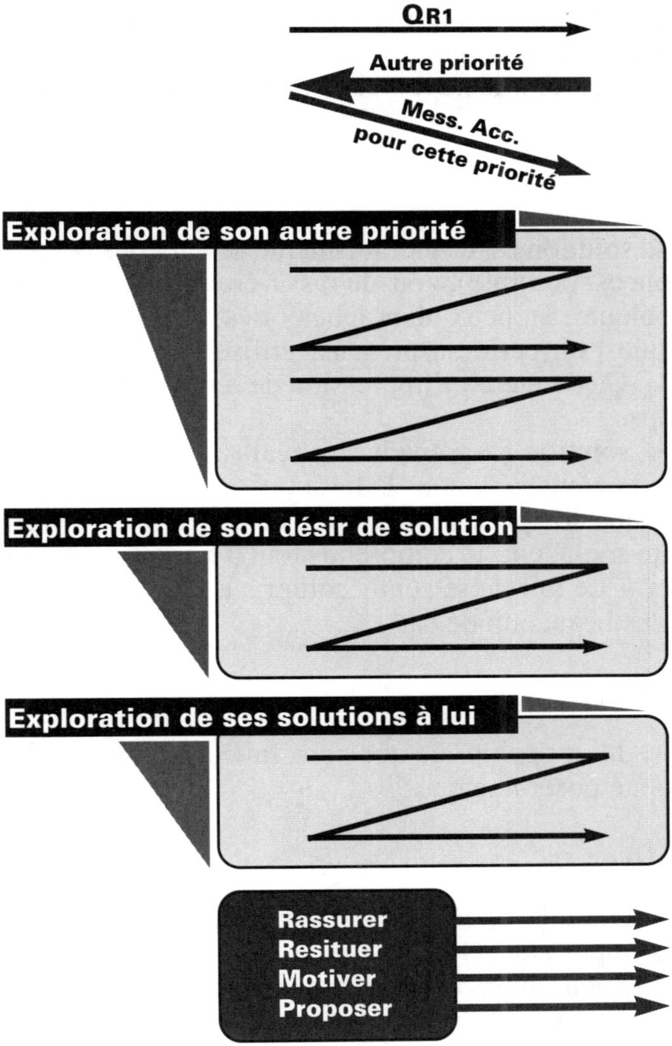

Fig. 14 : **Charnière** pour le retour à QR1.

Ces quatre étapes se rassembleront probablement en une seule phrase. J'attire votre attention sur le fait que ces explications, si elles sont un peu longues, ne sont que la vue éclatée de quelque chose de très simple. Pensez qu'une séquence de communication ne demande que quelques secondes (cinq à dix). Une page de diagramme ne représente que deux à trois minutes de dialogue.

a) Rassurer

Si sa solution est d'aller lui-même acheter des cigarettes (et que cela est possible), nous le rassurerons en lui disant : « Pas de problème. Tu peux aller acheter des cigarettes... » Remarquez que l'on parle au présent ; utiliser le futur serait désagréable. Ça donnerait l'impression de rejeter l'action loin dans le temps.

Si la solution ne pouvait être réalisable (pas de bureau de tabac aux environs), nous le rassurerions en manifestant notre compréhension par une révélation de cohérence : « Si les cigarettes te soulagent, je comprends tout à fait que tu aimerais en trouver. » Le fait de se sentir compris a déjà une action sédative dans beaucoup de cas.

b) Resituer

Nous lui rappelons ce que nous faisions : « Mais, j'étais en train de te poser une question... »

c) Motiver

Pour le motiver, on peut ajouter : « ... sur laquelle ton avis est très important... »

Quand nous avons posé notre question, on peut supposer que c'est parce que son avis compte pour nous. Sinon cela signifierait que nous faisons n'importe quoi. En lui adressant le message de motivation ci-dessus, il ne s'agit pas de démagogie, mais simplement de l'expression de ce qui est en vérité. Pourquoi ne pas dire tout haut ce qui nous anime en silence. Il n'y a pas à en avoir honte au contraire. Ce sera vrai et valorisant pour notre interlocuteur.

d) Proposer

Enfin, nous lui proposons : « Serais-tu d'accord pour qu'on termine rapidement sur cette question avant d'aller chercher tes cigarettes ? » Je dis « proposer » car nous sommes sans condition de réponse. Il doit se sentir libre de nous répondre non autant que oui. Il ne faut pas qu'ayant donné de l'attention nous estimions, à cette étape, que maintenant sa réponse nous est due.

« Proposer », cela se fait avec délicatesse et respect. Peut-être reste-t-il quelque chose qu'il n'a pas dit et qui le gêne encore ? Nous devons lui laisser sa chance (tout en le canalisant pour qu'il structure son information).

S'il répond oui, nous reprenons la question de départ et obtenons la réponse dont nous avions besoin. Nous lui permettons ensuite de mettre en œuvre sa solution comme prévu.

S'il répond non, il nous renvoie au point de départ. Nous revenons au tout début lorsqu'il nous a exprimé son autre priorité, son problème, au lieu de nous répondre. Nous allons alors tenter de reprendre le circuit complet (fig. 15, p. 144) :

- Accueillir son non.
- Explorer son non.
- Explorer son désir d'y remédier.
- Explorer ses solutions à lui.
- Etc.

Là encore, à chaque étape nous acceptons que notre projet puisse être modifié. Nous voulons seulement agir de façon optimum en connaissance de cause.

7. Jusqu'où insister ?

Est-ce toujours pertinent ? Cela dépendra des circonstances. En insistant, nous découvrirons souvent que derrière le problème ou la préoccupation initiale, il y avait quelque chose de plus important dont il n'avait pas osé parler (ou dont il n'avait

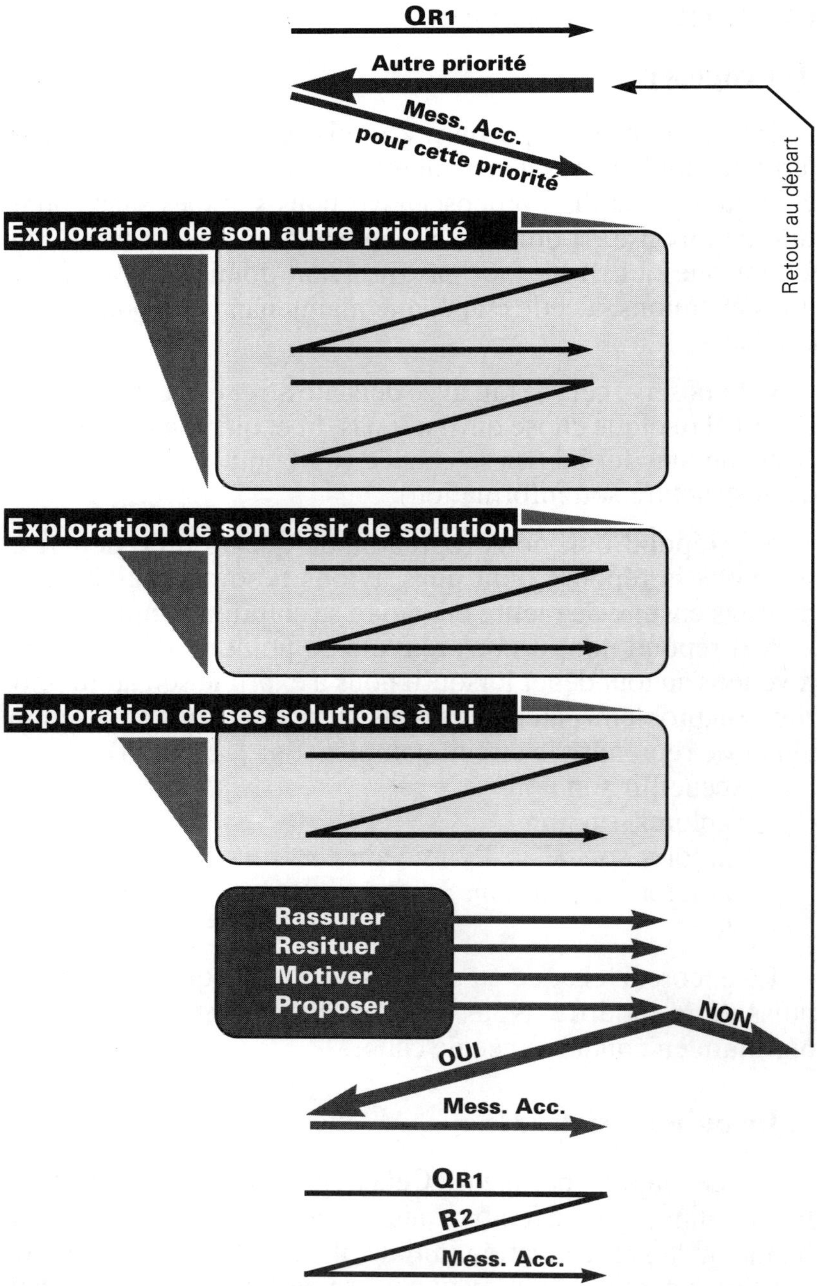

Fig. 15 : **Non-réponse** (gérer son autre priorité et retour à QR1).

pas encore conscience). Ce « deuxième voyage » permet souvent d'accéder au vrai problème et de le résoudre.

Il est essentiel de retenir ceci : **il n'existe pas de gens qui ne souhaitent pas parler.** Mais nombreux sont ceux qui n'ont rencontré personne capable d'entendre ce qu'ils ont à dire.

L'expérience m'a montré qu'après avoir pu s'exprimer, il y a toujours de la satisfaction. Naturellement, cette satisfaction n'existe que si nous sommes communicant, c'est-à-dire sans jugement ni condamnation. Quand nous insistons une deuxième fois, nous montrons à notre interlocuteur fragile que nous sommes capable d'accueillir. Nous lui « prouvons » qu'avec nous il peut y aller sans danger.

Comme dans l'histoire du renard et du Petit Prince de Saint-Exupéry, le renard ne peut pas jouer avec le Petit Prince parce qu'il a peur des hommes. Il le lui explique : « Les hommes sont des chasseurs. Avant de jouer, tu dois m'apprivoiser. » Le Petit Prince tombe des nues : « Apprivoiser, c'est quoi ? » et le renard de répondre : « Chaque jour tu te mets un peu plus près. »

Comme lui, nous croyons que nous pouvons communiquer sans précaution. Mais, dans leur histoire, les hommes ont des blessures (comme le renard) et nous devons les rassurer, les apprivoiser avant de jouer à communiquer.

« Apprivoiser » ne signifie pas « mettre à sa merci », mais « rendre moins craintif, plus sociable, capable de vivre avec les hommes ». Nous avons grand besoin de nous apprivoiser.

Insister quand la réponse est non, si on le fait en étant communicant, est source d'apaisement. Communicant, nous osons aller très loin. C'est nécessaire pour rencontrer l'autre car, souvent, il est « très loin » et il faut aller jusque-là.

Communicant, nous osons aller loin, car nous savons que nous sommes suffisamment attentif pour percevoir et respecter la limite d'indiscrétion de notre interlocuteur. Nous sommes assez confiant pour ne rien dramatiser par avance. Nous savons que nous gérerons les situations au fur et à mesure qu'elles se présenteront.

8. Nous ne sommes pas seul

Pour communiquer, nous savons que nous ne sommes pas seul. Nous avons un partenaire de valeur : notre interlocuteur. Cela nous permet d'être simple. La complexité de la communication vient du fait que nous voulons souvent tout savoir par avance et tout gérer par nous-même. Nous oublions notre principal partenaire : notre interlocuteur.

A une époque où l'on parle beaucoup de partenariat dans la société en général et dans les entreprises en particulier, je suis stupéfait de constater les difficultés que rencontrent certains managers à être partenaires avec seulement un interlocuteur. Que dire alors du partenariat avec une équipe ?

J'ai souvent précisé : « Restons simple. » Quand nous ne connaissons pas quelque chose que l'autre connaît, plutôt que de nous le demander à nous-même (qui ne détenons pas la réponse), demandons-le lui. Nous poser à nous-même des questions auxquelles il a la réponse revient à aller chercher du pain chez le boucher dans toute la ville et à se plaindre qu'il n'y a pas de pain dans ce pays. Peut-être qu'en allant simplement à la boulangerie nous en trouverions ?

Quand on cherche une définition de mot, on ne la cherche pas dans un livre de recettes de cuisine ; on prend un dictionnaire. La simplicité c'est d'aller chercher l'information là où elle est. Quand nous nous posons à nous-même une question à propos de notre interlocuteur, le plus simple est de la lui poser.

Si, par exemple, nous nous interrogeons : « Qu'a-t-il compris ? », demandons-le lui. Si nous nous demandons : « Est-il préoccupé par autre chose ? », posons-lui la question. Si on se demande : « Qu'en pense-t-il ? », pourquoi ne pas le lui demander à lui ?

Et, pour que cette question ait un sens, il faut auparavant que nous ayons **accepté de ne pas savoir.**

Rappelons-nous ici tout le sens de ce couple indissociable : affirmation de soi et respect d'autrui, affirmation de soi et humilité.

9. Quand la non-réponse est un silence

Il peut arriver que la non-réponse se limite à un silence. La personne ne peut ou ne veut pas s'exprimer. Nous venons de poser une question et notre interlocuteur semble bloqué. Il l'a reçue et comprise, mais reste silencieux.

En pareil cas, nous aurons tendance à insister. Parfois, cette insistance peut prendre des formes limites du genre : « Mais parle ! Dis quelque chose. Dis oui ou merde, mais répond ! » Naturellement, cette pratique ne ressemble pas à une invitation et si notre interlocuteur était bloqué, ça devient pire.

Le problème est que, pour des raisons qui sont les siennes, il garde le silence. Seulement, il n'assume pas sa responsabilité. Que ce choix soit induit par de la timidité, de la pudeur, de la rancœur ou tout autre sentiment, il n'exprime pas clairement sa position. Il ne l'assume pas en la verbalisant.

Dans ce cas, la première chose à faire, à laquelle on ne pense pas est d'« accueillir » son silence. Nous avons vu le message d'accueil pour ce qui est verbalisé. Il ne faut pas oublier que c'est avant tout l'état d'accueil qui engendre le message d'accueil. Puisque notre interlocuteur joue sur le registre du non-verbal, nous devrons en faire autant pour notre message d'accueil : il devra être non verbal.

Ce sera quoi ?

Ce sera une attitude bienveillante et accueillante dans laquelle nous accordons pleinement à notre interlocuteur le droit au silence. Rappelez-vous : la communication n'est pas un dû. Il se peut que nous soyons dans une de ces situations où le seuil d'indiscrétion est atteint.

Nous devons accueillir son silence comme un message à part entière. Il n'est pas possible pour l'instant de songer à une exploration. On ne peut explorer que ce qu'il acceptera de verbaliser. **La première étape sera donc de lui faire verbaliser son choix (et non sa réponse).** Nous lui demanderons : « Préfères-tu ne pas en parler ? » Ce à quoi il répondra oui s'il est déterminé à ne rien dire. A partir de là, nous devons accueillir ce oui par un message d'accueil verbal. Ce qui vient de se passer juste avant, dans le non-verbal, est maintenant verbalisé.

Sans qu'il y paraisse, il vient de se produire quelque chose de très important : notre interlocuteur vient d'assumer sa responsabilité dans son choix de ne rien dire.

Selon la situation deux pistes s'ouvrent à nous :

– Soit nous en restons là.

– Soit nous explorons pourquoi il est important pour lui de ne rien dire.

Si nous en restons là, nous lui aurons montré que nous sommes capable de le respecter en acceptant son choix. Nous lui aurons révélé que nous sommes capable d'accueillir sa verbalisation même quand elle ne va pas dans le sens de notre projet initial. Cette acceptation de notre part est sécurisante, car il est assuré qu'on ne cherche pas à le piéger. La prochaine fois il sera, de ce fait, peut-être d'accord pour parler. D'autre part, nous l'aurons un peu aidé à se sentir mieux en lui permettant d'assumer sa responsabilité pour son choix.

Si nous explorons son choix, nous l'invitons à exprimer ce qui le préoccupe et le conduit à rester silencieux. Ce ne sera pas de l'indiscrétion tant que nos questions seront posées sans condition de réponse et que nous respecterons les seuils qui apparaîtront. Cela peut s'avérer nécessaire pour aider quelqu'un à se libérer d'un blocage ; cela peut être indispensable pour déminer le terrain, à condition de ne pas lourdement insister.

Quelle est la limite pour ne pas tomber dans l'acharnement ? C'est à vous de la sentir. Si vous êtes attentif, vous ne la manquerez pas.

10. Quand il répond par une question par fuite ou manipulation

Ne répondez pas. Traitez cela comme lorsqu'il répond par le silence (ci-dessus). Il a beau parler, il reste quand même silencieux sur son désir de ne pas répondre.

Accueillez le fait qu'il ne réponde pas, puis demandez-lui : « Préfères-tu ne pas répondre ? » suivi (en cas de oui) de : « Pourquoi préfères-tu ne pas répondre ? », etc.

S'il insiste, demandez-lui pourquoi c'est important pour lui de vous poser cette question, explorez sa « priorité » comme étant pertinente, mais n'y cédez pas tant que la situation n'a pas été clairement exposée ; cela permet un bon « déminage » du terrain, si on accorde toujours potentiellement à son interlocuteur que quoi qu'il fasse il a forcément une raison pertinente. On ne cherche jamais à le piéger ou à lui démontrer qu'il a tort. Au contraire, on cherche à le comprendre en l'aidant à se comprendre lui-même.

En validant ainsi son intelligence, on s'adresse à quelqu'un reconnu comme *étant intelligent.* Il peut alors nous comprendre. Si on cherche à le convaincre qu'il a tort, on valide ainsi sa stupidité… et il devient naturel que, pour nous donner raison, il ne puisse plus nous comprendre et se renferme.

Le plus délicat ici est de ne pas céder à la tentation de devenir soi-même manipulateur. Si cela arrive, ne soyez pas surpris de ne pas aboutir. Rappelez-vous que moins les gens sont communicants plus ils sont susceptibles, et la moindre erreur fait basculer vers une rupture plus grande.

Ne rien faire aussi augmente l'état de rupture. Il vaut donc toujours mieux essayer !

DEUXIEME PARTIE

« Intelligence cachée »

CHAPITRE X

L'intelligence cachée

NOTRE principale difficulté est de ne pas voir l'intelligence des autres ou même la nôtre. Nous sommes malheureusement toujours en train de combattre la stupidité en laquelle nous croyons. Nous aimerions ne pas avoir de défauts mais, en même temps, la perfection nous semble étrangère.

La confusion est grande puisque, lorsque quelqu'un est en colère on dira aussi bien en parlant de lui : « C'est humain de se mettre en colère » que, jugeant la dureté de son comportement : « Ce comportement est inhumain. » Je ne me hasarderai pas à tenter d'expliquer pourquoi il est donc « humain » d'être « inhumain » !

Je préférerai chercher l'**intelligence qui accompagne cette colère** plutôt que de parler de trouble du comportement. Je préférerai chercher en quoi, bien qu'apparemment erronée, elle est pleine de bon sens. Se borner à en pointer les aberrations serait stérile et culpabilisant.

1. La réconciliation avec ses ruptures

Chaque situation est relative à un contexte. Ce contexte n'est pas seulement présent mais aussi passé. L'histoire entière d'un individu et de ceux qui l'entourent en font partie. On s'égarerait en croyant que, quand ils engendrent de la douleur, les comportements qui résultent de cette histoire sont stupides. Ils sont l'œuvre d'une intelligence : *l'intelligence cachée.*

Nous l'avons déjà évoquée dans le chapitre VIII, quand je vous ai parlé des moyens de garder le cap : **quoi que fasse un individu, tous ses actes concourent à sa réconciliation par rapport à des ruptures antérieures,** et cela jusqu'à la réconciliation de toutes ses ruptures… Il y a de quoi faire !

Si ce travail s'accomplit le plus souvent inconsciemment, c'est que l'ego est encore trop fort pour qu'on le réalise en toute conscience. En fait, consciemment on émet beaucoup de résistance à cet accomplissement : *on préférera maintenir les ruptures pour faire valoir sa personnalité.* Il se trouve que, quoi que nous fassions, nous allons quand même vers cette réconciliation. C'est un peu comme un poussah (ce jouet ventru au socle demi-sphérique et lesté) qui revient toujours à la position verticale quand on le pousse ; même bousculé jusqu'à l'horizontale, il se relève spontanément à la verticale.

Nous aussi, nous avons beau tout mettre en œuvre pour résister à la réconciliation, nous y allons quand même car telle est notre nature.

Pour y parvenir grâce à cette intelligence cachée dont nous bénéficions, nous utiliserons de judicieux moyens sans nous en rendre compte (et tout en continuant à protester), comme dans l'exemple cité plus haut : une personne en rupture avec un de ses parents aura tendance à lui ressembler en prenant de l'âge. Non pas parce qu'elle suit un modèle, mais parce que c'est un excellent moyen d'essayer de le comprendre et d'aboutir à la réconciliation. La réconciliation se fait parfois attendre. Tout dépend de la force de l'ego.

Il ne faut pas confondre « ego » et « affirmation de soi ». **L'ego est nécessairement fort quand on manque d'affirmation de soi.**

Attention de ne pas considérer pour autant l'ego comme néfaste, car lui aussi joue un rôle dans ce processus d'intelligence et de réconciliation. Il sert de tuteur en attendant d'arriver à la maturation de l'affirmation de soi. Affirmation de soi qui, elle, permettra la réconciliation.

Si tout le monde va vers la réconciliation, cela signifie-t-il que tout le monde est beau et gentil ? Allons-nous, comme Rousseau, affirmer que l'homme est fondamentalement bon et rompre avec Voltaire qui ne voyait cette bonté apparaître qu'avec le polissage social ? Sans être Normand, je dirai qu'ils ont raison tous les deux, d'où la polémique philosophique. Finalement, nous avons un homme à la fois fondamentalement bon et ayant besoin d'être poli par la vie sociale.

La vie sociale polit-elle ou dénature-t-elle un individu ? Les deux mon capitaine !

2. Identifier nos zones de rupture

Si la vie sociale ne présentait aucune situation douloureuse, l'individu qui vit dans la société ne serait jamais en rupture. En ce sens, cette société est responsable des ruptures.

Mais, ce qui cause la rupture n'est pas la société ; c'est la façon dont on vit ce qu'elle nous présente. En ce sens, **nous sommes responsable des ruptures que nous portons.** Nous retrouvons notre 100 % de responsabilité des deux côtés en même temps.

Etre *a priori* sans rupture si l'on n'a pas été confronté à quoi que ce soit ne signifie pas grand-chose. La vie auprès des autres nous permet d'accroître notre potentiel d'accueil, d'où l'intérêt du vécu social bien que nous soyons fondamentalement « bon » (mais, au départ, bon par rapport à rien).

Il ne nous suffit pas de ne pas être en rupture. Nous souhaitons aussi accroître notre potentiel d'accueil. On pourrait appeler cela : « Quête vers une plus grande ouverture de conscience. »

Davantage d'ouverture de conscience, c'est être capable d'accueillir plus, ce qui permet de structurer mieux. Nous l'avons vu : l'information stockée ne suffit pas, elle doit aussi être structurée. Or, elle ne peut être structurée qu'en étant accueillie. L'accueil ne se fait souvent que plus tard, quand la situation a été digérée à la lumière de nouvelles expériences.

Ainsi se produit-il un mouvement d'aller/retour entre ruptures et réconciliations, mais à chaque voyage on y gagne en ouverture.

Reprenons, en quelques mots : nous sommes *a priori* sans rupture. Face à de nouvelles expériences – si elles sont douloureuses – nous avons tendance à nous anesthésier pour ne pas souffrir. Par cette anesthésie, nous sommes alors en rupture (mais attaché en attendant la réconciliation).

En réalité, la douleur a été engendrée par un manque de confiance, un manque de lucidité et un manque d'affirmation de soi, causant une difficulté à recevoir, comprendre et accueillir. Pour remédier à ce manque, nous nous fabriquons un ego en attendant de réaliser l'affirmation de soi. Les manifestations de cet ego seront variées en fonction des gens et des circonstances (égoïsmes).

Nous faisons alors en sorte de repasser régulièrement par nos zones de rupture afin de sortir de notre anesthésie pour nous réconcilier (si nous en avons acquis la capacité). Cette réconciliation se réalise souvent plus tard.

Je ne peux, à ce stade, donner plus d'éléments sans devenir complexe. Le chapitre XI éclairera plus loin en détail ce processus de vie.

3. La stratégie inconsciente

Je souhaitais seulement, avant d'aborder ce chapitre, vous sensibiliser à l'idée qu'**il y a avant tout de l'intelligence dans nos comportements** quels qu'ils soient. Ce que nous devons chercher, c'est cette intelligence (car nous trouverons alors ce que nous cherchons).

La psychologie a longtemps eu tendance à traquer les déviations et à culpabiliser. Combien de parents ne se sont-ils pas sentis coupables à cause d'elle ? Même dans certaines consultations, loin de les aider à mieux élever leurs enfants, un thérapeute les a quelquefois accablés. Ils se sont ensuite sentis « paralysés », n'osant plus rien faire afin de ne plus commettre d'erreurs. Si la psychologie a énormément évolué, la tendance à chercher l'erreur, elle, est bien ancrée.

Aujourd'hui, la psychothérapie cherche le sens d'une situation avec tout le respect qu'elle sait nécessaire. Mais elle oublie de porter son attention sur la quête de réconciliation et sur l'intelligence qui l'accompagne.

Chercher les zones de rupture – même les plus inconscientes – elle le fait correctement, mais travailler à la réconciliation reste trop souvent accessoire. On croit, à tort, que d'avoir verbalisé la rupture est une fin thérapeutique en soi.

L'effet thérapeutique ne tient pas dans la verbalisation, mais dans la réconciliation. Il se trouve seulement qu'il est plus facile de travailler la réconciliation à propos d'une rupture qui a été verbalisée. Pour y parvenir (avec ou sans thérapeute), chacun de nous est le maître d'œuvre d'une stratégie inconsciente.

Le mot « stratégie » a deux sens : le premier concerne la guerre et évoque « un plan pour vaincre l'ennemi » ; le second nomme « un plan d'action coordonné en vue de la réalisation d'un projet ». Dans les deux cas, il désigne une **action calculée et optimum pour arriver à ses fins.** Nous ne retiendrons pas le sens guerrier.

4. Comportements humains destructeurs

Pourtant, même si on peut imaginer que tout le monde est en quête de réconciliation et, par conséquent, très « fréquentable », on se doit de constater que bien des comportements humains sont destructeurs. Nous devons naviguer dans un monde qui ressemble un peu à une jungle.

Beaucoup de gens sont charmants, mais aussi beaucoup sont dangereux. L'Histoire ne nous l'a que trop montré ! Notre « histoire », à chacun de nous, est également pleine de ces rencontres d'individus égarés et violents dont nous avons quelque peine à nous protéger. Ces comportements existent. Même s'ils varient dans leurs manifestations – des plus durs aux plus anodins, des plus verbaux (insultes, reproches) aux plus physiques (coups, gifles) – ils sont assez répandus. Les situations extrêmes (blessures, meurtres) sont heureusement plus rares chez nous (mais la répartition géographique n'en est pas égale sur la planète).

Il existe également des destructivités plus discrètes, plus sournoises, plus passives, qui entraînent progressivement l'anéantissement d'individus. Leur répétitivité quotidienne conduit à une anesthésie – salutaire pour ne pas souffrir mais catastrophique pour accroître sa conscience. Ainsi, par des remarques, des pointes d'humour, des petites critiques « bien placées », des sous-entendus, un manque d'attention constant... la vie s'en va progressivement et des gens « s'éteignent » littéralement tout en continuant à vivre en apparence.

Si vous trouvez ce tableau un peu sombre (et il l'est !), j'ajouterai qu'il y a aussi des gens qui accueillent, qui « réussissent », des individus qui se mettent au service des autres, d'autres qui réfléchissent sur la vie... Certains parlent d'accomplissement et de réalisation de soi. On étudie la philosophie, la psychologie, les sciences, la religion... tout cela étant souvent utilisé pour le meilleur, parfois pour le pire.

Les situations et les propos sont nombreux. Les comportements humains variés. Des personnages les plus destructeurs aux individus les plus respectueux, nous disposons d'un vaste échantillonnage. Ce qui complique l'affaire, c'est qu'il n'y a pas d'un côté les *méchants* et de l'autre les *gentils*. **Nous pouvons tous être tour à tour chacun d'eux.**

5. L'intégration de la douleur

Devant l'importance des situations conflictuelles, on aurait pu prendre le mot « stratégie » dans son sens guerrier. Mais je ne le souhaite pas. Je ne retiendrai ici que le sens d'un « plan d'action coordonné » qui s'applique à la réalisation de projet. Dans le cas particulier qui nous intéresse, ce « plan d'action coordonné » vise la réconciliation et l'ouverture de conscience.

Pour faire face aux situations douloureuses de la vie nous pouvons, si nous en avons la capacité, les accueillir et en tirer une richesse d'expérience. C'est la sagesse même, car **plus on accueille moins on souffre.**

Seulement voilà, d'une part les situations douloureuses arrivent souvent au moment où l'on s'y attend le moins (elles nous surprennent et ne nous laissent pas le temps de nous préparer) et, d'autre part, elles font parfois écho à des zones de notre paysage intérieur que nous ne souhaitons pas regarder (certaines douleurs antérieures sont si fortes que nous tenons à rester en rupture – pour ne pas souffrir). Nous voulons aussi nous tenir à distance de tout ce qui nous les rappelle. Bien que cela soit en contradiction avec notre besoin de réconciliation, ça représente la meilleure solution possible à ce moment-là (en attendant mieux).

Nous ne sommes plus alors en communication, mais seulement en relation. Ce qui revient à dire que la distance n'est qu'apparente car nous restons « relié » à ce que nous avons voulu éviter (cela sera plus détaillé dans le chapitre XV).

Quand il s'agit d'une douleur initiale, la rupture se fait parce que nous n'avons pas encore, dans notre histoire, les éléments nous permettant d'intégrer la pertinence de ce qui se passe. Cette intégration, cet accueil, ne peut se réaliser le plus souvent qu'ultérieurement, lorsque d'autres expériences de vie nous le font voir sous un nouvel angle. Quand la douleur est vraiment très grande, on peut avoir besoin d'une aide extérieure pour y parvenir (comme cela sera expliqué dans le chapitre XVI).

Par exemple, un enfant qui perd un bonbon vit une « fin du monde » (de son monde) car il n'a pas encore les éléments lui permettant de l'intégrer et de le relativiser. Il est encore ignorant des difficultés et des richesses qu'il rencontrera dans la vie. La seule richesse qui compte pour lui à cet instant c'est le bonbon, et la seule douleur qui existe est de ne pas l'avoir. Il avancera pas à pas, de ruptures en réconciliations, de réconciliations en prises de conscience et de prises de conscience en capacités d'accueil accrues. Il en résultera une richesse de communication de plus en plus grande. Plus tard, cette perte de bonbon lui semblera éducative et dérisoire.

Lorsque des situations particulièrement douloureuses se produisent (physiquement ou moralement), nous atteignons la limite du supportable et nous nous anesthésions plutôt que d'accueillir. C'est notre sauvegarde immédiate ; une sorte de réflexe permettant de rester « debout » malgré la douleur.

La réconciliation et l'accueil de l'événement se feront plus tard (s'ils se font), lorsque les blessures seront apaisées et que l'on disposera d'éléments nouveaux. Notons que **le temps, à lui tout seul, ne résoud rien.** Il permet seulement de nous mettre en de meilleures dispositions pour revenir différemment sur ce qui nous a blessé.

Qu'est-ce que nous anesthésions au moment de la douleur ? D'abord la conscience. L'individu que nous sommes est « endormi », mais son mental et son corps fonctionnent. Cette anesthésie nous protège de la douleur mais, en contrepartie, altère notre capacité à sentir ce qui se passe et nous fonctionnons davantage en *pilotage automatique.*

Si la douleur est trop forte, le mental peut aussi se déconnecter et il y a évanouissement.

6. Bien-veillance et mal-veillance

Deux mots sont généralement utilisés pour désigner le comportement des individus : quand ils accueillent et respectent autrui, nous disons qu'ils sont *bienveillants;* quand ils nuisent à autrui nous disons qu'ils sont *malveillants.*

Ces mots sont parfaits pour désigner les comportements humains, mais pour mesurer à quel point ils sont pertinents, il faut aller au-delà de leur sens premier :

Bienveillant peut s'entendre « bien-veillant »,
alors que
malveillant peut devenir « mal-veillant ».

D'un côté celui qui est en veille, et de l'autre celui qui n'y est pas. Nous n'entendons alors plus ces mots comme désignant un état de bonté ou de méchanceté, mais comme désignant un état de veille ou d'anesthésie.

L'ensemble des comportements humains peut se classer du « moins veillant » au « plus veillant » sur une échelle que je nommerai *stratégie inconsciente* (puisqu'elle va nous indiquer comment, grâce à notre intelligence cachée, nous passons de l'état d'anesthésie à celui de veille). Nous constaterons aussi que nous connaissons – pour les avoir expérimentés à des degrés divers – tous les niveaux de cette échelle.

D'autre part, et c'est le plus important, je n'ai pas l'intention de vous proposer un classement des individus, mais seulement un classement de leurs comportements. Au fur et à mesure que nous avancerons dans la description de ces comportements, il apparaîtra qu'ils ont tous un sens.

Il serait erroné de considérer qu'il y a les « bons » et les « mauvais niveaux ». Tous ont leur place et jouent un rôle. Si, sur cette échelle, monter joue un rôle important, descendre aussi. On ne peut imaginer que pour être optimum, nous devions nous « caler » au « meilleur niveau ».

CHAPITRE XI

Stratégie inconsciente

Au départ, nous sommes communicant ; c'est notre état naturel. Lorsque nous commençons à exister nous ne sommes pas encore *anesthésié.* Je vous ferai remarquer que je dis : « Quand nous commençons à exister », mais que je me garde bien de préciser quand se situe ce moment. Je vous inviterai à laisser toutes les possibilités se révéler sans idées préconçues.

Au minimum, nous ne pouvons considérer la naissance comme un début puisque ce qui se passe dans la vie prénatale enrichit déjà le paysage intérieur. Mis à part ce détail, je ne ferai pas d'autres commentaires à ce sujet pour l'instant.

Au départ, nous sommes donc communicant, mais conscient de rien. Tout notre travail va consister à accroître notre champ de conscience, à **rester communicant en ayant conscience de plus de choses.** Nous plaçons ainsi de plus en plus loin les bornes qui limitent nos possibilités d'accueil.

L'absence totale de bornes semble difficile à réaliser parce qu'il y a, apparemment, toujours une limite au-delà de laquelle on ne supporte plus. En revanche, on peut sans peine imaginer d'élargir notre champ.

Ne nous interdisons pas cependant l'éventualité que l'absence totale de limites soit possible. Nous verrons plus loin pourquoi.

1. Ajustement de l'état de veille

Lorsque nous rencontrons quelque chose de trop difficile à supporter, d'impossible à accueillir, nous allons progressivement diminuer notre état de veille.

Bien-veillant au départ, dans un premier temps nous allons essayer de comprendre ce qui se passe. Si nous n'y parvenons pas (ce qui est normal puisque nous n'avons pas encore les éléments nécessaires pour intégrer), nous passerons alors par une phase de découragement.

Nous détournons alors notre attention de nous-même au profit de centres d'intérêt. Peut-être pourra-t-on en tirer quelque chose ? Puis, rencontrant des insatisfactions, nous nous mettrons à combattre ce qui nous gêne.

Enfin, si notre force est insuffisante pour en sortir vainqueur, nous nous abandonnerons dans l'*anesthésie* afin d'éviter au moins de souffrir. De bien-veillant, nous descendons à mal-veillant en passant par une phase active (exploiter, combattre) avant d'arriver à la phase passive (se cacher, se résigner).

Plongé maintenant dans cette *anesthésie* (mal-veillance), nous allons entreprendre d'en sortir en remontant les étapes vers *l'état de veille* et en intégrant chacune d'elles.

Descendre, monter, redescendre, remonter... **ces étapes ne sont ni à rechercher ni à éviter.** Nous verrons pourquoi ces aller/retour sont importants lorsque nous en aurons explicité chaque niveau.

2. Les niveaux « anesthésie »

a) « Caché inerte »

Si je suis en bas de l'échelle, je vais tâcher de me couper du monde extérieur pour souffrir le moins possible *(caché),* un peu comme si je débranchais mon téléphone pour ne plus être dérangé. A ce niveau, je ne reçois plus consciemment les messages de mon environnement et, de ce fait, je deviens sans réaction (inerte).

Cette attitude passive et amorphe ne doit pas être confondue avec une attitude d'accueil et d'acceptation. De loin (de très loin), ça y ressemble, mais il y a autant de différence entre les deux qu'entre une voiture de course et un char à bœufs. J'appellerai ce niveau « caché inerte ».

Celui qui s'y trouve n'est pas très vivant, mais il peut vaquer à ses occupations quotidiennes. Rappelez-vous que le pilotage automatique marche très bien ! Quand je suis à « caché inerte », je suis entièrement en pilotage automatique. Ça me permet de travailler, de conduire ma voiture, de parler à des gens, de mener ma vie familiale… mais tout cela se passe « sans moi ».

A ce niveau d'*anesthésie* il n'y a pas de souffrance. Il ne faut pas non plus le confondre avec ce qui lui ressemble aussi et que nous verrons plus loin : la déprime. Le déprimé n'est pas dynamique non plus mais, lui, il souffre. Il sort de son *anesthésie.* C'est un stade complètement différent.

« Caché inerte » ne réagit plus mais peut mener une vie sociale « acceptable ». Il semble seulement un peu éteint, un peu loin, un peu ailleurs. N'avez-vous pas déjà vécu de ces moments où vous préférez ne pas vous impliquer, où vous vous coupez des autres, où vous souhaitez ne plus rien sentir ? Des moments où vous souhaitez ne rien entendre, qu'on ne vous parle pas ? Puis, si on vous parle tout de même, de vous mettre en pilotage automatique. Apparemment éveillé, vous êtes en fait endormi, déconnecté, attendant que ça passe. De tels moments peuvent durer quelques secondes ou des jours. Il arrive que certaines personnes y restent des mois… Cela peut même devenir une façon de vivre.

Ce niveau n'est pas un problème en lui-même, comme tous les autres. Ce qui pourrait en être un, c'est d'une part l'intensité avec laquelle on s'y trouve et, d'autre part, le fait qu'il dure trop longtemps.

Un peu comme un ballon plongé dans l'eau va avoir tendance à retourner vers la surface grâce à la poussée d'Archimède, je vais avoir tendance à remonter vers mon état naturel : l'état communicant. De même que la tendance naturelle, après une bonne nuit de sommeil, est de se réveiller, je vais commencer à sortir de mon *anesthésie*. Cela va se réaliser en plusieurs étapes : de l'état d'*anesthésie* à celui de *veille,* même si certains niveaux passent inaperçus, la route est progressive.

Je me suis mis « caché inerte » pour me protéger d'un environnement qui m'a semblé dangereux. Je vais remonter en prenant des précautions. **Je vais renouer contact avec le monde extérieur par l'intermédiaire d'un personnage.** Plutôt que de me montrer, je vais rester dissimulé derrière un masque. *Persona* est un mot d'origine étrusque qui signifie « masque de théâtre ». Personnage et masque sont des mots très voisins.

Le « masque » le plus approprié, afin de ne pas prendre de risques, est celui de quelqu'un qui souffre. Je l'appellerai le « caché pleurnichard ».

b) « Caché pleurnichard »

Le « caché pleurnichard » n'est pas quelqu'un qui souffre ; il n'en a que l'apparence. C'est quelqu'un qui doit absolument avoir l'air malheureux. Comme un bernard-l'ermite, il adoptera ce personnage en guise de coquille pour échapper aux agressions. Les souffrances qu'il montre ne sont alors pas les siennes (comme la coquille pour ce crustacé).

Si je suis à ce niveau, je vais beaucoup me plaindre. Quand je parlerai du monde qui m'entoure j'évoquerai mille maux et tourments. C'est un peu la discussion du genre : « Ah ! si vous saviez ma pauv'dame !... »

Utiliser ce personnage malheureux est intéressant parce que, dans le genre humain, on ne détruit pas quelqu'un de malheureux. Cela peut arriver, mais c'est rare. Celui qui souffre, on aura tendance soit à l'aider, soit à l'éviter. Pas à le détruire.

Une telle attitude me permet de me reconnecter un peu à mon environnement en y envoyant des messages. Même s'ils sont factices, ils me ramènent dans le monde sans prendre le risque d'une nouvelle agression. Avec ces drames qui me sont étrangers, j'attire l'attention sans me montrer.

Le « caché pleurnichard » gémit sans cesse. Quand il ouvre la bouche, c'est pour évoquer des douleurs et des catastrophes. C'est son thème de conversation presque exclusif. Tout ce que vous dites l'y ramène inexorablement. **En chargeant l'environnement pour le rendre trouble, il est certain de ne pas être vu.**

Qui n'a jamais ressenti, à certains moments, le profond désir de se plaindre ? Non pas de parler de ses problèmes, mais se plaindre pour tout et pour rien. Quelles que soient les aides ou les solutions qu'on nous propose, rien ne va et rien n'y fait. Ce que nous voulons alors, c'est seulement nous plaindre. C'est plus un mode de fonctionnement automatique qu'une demande d'aide.

« Caché pleurnichard » ne parle pas de lui, mais de son environnement et des autres. Tout est sujet à inquiétude ou désagrément. Tout peut être utilisé pour donner une image désastreuse du monde. Il cherche à obtenir votre accord sur ses propos. Si vous le faites, vous en ressortez effondré.

Je me souviens m'être un jour longuement plaint auprès de bons amis (un moment où j'étais « caché pleurnichard »). Je me suis tellement plaint qu'au bout d'un certain temps, eux qui étaient bien au départ se sont mis à décliner. D'un seul coup, je me suis senti mieux. Le fait d'en prendre conscience m'a fortement interpellé. Quand ils sombraient, je me sentais mieux. Je n'en étais pas fier mais il en était ainsi. Nous en avons aussitôt parlé (parce que, entre nous, cela pouvait se faire aisément) et avons ainsi évité de miner notre terrain. Si on ne les clarifie pas, ces situations peuvent être destructrices (même si cette destructivité est passive et inconsciente).

Puis, ayant tendance à remonter, je vais insensiblement glisser vers un autre personnage. Je vais devenir « caché saint-bernard ». Après avoir semé le trouble, je vais donner l'impression de « tout réparer ».

c) « Caché saint-bernard »

En « caché saint-bernard » je vais être plus actif et, au lieu de simplement me montrer en malheureux par mes jérémiades, j'agirai pour me faire apprécier. L'ennui est que je suis toujours anesthésié et que je ne reçois pratiquement pas les messages de l'extérieur (c'est encore trop dangereux). Mes actions s'effectuent encore en pilotage automatique. Pour les accomplir, j'utilise juste quelques éléments glanés çà et là à travers mon demi-sommeil.

Je vais me mettre à imposer ma « gentillesse ». Je saurai me mettre en dix pour rendre le service qu'on ne m'aura pas demandé. Le « caché saint-bernard » est serviable, mais ses services sont toujours encombrants et mal à propos. Je l'appelle ainsi car ce nom lui va bien.

Le saint-bernard est un chien que la tradition nous montre avec un tonneau de rhum autour du cou. Il vole ainsi au secours de personnes perdues en montagne pour les sauver et les abreuver de ce nectar « réchauffant ». Heureusement, aujourd'hui on n'utilise plus le rhum ou l'alcool dans de pareilles circonstances, car un individu souffrant d'hypothermie peut mourir en consommant de l'alcool (le sang se déplace vers la surface de la peau, évacuant ainsi vers l'extérieur le peu de chaleur qui lui restait).

Le « caché saint-bernard » fait beaucoup pour les autres, mais il encombre leur vie de services et d'objets qu'ils n'ont pas demandé ou que même ils refusent. Il vous prend le travail des mains pour ne pas que vous vous fatiguiez alors que vous souhaitiez le réaliser vous-même, vous invite au restaurant alors que vous voulez rester chez vous, vous amène un gâteau très cher acheté dans la meilleure pâtisserie « pour vous faire plaisir » sans se soucier que ce type de mets vous écœure. Il insiste pour ouvrir une bonne bouteille « pour vous », « en votre honneur », alors que vous préférez ne pas boire avant de reprendre la route.

Il vient vous aider à ranger votre garage ou à repeindre votre salle à manger. Il ne vous le propose pas, il vient. Même si vous aviez prévu de faire autrement. Il va alors décider de la façon dont ce sera le mieux rangé. Il vous imposera « son ordre », vous imposera de peindre ce mur-là de cette couleur et non l'inverse comme vous l'aviez prévu. Il le fait « pour votre bien », afin que vous viviez dans un intérieur « très agréable ».

Dans toutes ces circonstances, ce qui aurait pu se passer bien finit mal, car il ne fait pas attention à vous. Ses actions ne tiennent pas compte de vos souhaits. Il ne propose pas, il impose.

Quand vous refusez (s'il s'en rend compte), il se vexe et va soit s'effondrer en redescendant à « caché pleurnichard » (« Que le monde est ingrat ! »), soit se fâcher et monter à « destructeur » (« Une telle ingratitude n'est pas permise ! »).

Il y a les situations caricaturales mais, de façon ordinaire, de tels comportements sont fréquents. Inconscient des autres dans leur différence, nous avons vite fait de penser pour eux.

L'une des difficultés de l'éducation est de ne pas être des parents « saint-bernard » : « Mets ça, tu vas prendre froid… Bois un peu d'eau tu vas t'étouffer… Mange un peu de soupe pour te réchauffer… Mets ce pull, il te va très bien… Je viendrai te chercher (alors qu'il préfère rentrer avec ses copains)… » La limite est subtile car il faut tout de même accompagner l'enfant dans ses expériences pour qu'elles lui soient profitables et non dangereuses, mais sans pour autant penser à sa place.

Dans le couple aussi : « Ne bouge pas, je vais te faire cette course (alors que vous souhaitiez y aller)… Laisse ça, je vais le faire (alors que vous souhaitiez vous débrouiller tout seul)… »

Il ne faut pas confondre le « caché saint-bernard » avec quelqu'un qui aide vraiment. Celui qui aide vraiment est communicant et conscient des autres dans leur différence. Lucide, il propose. Si vous refusez il accepte, car il le fait vraiment *pour vous.* Il n'a rien à prouver. Avec lui, tout est simple. Nous le découvrirons plus loin, bien en dehors de l'*anesthésie.*

Avec le « caché saint-bernard » c'est toujours compliqué car il nous encombre, on a du mal à l'éviter ; il se mêle de tout ce qui ne le regarde pas. Il vous « aide » mais ne vous voit pas et, de ce fait, ne vous respecte pas.

Il y en a même qui, gaffeurs invétérés, viennent détruire votre vie en accomplissant à votre place des « solutions » en dépit du bon sens. Nous ne le supportons pas, mais nous nous culpabilisons un peu car, au fond, « il est si gentil !... Il a le cœur sur la main ! ». Il réussit finalement très bien à se protéger avec ce personnage, car on ne souhaite pas lui nuire. Au pire, on tentera de l'éviter.

Continuant à sortir progressivement de son *anesthésie,* il va pouvoir agir plus. Son problème était que de son point de vue les gens sont dangereux. Pour s'en protéger, il s'est d'abord caché. Puis, rétablissant un peu son émission de messages vers l'extérieur, il retrouve assez de force pour aller plus loin.

Pour ne pas subir le danger, il passera de la « défensive camouflage » à l'offensive, et va commencer à détruire ce qu'il croit être source de danger. Dans un premier temps, il le fera en gardant un peu de camouflage, puis passera à « destructeur sympa ».

d) « Destructeur sympa »

« Destructeur sympa » continue à se cacher en essayant de montrer une apparence agréable. Cependant, le but n'est plus de se protéger mais de détruire. Il détruira ce qui, selon lui, est source de danger. « Caché saint-bernard » produisait de la destruction, mais tel n'était pas son projet. Il voulait seulement avoir l'air gentil pour se préserver. « Destructeur sympa » a également l'air gentil mais, lui, son but est la destruction. Cette destruction se fera discrètement et, la plupart du temps, passera inaperçue. C'est peut-être le niveau le plus dangereux pour l'entourage, car on ne le voit pas agir.

Si je suis à « destructeur sympa », je vais être agréable, courtois et aurai de l'humour. Ma compagnie sera plutôt plaisante. Mais je m'arrangerai à glisser des piques discrètes et mordantes qui anéantiront mes interlocuteurs sans qu'ils s'en aperçoivent, un peu comme une fléchette empoisonnée. On se dit que ce n'est qu'une égratignure sans importance, mais le poison continue son œuvre destructrice à notre insu.

« Destructeur sympa », apprenant que vous venez d'acquérir une voiture neuve, vous félicitera et vous invitera même à boire le champagne pour arroser ça. « C'est ma tournée ! » dit-il. Puis, dans la conversation, il glissera quelques histoires de gens qui ont connu des problèmes avec cette marque de voiture. Comme tout cela est enrobé avec de la convivialité et de l'humour, ça passe inaperçu. Pourtant, les heures qui suivront vous sembleront maussades. Sans vous expliquer pourquoi, vous vous sentirez moins euphorique de votre achat.

C'est aussi la personne qui, par une merveilleuse journée où vous appréciez la vie sans vous douter de rien, vous téléphone avec une apparente bienveillance « pour prendre de vos nouvelles » car, vous dira-t-elle, « j'apprécie tellement ces moments que nous passons ensemble ! ». Puis, en quelques mots elle finit par envoyer de discrètes allusions au fait que vous ne vous êtes pas manifesté depuis longtemps, que c'est souvent elle qui appelle, mais que ce n'est pas grave (avec ce qu'il faut de non-verbal culpabilisant). Après cet entretien, vous vous sentez moins bien. Les heures qui suivent vous déclinez sans bien comprendre pourquoi, vous avez basculé dans la tristesse. En vous levant ça allait pourtant bien !... Il a suffi de quelques minutes pour que votre journée soit fichue.

« Destructeur sympa » vous invitera dans un bon restaurant le jour où vous avez décidé de faire un régime. Il saura vous faire remarquer qu'aujourd'hui vous n'avez pas bonne mine. Mais s'il vous dit cela, c'est « uniquement parce qu'il se préoccupe de votre santé ». Alors que vous êtes content d'avoir perdu un peu de poids, il vous fera surtout remarquer que vous avez les joues creuses. Puis, mine de rien, il mettra ça sur le compte de la fatigue et vous parlera de lieux de vacances salutaires. Il aura l'air de vous parler de choses agréables, mais il sera tout simplement en train de détruire les efforts que vous venez d'investir dans votre gymnastique et votre alimentation.

Lorsque vous avez nettoyé ou rangé votre maison, il vous félicitera pour votre courage et votre efficacité mais vous fera remarquer qu'ici il reste une toile d'araignée (dans un petit coin invisible malencontreusement oublié), que là il reste du désordre (parce que vous avez rassemblé à cet endroit quelques objets en attendant de leur trouver une meilleure place). Ce sera dit très délicatement : « Et ça, que comptes-tu en faire ? » en désignant l'emplacement des objets en attente ou : « Ah ! ces araignées, c'est une plaie ! Il reste toujours des toiles. Regarde ! Là il y en a encore une… » En ayant l'air de vous plaindre et de vous aider, il démolit votre effort.

Son verbal est souvent correct, mais son non-verbal est très chargé. Ça l'avantage car, si vous lui faites remarquer qu'il est destructeur, il vous dira : « Pas du tout. Tu te fais des idées. Qu'est-ce que tu peux être susceptible ! » Et vous vous trouvez stupide car, effectivement, au niveau de ce qui est dit il n'y a aucune prise pour l'attraper. **Tout est dans le non-verbal.**

Comme il a souvent beaucoup d'humour, on recherche sa compagnie. L'humour est très utilisé par « destructeur sympa ». Comme pour les précédentes étapes, c'est un détournement de qualité. Il faut avoir de l'humour dans la vie. Mais son humour à lui s'exerce toujours aux dépens de quelqu'un. Qu'est-ce qu'on rigole… jusqu'à ce qu'on rie jaune !

Naturellement, cette démarche – comme les autres – est inconsciente. Ce niveau est encore dans l'*anesthésie.* Nous sommes trompé par le fait que le mental fonctionne bien. **Ce qui est anesthésié, c'est la conscience, pas le mental.**

Il est inconscient des autres. Donc, en leur nuisant il ne voit aucun mal à cela. **Pour lui, les autres c'est rien.** Ou plutôt c'est un « truc » dont il faut se défendre car sinon il y a danger.

Cette *mal-veillance* avec un mental qui fonctionne peut conduire « destructeur sympa » à un comportement très élaboré. Sa destructivité peut être machiavélique. Cependant, il est endormi en tant qu'individu. Il ne perçoit pas les autres. Il n'en distingue que les personnages, des apparences sans vie et sans signification ne nécessitant aucun respect particulier.

L'important pour lui est de s'abriter des problèmes en mettant les autres hors d'état de nuire.

Cette destructivité mielleuse peut se manifester avec différents degrés de puissance. Depuis les situations anodines, quotidiennes, jusqu'aux projets de destruction élaborés. Mais, dans tous les cas il y a toujours *anesthésie* de la conscience, quelle que soit la performance du mental.

Peut-être ne nous reconnaissons-nous pas dans les situations les plus extrêmes ? Mais qui ne s'est jamais trouvé en train d'envoyer quelques piques discrètes vers une personne dont la société nous impose le respect mais que nous trouvons insupportable ? Qui n'a jamais éprouvé le besoin de blesser verbalement un individu trop pénible sans risque de représailles ? Les fluctuations sur les différents niveaux nous conduisent aussi à celui-ci.

Ici aussi nous sommes en quête de réconciliation et d'état de veille, mais la démarche non consciente nous conduit seulement pour l'instant à sortir de notre *anesthésie.* Nous renforçons à ce niveau notre « personnalité » en développant un ego plus fort qui nous mettra suffisamment en sécurité pour pouvoir finalement l'abandonner et arriver à l'affirmation de soi dans les niveaux de *bien-veillance.*

Pour le moment, la transition (encore longue) évoluera vers une expression plus ouverte de notre destructivité. Plus ouverte, mais non ciblée. Nous passons au « destructeur explosif ».

e) « Destructeur explosif »

Retrouvant quelque assurance, j'accepte un peu de me montrer. Mais j'y perds de l'efficacité. J'oserai montrer ma destructivité, voire l'afficher, mais je n'oserai pas l'orienter. Quand je me sentirai menacé, j'exploserai littéralement en criant ou en brisant des objets aux yeux de tous, mais sans m'adresser à personne.

On trouve ici quelqu'un qui, ayant subit des relations désagréables avec une autre personne, arrose tout son entourage (qui n'y est pour rien) sans oser s'adresser à celui qui est la cause de sa difficulté. Cette destructivité explosive peut consister à maugréer quelques grossièretés ou carrément à frapper le premier qui passe. Ici encore, tout dépend de l'intensité.

Mais quelle que soit cette intensité, il s'agit d'un individu qui détruit pour se protéger, qui se libère du refoulement de sa peur et de son agressivité mais qui, toujours en *anesthésie,* est incapable de diriger son action vers la cause de sa peur. Il n'est même pas en état de la diriger où que ce soit. Cela se fait au hasard du premier qui passe.

Là aussi, il utilise un personnage pour y parvenir. **Apparemment il se libère du refoulement de son envie de détruire mais, en fait, il refoule toujours sa douleur.**

On dira de quelqu'un qui ose se mettre en colère qu'il ose se montrer. Cela n'est pas juste en ce sens que **en colère on n'est pas soi.** Le langage populaire nous l'exprime bien en disant qu'on est « hors de soi ». On dit aussi qu'on est « à côté de ses pompes ».

« Destructeur explosif » cesse de dissimuler ou de refouler sa destructivité, mais il refoule toujours sa douleur à propos de ce avec quoi (ou de ceux avec qui) il doit se réconcilier.

Dans cette phase, il ose cependant s'affirmer un peu, il rompt avec la dissimulation totale, il amorce la construction d'un ego plus solide qui lui permet de passer à l'étape suivante où il gagne en efficacité dans la destruction. C'est pourquoi je l'appellerai « destructeur bazooka ».

f) « Destructeur bazooka »

Quand j'arrive à « destructeur bazooka », je discerne bien mes cibles et ose me placer en face pour tirer dessus. Je jette ouvertement à la face de mon interlocuteur ses « quatre vérités » (vérités selon moi). Quand je suis ainsi, ça a le mérite d'être dépourvu d'ambiguïté.

« Destructeur bazooka » ne se cache plus. Il « tire » son flux dévastateur sous le regard ébahi ou anéanti de sa cible. **Il écrase et en est fier.** Il le revendique ; c'est lui le plus fort et le meilleur.

Il manifeste un remarquable esprit de contradiction. Quand vous parlez avec lui, il n'est jamais d'accord. Vous pourriez croire qu'il veut avoir raison. S'il tombe sur un jour où vous êtes plutôt conciliant, vous allez vous arranger pour arrondir les angles et faire en sorte de lui donner raison. Vous découvrirez, étonné, que ça ne lui convient pas non plus. Il sera même prêt à changer d'avis pour vous démontrer que vous avez encore tort. **Son projet n'était pas d'avoir raison, mais de vous démontrer que vous avez tort.** Pour se sécuriser, il doit vous démolir.

« Destructeur bazooka » passe à l'offensive absolue. La sécurité passe par la destruction du danger (danger selon lui). Il s'y emploie. Ce niveau est moins dangereux que le « destructeur sympa » pour l'environnement car, si après l'avoir rencontré on se sent mal, là au moins on sait d'où ça vient. Identifiant la source de notre trouble, on peut plus facilement s'en libérer.

Nous sommes « destructeur bazooka » à chaque fois que nous faisons une remontrance violente à quelqu'un en le fixant droit dans les yeux, en l'attaquant sur des points que nous connaissons de lui et dont nous savons qu'il en sera blessé.

C'est un stade au-dessus de « l'explosif », puisque plus ouvert. Il assume son acte. Mais ne vous y trompez pas, il l'assume en vous faisant remarquer que si vous n'aviez pas de « tels défauts » il n'aurait pas à en venir là. **Il l'assume tout en vous faisant remarquer que c'est de votre faute.** La différence avec « l'explosif » est qu'il peut vous le dire franchement.

Ici, l'ego est en train de naître. On est au niveau de l'égocentrisme. Pour être brillant, il éteint tous les autres mais ne cherche pas à briller plus. Il ne sait pas encore.

Avec cette force à sa disposition, il se sent plus en sécurité et peut relâcher cette violence qui lui servait à anéantir les menaces éventuelles. **Cette compulsion à détruire était le reflet de son insécurité.** Se sentant maintenant assez fort pour faire face aux éventualités dangereuses, il peut laisser de côté son agressivité systématique. Il sera toujours temps de la reprendre en cas de nécessité.

Par ce lâcher prise, il va maintenant traverser un niveau sans motivation ne comportant ni intérêt ni conflits. Potentiellement capable de détruire en cas de besoin, il est pourvu. Il n'a plus peur des autres. Ce virement après la tempête l'amène à un niveau que je qualifierai de « sans intérêt » pour quoi que ce soit.

3. Les niveaux « réanimation »

a) « Sans intérêt »

Il reconnecte un peu son « téléphone » et se laisse aller à percevoir le monde qui l'entoure. Plus exactement, à ce stade il ne s'agit pas encore de téléphone mais plutôt de télévision :

il est spectateur de ce qui l'entoure mais ne s'intéresse à rien. C'est un « téléspectateur » passif. Vous pouvez lui parler, il ne s'emportera pas. Mais il ne sera non plus aucunement intéressé par vos propos.

Il entend, il comprend, mais s'en moque. Cela le met à l'abri de l'implication. Libre de la peur de l'autre, il doit encore gérer la peur de soi en s'impliquant le moins possible... Il lui reste de sérieuses traces d'*anesthésie.*

Il peut paraître curieux que les niveaux précédents soient dans l'*anesthésie,* mais je vous rappelle que ce qui est anesthésié c'est la conscience, pas le mental. Quand sa conscience est anesthésiée, un individu n'a aucune notion de ce qu'est un autre individu. Il côtoie des personnages en étant lui-même un personnage, et ce qui arrive aux autres lui est étranger.

Dans les niveaux « destructeurs », on trouve quelqu'un qui fait souffrir les autres mais ne voit pas quel mal il y a à cela du fait que ces autres ne représentent rien pour lui. Leur faire mal, c'est faire mal à « rien » (en terme d'humain), c'est donc sans importance. Vu de l'extérieur son comportement est monstrueux mais, pour lui, il ne voit pas ce qui cloche.

Même si son mental élabore des destructivités très sophistiquées, il est, lui, suffisamment inconscient pour ne pas se rendre compte de ce que son acte représente pour l'autre. Cet autre est tout au plus, pour lui, un animal de laboratoire et il n'y a aucun mal à s'amuser un peu (encore qu'on devrait respecter même les animaux de laboratoire, mais ça, il en est loin !).

En arrivant à « sans intérêt », il sort progressivementde la phase d'*anesthésie* pour entrer dans celle de la *réanimation.* Pour continuer de se réveiller, il va avoir besoin de perceptions. En se reconnectant, il en éprouve à nouveau. Récupérant un peu de sa sensibilité, il retrouve un contact avec le monde extérieur. Il voit ce que cela lui apporte, mais reste encore inconscient d'autrui et ne s'intéresse à rien.

Si je suis à « sans intérêt », je vais pouvoir (apparemment) converser avec vous et constater que vous dites des choses variées. Mais rien ne me motivera dans vos propos quels qu'ils soient ; on pourrait dire que c'est une phase d'atterrissage dans un nouveau monde, celui de la *réanimation.* L'ego est encore nouveau-né et on y expérimente les perceptions de façon encore passive.

La multiplicité des perceptions plus ou moins fortes va, cependant, continuer à porter vers la *bien-veillance.* « Sans intérêt » va progressivement se rendre compte qu'il y a des choses agréables et d'autres qui ne le sont pas. Un peu comme si, endormi sur votre bras, celui-ci était devenu insensible par blocage de la circulation sanguine (on se réveille quelquefois comme ça le matin). Puis, en vous levant, vous récupérez votre sensibilité, ce qui vous conduit à ressentir à nouveau la différence entre une caresse ou un pincement sur votre bras qui était, à votre réveil, pareil à un bout de bois.

Le destructeur n'avait pas mal à cause de son environnement et de ses perceptions, il avait mal à cause d'une douleur initiale dont il a encore tellement peur qu'il la voit partout. Un peu comme Don Quichotte qui, se battant contre des moulins à vent, combattait des ennemis imaginaires.

A cette phase de la *réanimation,* la réapparition des perceptions conduit (comme pour le bras engourdi) à retrouver la distinction douleur/plaisir.

Continuant l'ascension, « sans intérêt » va privilégier ce qui est agréable pour fuir ce qui lui reste de peur. Je nommerai cette nouvelle étape « intérêt pour l'inertie ».

b) « Intérêt pour l'inertie »

Il n'y a pas grand-chose qui le motive si ce n'est de privilégier et de maintenir en place les sources de confort qui se sont spontanément présentées à lui. De même que certains animaux sont capables d'utiliser un outil qu'ils ont trouvé, sans avoir pour autant l'aptitude à en fabriquer un, « intérêt pour l'inertie » va maintenir en l'état ce qui lui a apporté confort ou plaisir sans chercher à faire évoluer quoi que ce soit. Il va même se méfier du changement et empêcher l'évolution. S'il déploie de l'énergie, ce n'est pas pour innover, mais plutôt pour s'opposer à l'innovation.

Il va bloquer son environnement (et le vôtre). Dans un milieu professionnel, il freinera la progression de l'entreprise ; dans un milieu familial, il faudra scrupuleusement respecter un ordre établi une fois pour toutes.

La remise en cause, il ne connaît pas non plus : ça a toujours été comme ça et il n'y a aucune raison pour que ça change !

Si je suis à ce niveau, sur le plan intellectuel je vais par exemple m'accrocher à une idéologie ; mais je le ferai sans passion. Je ne parlerai que par la bouche de penseurs à qui j'aurai voué toute ma confiance, tant le confort qu'ils m'ont procuré est grand. Parti sur ma lancée, inébranlable, je ne verrai que par eux et ne pourrai moduler ma compréhension.

Si un jour ces idées me déçoivent, plutôt que de tirer parti de cette expérience je risque de m'enfermer dans la défense de l'indéfendable (qui me ramène au renoncement à moi-même dans ma différence naissante et à l'anesthésie de ce que je sens).

Sur un plan plus matériel, je vais par exemple m'attacher à l'ordre et ne pas supporter que l'on commette le moindre écart. Mais ce serait une erreur de croire que « intérêt pour l'inertie » est l'apanage des gens maniaquement ordonnés. On peut tout aussi bien s'attacher au désordre et ne permettre à personne d'ordonner l'environnement.

Encore une fois, attention aux apparences. Ce ne sont pas les actes qui indiquent le niveau où l'on se trouve, mais l'esprit (ou l'absence d'esprit) qui les anime. Un peu comme dans le domaine de la recherche fondamentale : une découverte scientifique n'est jamais bonne ou mauvaise en elle-même. L'esprit dans lequel on l'utilise développera une assistance merveilleuse pour sauver des vies… ou une arme redoutable pour la destruction (exemple de la relativité et du nucléaire).

Maintenir en place et s'opposer au changement, cela existe dans tous les domaines. Même le domaine scientifique – qui se veut libre de telles pratiques – est parfois très attaché à des dogmes. Plutôt que de faire humblement remarquer qu'en l'état actuel des choses « on ne sait pas », qu'on peut seulement parler de « plus ou moins probable » en fonction des connaissances disponibles, certains soi-disant scientifiques vont affirmer que certaines approches sont fausses sans en avoir la preuve. Les précurseurs ont toujours été ceux qui ont pris le risque de sortir des sentiers battus. **Evidemment, dans tous les cas la rigueur est nécessaire pour ne pas confondre intuition et démonstration.**

« Intérêt pour l'inertie » va s'enfermer dans ses « certitudes » – prouvées ou non. Quand on dit : « Je suis certain », on pourrait aussi bien dire « Je suis serti » (comme une pierre précieuse dans les griffes d'une bague ou, moins poétiquement, comme une conserve dans sa boîte).

Mais au cours de cette phase de *réanimation,* la sécurité engendrée par les certitudes va permettre de continuer à se laisser porter vers la *bien-veillance.* Comme avec le palier de décompression nécessaire aux plongeurs pour ne pas que des bulles d'azote se forment dans leur sang, il va marquer ici une pause avant de monter d'un cran supplémentaire. Puis, grâce à ce minimum de sécurité il va pouvoir se consacrer à l'évolution de son confort et de son plaisir. Il enrichira et modifiera ce qui se présente à lui pour mieux en tirer parti. Il deviendra ce que j'appellerai « intérêt à condition » (ou « intérêt pour quelque chose qui lui rapporte »).

c) « Intérêt à condition »

Créatif, dynamique et opportuniste, il est capable de donner l'apparence de la communication (mais, en fait, il ne communique pas). Nous trouverons ici les **manipulateurs** qui peuvent vous respecter, être courtois, vous aider, vous écouter... tout cela non pour vous, mais pour eux ! Ils développent l'intérêt pour éviter l'attention, car la peur de soi ne leur permet ni de regarder en eux, ni d'être authentiques.

Cette « sociabilité » ressemble à celle de cannibales qui, vous invitant à un fabuleux festin, ont en fait comme projet de vous engraisser afin de mieux vous déguster plus tard.

Si les vampires existent, ils sont à ce niveau-là. Ils vous donnent du fer pour améliorer votre santé car ils vous trouvent un peu pâle, alors qu'en fait ce n'est que pour consommer un sang de meilleure qualité. Ils vous sucent votre substance vitale tant qu'elle leur est profitable, mais leur apparence est socialement irréprochable.

Comme « destructeur sympa », il est dangereux pour l'environnement. Dynamique, il a des tas d'idées et est parfaitement inséré socialement ; il a peut-être même « réussi dans la vie ». **Son polissage est parfait ; il est à la mesure de ce que les autres attendent pour être séduits.**

Contrairement au « destructeur sympa », il n'a que faire de vous détruire. Ce n'est pas son projet ; **il souhaite seulement vous utiliser.** Ce qu'il advient ensuite, il s'en fiche. Si par hasard vous en sortez heureux, contrairement au destructeur ça lui sera égal (le destructeur, lui, ne le supporterait pas). **Il s'intéressera à vous s'il sait qu'il y a pour lui un bénéfice.** Vous vous croirez respecté jusqu'à ce que vous déchantiez.

« Intérêt à condition » est un **parfait égoïste.** Il pense surtout à profiter pour mieux s'éviter lui-même. A ce stade, l'ego est bien « gras ».

Si je suis à « intérêt à condition », je vous écouterai, vous ferai parler, vous aiderai à trouver des solutions... Mais, en réalité, mes questions seront plus celles d'un interrogatoire que celles d'une exploration respectueuse. J'y mettrai les formes, mais quelque chose « sonnera » faux. Je chercherai, en fait, surtout à **obtenir les renseignements dont j'ai besoin.**

C'est, par exemple, quand je supporte mal un collègue : le jour où j'ai besoin de ses services, je deviens remarquablement attentionné (avec tout ce que cela peut avoir de péjoratif). Vous connaissez cette situation ? Ne vous est-il jamais arrivé de glisser ainsi dans un tel comportement ? Malheureusement, une bonne partie de la vie sociale est basée dessus. Bien des situations convenables et respectables en apparence ne sont que de l'« intérêt à condition ».

Souvenez-vous des quelques lignes sur *donner/recevoir :* même quand nous faisons des cadeaux à des gens que nous « aimons », nous ne leur permettons pas toujours d'en disposer à leur guise. En réalité, il nous arrive plus souvent d'imposer que de donner. **Nous sommes plus fréquemment à « intérêt à condition » qu'en train de réellement donner de l'attention.**

On doit distinguer « intérêt à condition » et « donner de l'attention » : ils se ressemblent mais n'ont rien à voir. « S'intéresser à quelque chose » est très différent de « s'ouvrir à quelque chose ».

Vous remarquerez que le plus important, c'est la lucidité. Sans lucidité, nous aurions vite fait de prendre un comportement pour un autre et de nous faire duper, de duper les autres ou de nous duper nous-même. Le véritable problème n'est pas de se trouver à un niveau, mais de ne pas en être conscient.

Fort de son dynamisme, « intérêt à condition » développe tellement d'énergie et de créativité qu'il peut s'investir totalement dans l'évolution de choses, d'idées ou de systèmes. Par exemple, les activités artistiques, la décoration ou la construction d'une maison, la réalisation d'une carrière professionnelle, la création d'une entreprise, etc.

L'investissement devient de plus en plus grand au fur et à mesure que les projets aboutissent. Il arrive à l'étape finale de la *réanimation* en passant à « passion » ; il arrive à la fin de la *réanimation,* mais l'*état de veille* est encore loin.

d) « Passion »

« Passion » est un mot si parfaitement ajusté qu'on pourrait croire qu'il n'existe que pour définir l'état que je veux décrire ici. « Passion » évoque une vie remplie et animée où de grandes choses se passent. La passion amoureuse en est le plus brillant exemple. Mais si on lit dans un dictionnaire la définition de ce mot on trouve :

– Etats affectifs assez puissants pour dominer la vie de l'esprit.

– Vive inclinaison vers un objet auquel on s'attache de toutes ses forces.

– Affectivité violente qui nuit au jugement (contraire : lucidité).

– Expression d'un état affectif d'une grande puissance.

Sans oublier son autre sens dans lequel il désigne les souffrances et, en particulier, le supplice du Christ.

Cette ambiguïté fait que, à la fois, on la recherche et on s'en méfie. Le langage populaire nous dit aussi que la passion rend aveugle.

Quand j'arrive à « passion », je me sens dans un état d'excitation exacerbé. J'investis toute mon énergie dans sa direction ; elle domine ma vie. Si, par exemple, j'étais très intéressé par la construction de ma maison, maintenant je m'y consacre entièrement. Si j'exerçais une activité artistique me permettant de créer, je ne vis plus que par elle. Un peu comme Bernard Palissy, créateur de la céramique en France : emporté par ses recherches, il brûla jusqu'aux meubles et aux planchers de sa maison pour alimenter son four qu'il passa des mois entiers à surveiller sans cesse. Il en est devenu célèbre, mais à quel prix !

Pour terminer la *réanimation,* il fallait au moins quelque chose d'aussi fort que la « passion » ; un peu comme un choc électrique qui relance le cœur qui s'était arrêté, comme un dernier soubresaut de fuite pour dépasser la peur de soi.

La « passion », c'est un investissement total ; **ici l'ego arrive à maturité.** La difficulté va être la naissance suivante qui implique de l'abandonner. Son rôle était seulement de nous amener jusque-là. Pour que cette naissance s'accomplisse, l'ego devra disparaître. Selon l'attachement qu'on lui porte, cette naissance sera donc plus ou moins douloureuse.

Ce qui nous pousse malgré tout plus loin et plus haut, c'est que dans la « passion » on est toujours en état de manque. Les satisfactions ne sont qu'éphémères et il faut toujours les renouveler en allant de plus en plus fort (ça ressemble beaucoup à la drogue).

Arrive un moment où, ayant accompli ce qu'on poursuivait, on en a fait le tour et on aboutit dans la phase suivante qui est la phase de *réveil.* On réalise d'un seul coup que le prix payé pour notre passion est bien cher, et que loin de contribuer à notre bonheur, ça nous a peut-être éloigné de « l'essentiel ». A-t-on seulement pris un instant pour nous demander ce qu'est « l'essentiel » ?

L'étape de *réveil* qui suit commence par la « désillusion ».

4. Les niveaux « réveil »

a) « Désillusion »

L'illusion était que notre investissement total nous conduirait au bonheur (illusion nécessaire pour nous inciter à venir jusque-là). Arrivé au bout de nos efforts, nous faisons le triste constat qu'en terme de bonheur il n'y a rien de changé.

On voit ainsi des artistes arriver au sommet de la gloire et se sentir désabusés, des hommes d'affaires ayant consacré leur vie à leur travail se sentir démunis en constatant ce à côté de quoi ils sont passés. On voit toutes sortes d'investissements passionnés aboutir ainsi.

Le constat de l'illusion est cuisant. Avant, on avait de « bonnes raisons » de se sentir mal. Il n'y avait rien qui tournait rond. Il fallait ruser, lutter, éviter les choses qui nous menaçaient de ne pas trouver le bonheur (ou qui risquaient de nuire au bonheur des autres si nous nous consacrions à les aider). Chaque victoire semblait nous rapprocher de ce bonheur. Si nous n'y parvenions pas, c'était « à cause des obstacles ».

Si nous arrivons à un moment où ces obstacles ont disparu (par chance ou par efficacité), **nous sommes soudain démuni.** Nous ne nous sentons pas mieux ? Alors pourquoi ?

Le combat contre ces obstacles n'était, en fait, que celui de notre Don Quichotte contre ses moulins à vent. On voit ainsi des couples en difficulté qui se grisent dans la construction d'une maison et qui, malheureusement, une fois la maison terminée… divorcent. Le projet enfin réalisé ne leur apporte pas le bonheur attendu. L'investissement dans sa réalisation a même contribué à anesthésier les aspects relationnels de leurs difficultés à améliorer dans leur vie conjugale. Heureusement, on peut construire des maisons sans pour autant divorcer (il y a des bâtisseurs communicants) ! Mais le cas n'est pas rare, et il illustre bien notre propos.

S'il s'agit, dans cet exemple, d'une désillusion majeure ; il existe aussi de nombreuses désillusions que nous vivons chaque jour, chaque fois qu'une de nos croyances est remise en cause. Heureusement, quoique inconfortables, celles-ci n'ont pas de graves conséquences ; elles sont pourtant bien réelles.

Nous **montons** ainsi progressivement vers l'étape suivante qui sera « déprime ».

b) « Déprime »

On peut être surpris de trouver la déprime aussi loin de l'anesthésie. En fait ce n'est pas haut, ce sont seulement les niveaux précédents qui, eux, sont très bas.

« Déprime » devrait être entendu « dé-prime ». Une prime, c'est une récompense. A ce stade, la passion ne nous fournit plus de gratification. Nous nous sentons « dé-primé » parce que nous avons perdu la « prime ». « Primer » signifie « mettre en premier ». Ce que « passion » nous faisait placer en premier dans l'échelle de valeurs de notre paysage intérieur cesse d'être premier ; ce qui était à l'honneur devient « rien ». Un peu comme la maison pour le couple en difficulté. Au début cette maison est tout ; ensuite, à côté de la douleur de leur séparation, elle n'est plus rien.

La « dé-prime » est un renversement d'échelle de valeurs. Sans cette échelle, on se sent soudain dans le vide avec l'impression qu'on n'arrêtera jamais de tomber.

Si ce n'était un peu dramatique, on pourrait comparer cela à un dessin animé de Tex Avery où le personnage est sur une échelle. Quelqu'un la retire à son insu sans qu'il s'en aperçoive tout de suite. Au bout d'une seconde ou deux, il réalise qu'il est dans le vide et tente de marcher dans ce néant. Finalement, il tombe en ayant très peur mais sans se blesser (quoique momentanément aplati) ; il reprend sa forme et trouve un autre moyen pour remonter. Cela ressemble un peu à nos aller/retour entre la bien-veillance et la mal-veillance.

A « déprime » – contrairement à « caché inerte » qui lui ressemble – **on a mal et on a peur ;** on y est vide et angoissé. Cependant, la déprime n'est pas dangereuse en elle-même (au contraire), sauf si on panique (ce qui est possible).

Quand on rencontre quelqu'un de déprimé, on a tendance à lui proposer de « ne pas rester comme ça ». On l'invite à se « changer les idées ». « Viens au cinéma !... Va faire du sport !... Ne te laisse pas abattre !... Pratique une activité artistique !... Intéresse-toi à autre chose que ton problème, secoue-toi !... J'organise une soirée, viens, on se fait une bonne bouffe... »

Finalement, sans s'en rendre compte, **on l'invite... à redescendre !** S'il suit notre conseil, il se retrouve à « intérêt à condition ». Ce n'est pas forcément une mauvaise chose si ça lui permet de reprendre un peu son souffle. Mais il ne faut pas se faire d'illusion : ce qui l'a conduit à la déprime réapparaîtra dès que le divertissement sera terminé.

Il se peut que le déprimé tente lui-même de se divertir pour « oublier ». Il peut se lancer à corps perdu dans une activité très prenante… jusqu'à ce qu'il arrive au bout de cette activité et retrouve son état initial ! Plus simplement, pour « se changer les idées » il peut allumer la télévision. C'est moins actif, mais cela peut être efficace le temps d'un film ou d'une émission suffisamment prenante.

Une autre méthode, quand c'est trop pénible, est d'inviter le déprimé à prendre des médicaments antidépresseurs. Ainsi on le fait redescendre encore plus bas que tout à l'heure : il se retrouve à « caché inerte ». Ce n'est pas stupide non plus si on n'utilise cette méthode que passagèrement chez un sujet qui en aurait par exemple perdu le sommeil, et qui a besoin de récupérer. Cela peut être utile aussi quand le déprimé a si mal qu'il risque de mettre sa vie en danger. Si on n'a pas d'autres compétences à sa disposition, l'antidépresseur peut être envisagé.

Mais ces moyens ne sont que transitoires. C'est un peu comme si vous aviez une roue qui crève sur l'autoroute : vous pouvez la regonfler avec une bombe spéciale vous permettant de rouler jusqu'à un garage pour la réparer, mais ça ne remplacera pas une vraie réparation ; tout au plus ça vous permettra de ne pas rester bloqué au mauvais endroit.

Le déprimé a parfois si mal qu'il peut envisager le suicide. Quand il renonce à s'évader par la distraction (il sait que ça ne résoud rien) et que les comprimés ne l'intéressent plus (il ne veut pas devenir un zombi), sa douleur peut le conduire à se supprimer. Il arrive aussi que la douleur soit si intense, que même de se supprimer lui semble une démarche inutile.

Il est important de savoir qu'on ne se suicide pas en dessous de « déprime ». Le « caché inerte » qui lui ressemble ne risque pas d'en arriver là car, lui, n'a même pas conscience qu'il existe le moindre problème. Il n'a pas mal.

Ce qui doit mourir à « déprime », ce n'est pas *nous,* mais notre ego et nos personnages. Du moins, doivent-ils perdre leur priorité.

Jusqu'à « déprime », l'ego a mûri ; notre ou nos personnages ont pris de l'assurance. Pourtant, ils s'effacent et deviennent transparents. Se cacher derrière devient impossible. C'est souvent douloureux. Ça fait surtout mal si on s'y accroche, et on est spontanément tenté de s'y accrocher (quand on se sent tomber, on essaye de se rattraper).

Notre « personnage » devient sans importance. Notre ego n'a plus d'intérêt. A quoi bon. Tout est vain... **Arrive le lâcher prise.**

Dans notre mythologie populaire, il y a un conte très pertinent : celui de *Pinocchio.* Il raconte très bien comment de *personnage* (le pantin) on passe à l'*individu* (le petit garçon), à condition d'être lucide et de donner de l'attention aux autres. Comme ce n'est pas encore son cas, Pinocchio se laisse emmener vers une fête foraine (la passion gratifiante) jusqu'à ce qu'il s'aperçoive qu'il lui pousse des oreilles d'âne (il se sent stupide de ne pas avoir été lucide). Il s'en sortira plus tard en passant dans le ventre d'une baleine qui est un ventre de la mer (ou ventre de la mère) symbolisant la naissance. Il en ressortira comme un être vivant et cessera d'être un pantin. Quand son nez s'allonge, c'est pour lui permettre, malgré son *anesthésie,* de « sentir » qu'il s'égare.

La déprime, c'est vraiment le moment où il nous pousse des oreilles d'âne. On ne sait plus rien et on se sent stupide.

Il y a les grandes déprimes qui remettent en cause toute une vie. La douleur d'un tel réveil peut, par son intensité, justifier la prise de médicaments ou l'hospitalisation (mais, comme nous l'avons vu, ce ne sont pas les meilleures méthodes à long terme).

Il y a aussi les petites déprimes qui sont des états de vide passager. A chaque fois qu'un événement démolit une de nos références, une de nos croyances, nous passons par un tel vide suivant la désillusion. Selon l'importance de cette croyance, il peut ne durer que quelques secondes... ou plusieurs jours.

Par exemple, vous finissez de ranger une bibliothèque et, à la fin, vous vous apercevez qu'elle n'est pas à sa place ; vous devez finalement la revider pour la déplacer. Vous passez par un moment de déprime. Vous vous accrochez à l'idée que peut-être on pourrait la laisser là. Mais non ! Vous devez vous résoudre à tout refaire ! Une telle déprime ne dure que quelques secondes. Mais, même dans un cas aussi anodin, le lâcher prise peut être douloureux. Si ça tombe un jour de fatigue, ça peut même être vécu comme une fin du monde.

A ce stade, l'ego et le personnage (ces héros qui réussissent) meurent en tant que *nous.* Ces « Zorro » intérieurs deviennent des « Zéro » intérieurs. Quelque chose disparaît et... quelque chose apparaît... ou plutôt *quelqu'un* apparaît : l'*individu* que nous sommes.

N'ayant plus la possibilité de diriger notre regard vers quoi que ce soit puisque tout est vain, caduc, obsolète, il ne nous reste plus qu'une direction possible : nous-même.

Redescendre ou se suicider ne sont heureusement pas inéluctables ! Il y a une autre possibilité : **faute de pouvoir regarder autour, on va regarder en soi** et arriver à l'étape suivante qui est « se voir ».

c) « Se voir »

Ne confondons pas « se voir » avec Narcisse qui s'admire. Narcisse ne « se voit pas », il ne fait que contempler son personnage. Nous trouverions, dans ce cas, « intérêt pour l'inertie » ou « intérêt à condition ».

« Se voir » prend conscience de lui-même en train d'utiliser des personnages. Il découvre son fonctionnement et en saisit la limite. C'est un peu comme s'il sortait d'un rêve. La phase de *réveil* a commencé avec « déprime » qui correspond à cet instant bizarre où on ouvre les yeux le matin et où, parfois, on a du mal à se localiser (cela se produit surtout quand on dort dans un endroit inhabituel). Elle continue avec « se voir », qui correspond au moment où on se lève et où on va se regarder dans la glace. Certains matins, nous avons une tête à nous faire peur !

Quand je me vois :

– Je réalise que là où je croyais m'affirmer et avoir de la personnalité, je n'étais en fait que « destructeur bazooka ».

– Je me rends compte que là où je trouvais mon humour amusant, je n'étais que « destructeur sympa ».

– Je découvre que lorsque je me croyais au service des autres, je n'étais que « caché saint-bernard ».

– Quand je croyais être cool, je n'étais que « caché inerte ».

– Quand je me sentais dynamique et créatif, je me trouvais en vérité à « intérêt à condition » (bassement intéressé), etc.

Le tableau n'est guère brillant ! Quand je me vois, il peut m'arriver de me faire peur. Le risque est alors de redescendre à « déprime » ou plus bas.

Il est souhaitable d'aller jusqu'au bout de cette image qui nous apparaît. Un peu comme quand on se baigne dans la mer : face à une vague, **il est moins dangereux de plonger dedans que d'essayer d'y résister en restant debout.**

Pour continuer à avancer vers la *bien-veillance* dont, à ce stade, nous devenons plus conscient, **nous risquons de succomber a une tentation : celle d'essayer de nous changer.**

Certes, il est souhaitable d'acquérir un peu de contrôle sur tout ça, mais notre précipitation nous fait oublier la prochaine étape qui est fondamentale : « s'accueillir ».

d) « S'accueillir »

Ce que nous voyons de nous-même, nous devons d'abord l'accueillir avant de le contrôler. Il ne faut pas « changer » pour devenir « acceptable », mais « s'accepter » pour que le « changement » s'accomplisse. Cela va un peu à l'encontre de notre éducation où on nous apprend à être dur avec nous-même. On nous oblige à la perfection tout en nous affirmant que « nul ne peut être parfait » (c'est un jeu très difficile).

Etre lucide et exigeant, oui. Etre dur, non.

Si vous êtes « contre » ce que vous découvrez de vous, vous vous y collez. Souvenez-vous que quand on se met en rupture on s'attache (chap. VIII : « Garder le cap »). D'autre part, **on ne peut contrôler que quelque chose d'accueilli.** Ce que vous rejetez vous ne pouvez le contrôler. Ce serait comme vouloir conduire sa voiture sans monter dedans.

Pour préciser l'importance de l'accueil, on peut se pencher sur ce qu'est un « défaut ». Ce que nous voyons de nous qui ne nous convient pas, nous le considérons comme « défaut ». Nous avons tout à fait raison. **Ces comportements qui nous dérangent ne sont pas des choses que nous avons en trop mais en moins.** Le mot « défaut » ne désigne pas un excédent mais un manque. On dira : « Cela fait défaut » ou « Nous calculerons cette valeur par défaut »... Se débarrasser de ses « défauts », c'est tenter de faire disparaître quelque chose qui n'existe pas. Un véritable tour de force... et un piège !

Qu'est-ce qui manque ? Nous avons un défaut de quoi ?

En vérité, nous ne manquons pas de quelque chose, mais de quelqu'un : de *nous-même.* Ces vides, ces manques, ces défauts sont un manque de *nous.* Ils représentent les zones que nous n'occupons pas, celles pour lesquelles nous ne prenons pas la responsabilité toutes les fois où on dit : « Je n'y suis pour rien, c'est à cause des autres ou de pas de chance, etc. »

S'accueillir, c'est venir habiter ce vide. Tant que nous ne l'habiterons pas nous n'y pourrons rien (comme pour la voiture que nous ne pouvons conduire qu'en étant dedans).

Combattre ses défauts et les faire « disparaître » ne peut nous conduire qu'à perdre jusqu'à la trace de ces « vides ». Nous serons alors dans l'impossibilité de les habiter puisque nous ne les trouverons plus. C'est ce que nous faisons quand nous nous construisons des personnages qui singent les qualités que nous recherchons. Nous ne voyons plus le défaut mais il est là, invisible, mais avec les manifestations caricaturales et déplaisantes des niveaux que nous avons évoqués depuis le début de ce chapitre.

Souvenez-vous qu'à chaque fois que je dis : « Je n'y suis pour rien » c'est comme si je disais : « Je ne suis rien » (et les autres sont tout). Je me remets ainsi dans le pouvoir des circonstances et, pour faire face, n'étant rien, je me fabrique des personnages… jusqu'à ce que, dépassant « déprime », je me vois, localise à nouveau ces vides (ces défauts) et vienne les habiter pour les gérer.

On peut dire que « déprime » est le premier niveau de conscience. S'y trouver, c'est toucher le fond (de la conscience). Tout ce qui est en dessous peut être considéré comme des niveaux d'inconscience (plus bas que le fond). Le second niveau de conscience est « se voir », le troisième « s'accueillir ». En m'accueillant, je me réapproprie les commandes de mes comportements.

A « déprime » l'individu naît ; à « se voir » il se découvre ; à « s'accueillir » il passe aux commandes. Un peu comme un enfant qui vient au monde : il découvre son corps et commence à s'en servir. Avant sa naissance, il n'avait pas conscience de telles possibilités.

Cet accueil de soi va produire le plus important changement depuis le début de notre parcours. En effet, le problème que nous avons avec autrui c'est qu'il nous renvoie en permanence à toutes ces zones que nous tentons de dissimuler avec soin.

Quand, par exemple, nous décidons de ne plus nous emporter, de rester calme, d'éviter de tomber dans la colère, nous rencontrons justement quelqu'un qui agit exactement « comme il faut » pour nous faire craquer. Dans ce cas, bien sûr, nous serons tenté de dire que « c'est de sa faute ».

Ce qui nous énerve chez « les autres », c'est qu'ils trouvent toujours (volontairement ou non) ce qui nous fait réagir. Ça donnerait envie de vivre sur une île déserte ! Ils pointent toujours en direction de ce que nous ne voulons pas accueillir en nous, de ce dont nous nous défendons.

Quand nous nous sommes accueilli avec nos défauts, nous ne sommes plus soumis à ce désagrément. Si quelqu'un attire encore notre attention dans ces directions, non seulement il ne nous gênera plus, mais nous rendra service en nous aidant à préciser les zones sur lesquelles nous devons travailler notre accueil.

« L'autre » n'est plus un empêcheur de tourner en rond mais, au contraire, quelqu'un qui participe favorablement à notre cheminement. Il joue le rôle d'un détecteur. Vous savez, comme ces détecteurs de métaux que certains utilisent sur les plages pour trouver les objets perdus. Ils retrouvent ainsi parfois des « trésors ».

Nos interlocuteurs font de même sans le savoir et nous conduisent aux trésors qui se trouvent dans notre paysage intérieur. Ces trésors ne sont pas toujours très appétissants car leurs emballages (les personnages) se sont un peu défraîchis mais, si on gratte, on accède à une véritable richesse qui est en nous. Les autres ne nous font plus peur quand nous nous sommes accueilli.

Après l'*anesthésie,* la *réanimation* et le *réveil,* nous nous rapprochons de l'*état de veille* en passant par l'étape suivante qui est « voir l'autre ».

e) « Voir l'autre »

Notre problème avec autrui est qu'il nous renvoie souvent à ce que nous ne voulons pas voir en nous. Sans s'en rendre compte, il met « comme par hasard » l'accent sur ce qui nous dérange, sur ces aspects de *nous* que nous n'acceptons pas. Nous ne pouvions voir l'autre à cause de cette peur de nous-même.

Cela est désormais possible puisque, s'étant vu et accueilli, quelle que soit l'image de notre paysage intérieur à laquelle il nous renvoie, nous l'acceptons. Nous pouvons alors voir l'autre non seulement sans en être affecté, mais aussi avec la satisfaction de nous découvrir nous-même davantage grâce à lui.

Dans les premiers niveaux, « caché », nous avions très peur des autres. Notre façon de gommer la différence qui nous séparait d'eux était de renoncer à nous-même, car nous étions persuadé que le coupable c'était nous. Sur les 100 % de responsabilité des deux côtés, complètement immergé dans la culpabilité, nous en portions 200 % (tout à cause de nous, l'autre n'y étant pour rien).

Dans les niveaux « destructeurs », nous gérons cette peur des autres par la force, en les écrasant. Notre façon de gérer la différence qui nous sépare d'eux est de leur interdire d'être comme ils sont. Nous leur faisons alors porter 200 % de responsabilité à propos des difficultés que nous rencontrons. Ils sont forcément toujours coupables à nos yeux (nous n'y sommes pour rien, ils y sont pour tout). Cette peur que nous avons des autres – et qui nous porte à les détruire – nous fournit un alibi suffisant pour ne pas nous rendre compte qu'en vérité c'est de nous que nous avons peur.

Dans les niveaux « intérêt », nous découvrons que nous pouvons tirer avantage de cette différence. Nous allons l'exploiter afin d'accroître notre confort et de réaliser nos projets dans un investissement total **nous permettant de ne surtout pas nous voir.** Nous avons peur de nous et l'activisme est un bon moyen d'y échapper.

Arrivé à la « déprime », c'est l'heure des leurres révélés. C'est le vide, la transparence qui nous conduit à nous voir. En nous acceptant, nous nous libérons de la peur de *nous* et pouvons enfin commencer à exister. Nous avons toujours existé mais, jusque-là, il nous était difficile de le ressentir car nous nous rejetions. **Nous ne pouvions en même temps nous mettre dans une poubelle et nous sentir *être*.** D'où cette sensation de vide et cette quête de reconnaissance.

Le piège se dénoue quand on « s'accueille », quand on cesse d'avoir peur de soi. **L'attention dont nous manquons le plus** (nous l'avons déjà vu), **c'est la nôtre.** Quand nous nous accordons cette attention (à *nous,* pas à nos images ou à nos personnages), nous pouvons plus facilement en donner aux autres.

Alors, nous les voyons ces « autres », nous les voyons *eux.* Nous devenons beaucoup plus conscient de leur manège et des personnages qu'ils jouent. Celui qui semblait généreux n'est que « caché saint-bernard », celui qui fait preuve de personnalité n'est que « destructeur », etc.

Naturellement, nous rencontrons aussi des individus qui ont une authentique affirmation de soi et sont réellement généreux, dynamiques, sensibles, etc. Ceux-là ne jouent pas des personnages. Ce qui change, c'est que la différence nous apparaît clairement.

Fort de cette nouvelle lucidité, risquons-nous de porter des jugements et de condamner nos interlocuteurs ? Si nous faisions cela, c'est que nous serions redescendu à « destructeur ».

Nous ne le faisons pas car ce qui est révélé chez l'autre, nous l'avons déjà découvert et accueilli chez nous. **Il nous devient beaucoup plus facile d'être indulgent et d'accueillir l'autre comme nous nous sommes accueilli nous-même.**

f) « Accueillir l'autre »

Cela nous montre un phénomène très intéressant : je ne peux accueillir les autres que si je me suis accueilli. Certaines personnes ont une si piètre opinion d'elles-mêmes, sont tellement en rage contre leurs « imperfections » que j'aurais peur qu'elles appliquent envers moi le précepte « Aime ton prochain comme toi-même » ! Elles pourraient en devenir dangereuses, voulant supprimer chez moi ce qu'elles ne supportent pas chez elles !

Libre de ma peur de moi, libre de ma peur des autres, je peux être lucide à leur sujet et les accueillir comme je me suis accueilli. Je peux désormais leur donner de l'attention. Je ne vais plus m'intéresser à elles (être intéressé, ce n'est pas donner mais « chercher à prendre »), je vais pouvoir **leur donner de l'attention.** Rappelez-vous que c'est la condition indispensable pour qu'il y ait de la communication.

Cette attention que je donne, je vais appeler cela « attention avec moins de conditions ». Nous arrivons enfin à l'*état de veille.*

5. Les niveaux « veille »

a) « Attention avec moins de conditions »

Je dois rester modeste. Je pourrais être tenté de nommer ce niveau « attention sans conditions », mais l'expérience montre qu'il y a toujours une limite au-delà de laquelle on ne sait plus accueillir. Il y a toujours un point au-delà duquel trop c'est trop.

Même si cette limite est très loin, même si nous sommes capable d'accueillir beaucoup de gens très différents, il risque de subsister une limite (encore non explorée) à partir de laquelle nous reviendrons à un processus de rejet (nous en verrons plus loin l'intérêt).

Pour l'instant, passons par « attention avec moins de conditions ». **Cette étape est celle où nous communiquons.** Avant, il n'y avait pas de communication ; il y avait des simulacres n'étant, en fait, que des relations.

Cela semble un long chemin. Si on devait faire tout ça le matin avant de se dire bonjour… il serait l'heure d'aller se coucher avant qu'on ait fini ! En réalité, nous ne faisons pas tout ce chemin à chaque fois que nous ouvrons la bouche. Nous sommes en oscillation ; nous montons et descendons en permanence sur ces niveaux. Avez-vous remarqué qu'ils vous sont tous connus (à des degrés divers) ?

Ces aller et retour sont intéressants. C'est en cela qu'**il n'y a pas de bons et de mauvais niveaux.**

Vous avez sans doute aussi remarqué que vous pouvez être, en même temps, à plusieurs « étages ». A certaines personnes vous donnerez sans peine votre attention, alors qu'à d'autres vous réserverez de mauvais coups quand ils vous portent vers « destructeur », vous vous écraserez s'ils vous conduisent vers « caché », vous tenterez d'en tirer parti s'ils vous amènent à « intérêt ».

En fait, ce ne sont pas eux qui vous y poussent. Cela dépend de votre sensibilité et du contenu de votre paysage intérieur. Mais votre attitude variera en fonction de chacun. **Nous ne sommes pas dans l'absolu à un niveau. Nous sommes à un certain niveau par rapport à une situation donnée.** Quand les situations changent, notre position aussi peut changer.

Je peux donner de l'attention ici et détruire là-bas. On ne devient pas « attention avec moins de conditions » sur tout en même temps. Sinon ça deviendrait « attention sans condition » (sans aucune limite ni restriction).

b) « De moins en moins de conditions »

Les niveaux participent tous à un cheminement vers l'état de veille.

Les aller et retour, eux, conduisent à un état de veille dans un champ de conscience de plus en plus vaste.

Il y a plusieurs façons d'être éveillé : on peut être éveillé dans une petite pièce de 10 m^2, ou bien dans un espace aussi vaste que le monde. Dans les deux cas, on est éveillé ; ce qui va faire la différence, c'est notre champ de conscience. Plus nous ferons d'aller et de retour, plus notre champ de conscience pourra s'accroître.

On peut se demander pourquoi il y a tant de niveaux de non-communication et un seul niveau où on communique. En réalité, les dimensions sont faussées, nous allons en rétablir la juste proportion dans le chapitre suivant.

La figure 16 (page suivante) résume ce chapitre.

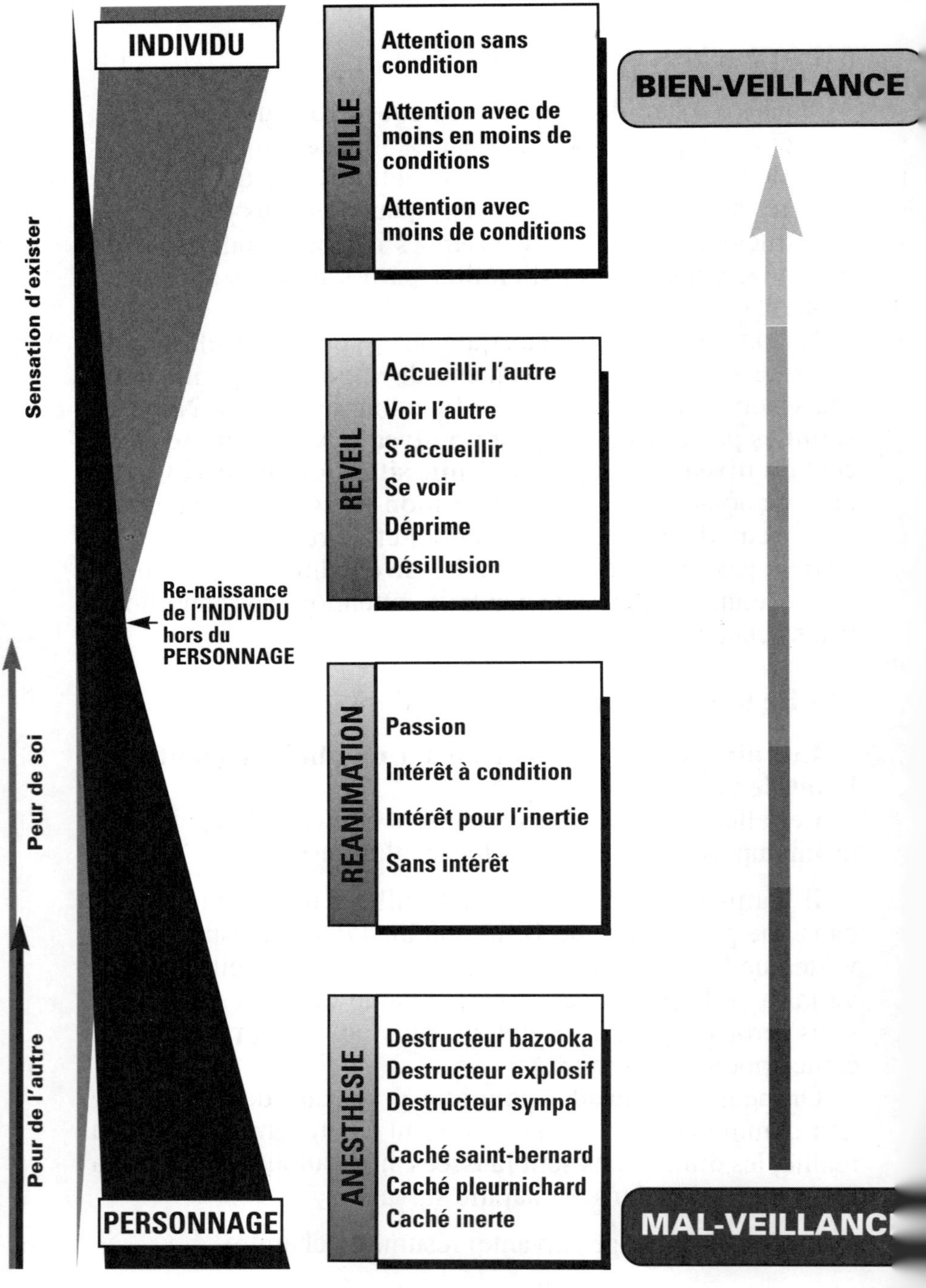

Fig. 16 : **Stratégie inconsciente.**

CHAPITRE XII

Attention sans condition

Il n'y a communication avec autrui qu'à partir d'« attention *avec moins* de conditions » jusqu'à « attention *sans* condition ». **On aura donc parcouru seize niveaux avant d'arriver à la communication.**

1. Les proportions

On pourrait comparer cela à l'ascenseur d'un grand magasin : il y a des articles intéressants à tous les étages, mais *les articles de communication se trouvent à partir du dix-septième !*

Si on voulait être plus juste, on devrait dire qu'on a garé sa voiture dans un parking souterrain et que tous les niveaux avant la communication sont bien achalandés, mais situés en sous-sol : quinzième sous-sol, quatorzième sous-sol... jusqu'aux premiers étages qui sont « attention avec moins de conditions » pour arriver finalement au dernier : « attention *sans* condition ».

La tour d'un tel magasin serait très haute, tellement haute qu'il faudrait imaginer une infinité d'étages, chaque étage supérieur étant plus vaste que le précédent !

Pour être encore plus précis dans notre comparaison, il faut considérer :

– Les niveaux avant « déprime » comme des sous-sols (il y en a dix).

– Les suivants jusqu'à « accueillir l'autre » comme des entre-sols (il y en a six).

– Tous les autres seraient les étages de la tour nommés « attention avec moins de conditions » (il y en a... une infinité).

Chacun de ces étages de communication pose moins de conditions que le précédent : imaginez un magasin dans lequel plus vous montez plus il y a de modes de paiement possibles. En bas on exige du liquide, plus haut on accepte les chèques, au-dessus on peut aussi utiliser la carte bancaire et, au dernier étage, se trouveraient les articles de plus grande valeur pour lesquels on accepte même d'être payé en sourires et en bienveillance !

On peut penser que « attention *sans* condition » est le dernier étage. (Mais peut-être y en a-t-il d'autres encore inaccessibles avec notre vision actuelle ?) C'est le plus vaste. Mieux qu'une caverne d'Ali Baba, c'est le lieu de tous les possibles. Ici, l'accueil total nous permet d'accéder à tout. On pourrait assimiler cela à la « perfection ». Il n'y a plus de limite au-delà de laquelle on cesse d'accueillir, au-delà de laquelle on n'est plus communicant.

Le fait qu'entre le premier « attention avec moins de conditions » et « attention *sans* condition » il y ait une infinité de niveaux (chacun avec moins de conditions que le précédent) rétablit la dimension de notre échelle à sa juste proportion. Les parties en dessous de la communication n'y occupent plus qu'une place insignifiante. Insignifiante par la taille, mais **essentielle puisque nous y prenons notre élan pour remonter plus haut.**

Dans l'exemple de notre grand magasin en forme de tour gigantesque, on pourrait comparer cela au fait que nous devons redescendre quand notre Caddie est plein pour nous en procurer un autre plus grand. Dans les derniers étages, nous disposons de Caddies motorisés, etc.

Nous devrons redescendre tant que nous n'aurons pas compris qu'**il n'y a rien à emporter, mais simplement à accueillir** ce qui se présente, car tout est là. Nous avons du mal à concevoir que tout est à portée de main, au fur et à mesure de nos besoins, et avons tendance à nous remplir les poches, ce qui, au bout d'un moment, rend notre marche très difficile !

Ce qui nous gêne pour accueillir, c'est que nous sommes *borné*. Oui, notre champ de conscience est limité par des bornes au-delà desquelles nous nous anesthésions. Comme un cheval avec des œillères, nous sommes incapable de bénéficier de l'information qui se trouve en dehors de notre champ visuel.

2. Le champ de conscience

Le champ de conscience est notre état d'ouverture : c'est l'ensemble de ce que nous sommes capable d'accueillir. En dehors de lui nous ne voyons pas. En dehors de lui, nous avons tendance à nous anesthésier (par douleur ou par passion). Je le comparerai à un champ visuel afin de bien saisir qu'en dehors de lui nous ne percevons rien.

On peut aussi le comparer à un champ de culture. A l'intérieur de ses limites, tout peut croître, germer, se structurer. En dehors, c'est le rejet, le désert ; il n'y a plus aucune fertilité. Quand vous voulez « semer » des idées, il faut les « semer » dans un « champ de conscience », sinon ça ne pousse pas !

L'ensemble de nos aller et retour commence par un état de veille dans un champ de conscience étroit, si étroit qu'il est peut-être même complètement fermé ! Je rappellerai ici qu'au « départ », à l'instant d'« information zéro », on est en état de veille, mais sans champ de conscience. Puis l'information afflue au fur et à mesure que ce champ s'ouvre. **Il s'ouvre un peu plus à chaque fois que nous sommes en état de veille.**

Certaines des perceptions nouvelles qui s'offrent ainsi à nous sont douloureuses, nous faisant redescendre alors vers l'*anesthésie.* **La douleur vient de notre incapacité à accueillir, faute d'expérience.**

Ainsi, essayons-nous de comprendre, mais c'est impossible car notre paysage intérieur ne s'est pas encore enrichi du bagage nécessaire pour y parvenir. Alors, nous essayons de combattre, ce qui est également difficile pour les mêmes raisons. Finalement, on s'enfonce jusqu'aux niveaux cachés en attendant de nouvelles intégrations de données qui permettront de remonter par rapport à ce qui nous a incité à nous enfouir dans le sommeil.

Ensuite, nous remontons en empruntant le cheminement décrit dans le chapitre précédent.

De retour à « attention avec moins de conditions », nous aurons intégré, accueilli la cause de notre plongée dans la *malveillance.* Notre champ de conscience s'ouvre alors d'un cran supplémentaire, etc.

Nous comparerons cette ouverture à celle de deux portes coulissantes. Entrouvertes, elles nous permettent de voir à travers une bande étroite de lumière ce qui se passe de l'autre côté. Si elles s'ouvrent un peu plus, nous voyons davantage de choses. Dans ces perceptions supplémentaires, nous trouvons de nouvelles raisons de nous anesthésier.

Nous remontons ensuite vers l'*état de veille* en les intégrant. Les portes s'ouvrent alors encore d'un cran et nous placent devant d'autres nouveautés dont certaines nous incitent à nous anesthésier, etc.

A chaque aller/retour, ces portes s'ouvrent d'un cran supplémentaire (fig. 17). Au bout d'un certain nombre d'aller/retour, nous disposons d'une ouverture suffisante (beaucoup de choses sont intégrées) pour ne plus avoir besoin de descendre à chaque fois jusqu'au dernier sous-sol.

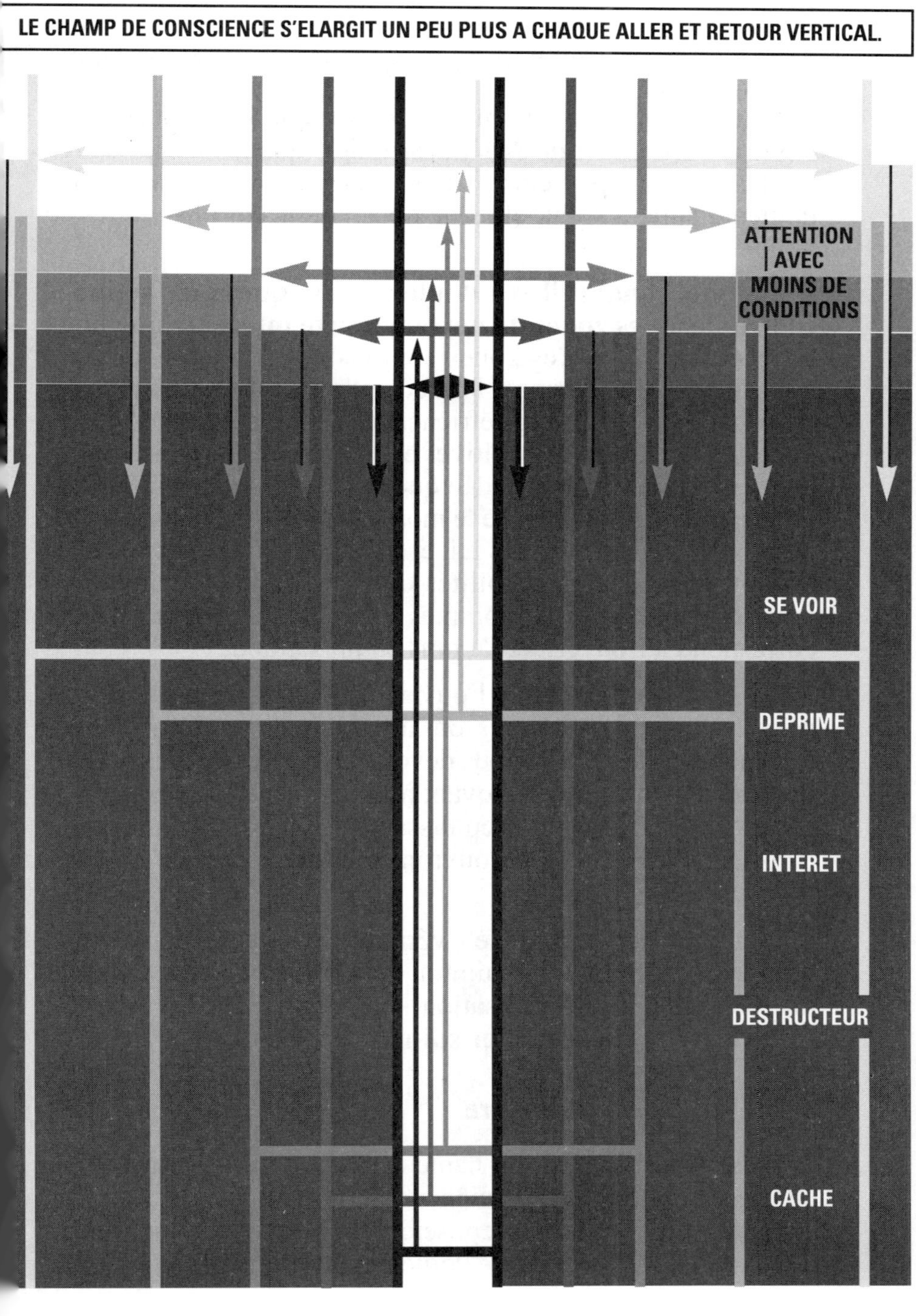

Fig. 17 : **Champs de conscience.**

Nous découvrons qu'**en cas de douleur il est plus favorable d'accueillir que de s'anesthésier** (quand on a le bagage suffisant pour y parvenir). Dans ce cas, lorsque de nouvelles douleurs apparaissent, elles ne nous enfoncent plus qu'à « se voir ».

En effet, **quand il y a douleur c'est que nous sommes confronté à des zones de notre paysage intérieur que nous n'acceptons pas.** Ces zones sont cachées en attendant que nous ayons compétence à les accueillir. **La douleur nous les révèle** et nous permet de défricher ces endroits laissés à l'abandon. Nous pouvons les cultiver et en faire des jardins.

Ici, nous retrouvons l'idée que nous ne voyons en fait que notre paysage intérieur, que le monde dit « objectif » joue le rôle d'une optique tournée vers lui, et qu'il permet ainsi de s'explorer soi-même. Les possibilités de cette optique évoluent en fonction de ce que nous sommes capable d'appréhender. Cela correspond à l'ouverture de plus en plus grande.

Nous sommes à la fois l'ouverture, celui qui voit et ce que nous voyons. Nous progressons ainsi grâce à notre environnement auquel, de ce fait, nous devons le plus grand respect. Cet environnement nous renvoyant à nous-même, on peut considérer que les deux portes coulissantes s'ouvrent sur un miroir dans lequel nous nous découvrons, plutôt que sur un véritable monde extérieur.

Nous ne découvrirons le « véritable extérieur » que lorsque nous aurons atteint un minimum d'ouverture de conscience et une qualité d'individualisation suffisante. **Pour rencontrer l'autre, il faut déjà exister soi-même !**

3. Stabilité de l'ouverture

Si toutefois la position haute n'est pas stable, l'ouverture, elle, ne peut que rester la même ou croître.

Quand notre champ de conscience s'est ouvert, il ne peut se refermer. Seul notre état de veille peut diminuer (pour ne plus le voir). Quand nous sommes sur les niveaux « caché », « destructeur » ou « bassement intéressé », il peut sembler à notre entourage que nous n'avons plus de conscience. En vérité, nous l'avons toujours, mais elle n'est plus disponible à cause de notre sommeil.

Si, par exemple, vous suivez des études, vous apprenez beaucoup de choses mais, la nuit, lorsque vous êtes endormi, on ne voit pas de différence avec avant. Pourtant, quand vous serez réveillé le lendemain matin, vous disposerez toujours de vos acquis. Bien qu'invisibles pendant la nuit, ils étaient toujours là.

La conscience acquise le reste, mais elle peut stagner. Ce sera le cas, par exemple, de quelqu'un qui décide de ne plus se laisser piéger par la passion. Il est convaincu, à juste titre, qu'elle rend aveugle. Pour ne pas s'aveugler, il l'évitera soigneusement. S'il était en dessous, il restera coincé au mieux dans « intérêt à condition ».

S'il était au-dessus, se croyant « arrivé » et plus malin que les autres, il cessera d'ouvrir sa conscience. S'il s'oppose à la passion – étant contre – il s'y colle. Sa nouvelle passion devient « ne pas être passionné ». Ça l'aveugle de toute manière. Il en sera déprimé, etc.

Cela ralentit le processus d'ouverture, mais ne le stoppe pas. **Il est très difficile de résister à l'ouverture de la conscience.** Elle s'ouvre un peu comme le volume de l'eau qui s'accroît en gelant. Le froid est loin d'endormir sa force (plus connue avec la vapeur). La puissance du gel est telle qu'on s'en sert même pour éclater des rochers (il ne se passe apparemment rien jusqu'au moment où la roche s'ouvre d'un seul coup).

L'*anesthésie* n'altère pas l'ouverture de la conscience pas plus que le froid n'altère la puissance discrète de la dilatation de l'eau.

Notre intelligence cachée a plus d'un tour en réserve. Quoi que nous fassions, nous revenons toujours vers la *bienveillance.* Ce qui peut varier, c'est la vitesse du voyage.

4. Complémentarité « vertical/horizontal » pour comprendre des situations paradoxales

La dimension verticale indique l'état de *veille/anesthésie* (debout/écroulé) ; l'horizontale indique celui d'ouverture du champ de conscience (largeur du champ « visuel »).

Par exemple, on peut rencontrer quelqu'un de très courtois et respectueux, parfaitement inséré socialement, possédant de grandes valeurs morales, dynamique, réussissant dans la vie… mais tout à fait borné dans une étroitesse d'esprit ! Il est « intérêt à condition ». Nous trouverons là, dans son sens péjoratif, le fameux « jeune cadre dynamique B.C.B.G. ». Il sera difficile d'aborder avec lui des sujets de conversation sortant des sentiers battus.

A l'opposé, nous trouverons un individu marginal, grossier, peu soigné, ne respectant pas les règles sociales. Peut-être même abuse-t-il de la boisson et ses états d'ébriété achèvent de le dénaturer. Il est parfois violent et révolté, d'autres fois abattu. Pourtant, quand vous avez l'occasion de parler avec lui vous découvrez qu'il est sensible et ouvert à beaucoup de choses, capable d'aborder de nombreux sujets de conversation.

Le premier est nettement plus « haut » que le deuxième, mais avec une conscience plus étroite. Le deuxième, beaucoup plus ouvert, s'anesthésie à cause de sa sensibilité exacerbée. En le canalisant, vous irez plus loin avec le second qu'avec le premier, mais vous ne devrez pas faire d'écart de communication à cause de sa fragilité.

Même en étant très communicant, avec le premier, vous serez limité. Cela ne signifie pas qu'il a moins de valeur, mais simplement qu'il ne pourra pas s'accommoder facilement de choses nouvelles, étrangères à son domaine. En revanche, il saura mieux s'intégrer dans un fonctionnement bien établi.

Les deux, de toute façon, cheminent vers la *bien-veillance* dans une **conscience plus vaste.**

On peut aussi trouver des personnes *veillantes* et ouvertes, ou *anesthésiées* et fermées. Tous les cas de figure sont possibles et la communication en sera plus ou moins aisée.

On devra tenir compte des deux critères (en hauteur et en ouverture) pour améliorer la communication en situations difficiles.

5. Pour favoriser la communication

Si votre interlocuteur ne veut pas communiquer, c'est que vos propos l'emmènent hors de son champ de conscience. Il y résistera en redescendant. Si vous insistez, il peut devenir « destructeur » pour finalement se résigner à se réfugier à « caché inerte » quand il vous sent trop fort.

Si vous êtes communicant, vous percevrez son non-verbal indiquant la sortie de piste. C'est comme les bandes blanches à bourrelets sur la route : le bruit produit quand vous roulez dessus vous indique que vous risquez de quitter la bonne voie. Ce bruit, un peu désagréable, permet néanmoins d'éviter un accident encore plus désagréable !

Vous repérerez ainsi par le « bruit » de son non-verbal les « bords » de son champ de conscience. Vous limiterez la suite de l'échange à ce qui se trouve entre ces « bords » jusqu'à ce qu'il remonte à « attention avec moins de conditions ». Il remontera, car rappelez-vous qu'**on n'est pas à un niveau dans l'absolu, mais par rapport à quelque chose.**

Une fois en haut, vous pourrez tenter d'ouvrir d'un petit cran en revenant au thème sensible avec ménagement (on roule moins vite quand on quitte la nationale).

Un exemple peut illustrer cela : vous dites à quelqu'un que vous n'êtes pas satisfait de son travail et il n'est pas d'accord. Vous insistez pour lui « expliquer ». Plus vous expliquez, plus il se ferme. Il peut même finir par se fâcher. En réalité, cela montre que la remarque : « Ton travail n'est pas satisfaisant » est en dehors de son champ de conscience. Quoi que vous lui expliquiez à ce sujet, il ne peut l'intégrer car **vous êtes en train de « semer » en dehors de son champ d'accueil.**

La bonne méthode est de revenir à ce champ d'accueil. Ce serait une erreur de croire qu'on peut le faire en amenant simplement la conversation sur un sujet qui lui est plus plaisant pour ensuite revenir à ce qui nous intéresse. Si certaines approches en « communication » prônent cela, n'en croyez rien ; ce ne serait que démagogie et manipulations inefficaces à court comme à long terme.

Il sera plus pertinent de revenir à son champ d'accueil par le thème qui nous intéresse. Mais au lieu d'y entrer par notre idée, nous y entrerons par la sienne. Nous lui demanderons : « En quoi trouves-tu ton travail satisfaisant ? » puis l'accompagnerons dans une exploration des fondements de son sentiment pour, finalement, lui témoigner notre compréhension : « Si tu le vois ainsi (fondement exploré), je comprends que tu le trouves satisfaisant (valider l'intelligence) ! »

A ce stade, se sentant compris, il peut accueillir une nouvelle donnée : la vôtre. Il est remonté à « attention avec moins de conditions ». **Quelqu'un qui se sent compris n'éprouve plus le besoin de se défendre ni d'attaquer.** Il peut s'ouvrir, devient disponible. Vous pouvez alors vous expliquer en précisant le fondement de votre opinion. Elle sera alors recevable pour lui (à condition que votre non-verbal soit cohérent avec votre propos).

Il est entendu que le résultat final devra tenir compte – pour l'un comme pour l'autre – des deux explications. Il est essentiel que votre approche soit sincère. Notez qu'on ne met pas en doute le bien-fondé de son avis différent. **On s'y intéresse pour le comprendre, non pour le démonter.** Il ne s'agit pas de le supporter en attendant qu'il nous écoute, mais de réellement lui donner de l'attention dans sa différence de point de vue.

De cette façon, on évite les malentendus et les ruptures. On gagne en confort, en rapidité et en efficacité. Si cela se fait avec respect, pour communiquer et non pour convaincre ou manipuler, l'échange sera gratifiant pour tous les deux (gagnant/gagnant).

Rappelez-vous du point clé : **pour semer des idées, seul le champ de conscience est fertile.**

CHAPITRE XIII

Emotions et sensations

AVANT d'aller plus loin, il faut poser une question très importante. Sans réponse à cette question, la suite pourrait ne pas avoir de sens. Nous avons vu qu'« attention sans condition » est un état idéal dont on n'est même pas sûr qu'il soit possible de l'atteindre.

Imaginons cependant que ce soit possible et même que, par un coup de baguette magique (dans l'imaginaire, on peut en avoir une), tout le monde soit à ce niveau. Ma question serait la suivante : « Etre tous à "attention sans condition"... Qu'en pensez-vous ? Cela vous semble-t-il souhaitable ? »

J'ignore quelle est votre réponse, mais vous devez savoir que « attention *sans* conditions » et même « attention avec moins de conditions » soulèvent parfois quelques craintes. Je ne sais si celles-ci vous ont effleuré l'esprit, mais je les entends quelquefois ainsi formulées dans mes stages : « "Attention sans condition", ça doit être très ennuyeux ! »

On me fait surtout deux remarques :
– « Si nous étions tous pareils, le monde serait bien morne ! »
– « C'est quand même bigrement intéressant de vivre des émotions et des passions. En haut, on dirait qu'il n'y a jamais de vagues. On ne s'y amuse pas ! »

Examinons ces deux remarques.

1. Si nous étions tous pareils, le monde serait bien morne !

Il y a là un gigantesque malentendu dans lequel la réalité est complètement inversée, comme dans un miroir où la droite est à gauche et la gauche à droite ; on pourrait même parler de mirage.

Je suis parfaitement d'accord sur le fait que si nous sommes tous pareils, le monde devient morne. Mais, justement, « en haut » nous ne devenons pas tous pareils ; au contraire, nous pouvons nous manifester dans notre différence sans altérer l'accueil. Cela met à notre disposition une variété infinie de nuances.

A « attention sans condition », ce n'est pas l'uniformisation dans un moule commun mais, au contraire, **la manifestation absolue de la différence et de la diversité.** Les nuances disponibles y sont infinies.

En dessous, la différence nous dérangeant ou nous passionnant, nous avons tendance à la détruire. Nous avons vu que, selon le degré d'*anesthésie* (caché ou destructeur), nous détruisons la nôtre ou celle des autres.

Quant aux stades d'intérêt, notre « gourmandise » nous conduira à la détruire par l'aveuglement de la passion. Un peu comme un chasseur qui, aimant tellement chasser, tuerait tout le gibier… et finalement ne pourrait plus chasser du tout.

En dessous de « s'accueillir », l'individualité disparaît au profit d'un personnage idéalisé. Il n'y a pas tout à fait le même moule pour tout le monde car chacun choisit le *clan* auquel il préfère se rattacher. Une fois *initié,* il est *moulé* dans l'*uniforme* de son clan. Ce n'est pas un uniforme qu'il porte (ça pourrait être commode comme dans certaines activités professionnelles), c'est un uniforme qu'il devient. Il cesse d'être « lui » dans la richesse de sa différence.

En haut, on a une infinie diversité, en bas une tentative d'uniformisation.

Nous avons vu, au début de ce livre, que cette tentative d'uniformisation est une œuvre de notre intelligence cachée : ne sachant pas accueillir la différence, nous faisons comme s'il n'y en avait pas. Cela nous permet à peu près de nous côtoyer socialement. Nous souhaitons profondément retrouver l'autre. Nous n'aimons pas la solitude. Pour y échapper, nous nous plaçons tous dans un paysage intérieur commun (mais illusoire), dans un moule « fraternel ».

Ce qui nous pousse à en sortir (et c'est bien ainsi) c'est que nous sentons très vite la supercherie. Malgré tout l'investissement qu'on peut y mettre, notre solitude intérieure persiste. Ce qui nous manque alors c'est de nous ouvrir à la différence. **Nous ne sortirons de notre solitude intérieure qu'en nous individualisant.**

Pour rencontrer l'autre et qu'il nous rencontre, il faut que tous deux nous nous manifestions en tant qu'*individualités.* Dans le cas contraire, nous ne mettons face à face que des *personnages,* et le sentiment de solitude persiste car nous ne pouvons pas nous voir. Les deux chapitres précédents relatent ce processus d'individualisation dans lequel nous sommes engagé volontairement ou non. D'abord indifférencié, nous nous affirmons de plus en plus dans nos nuances : avec l'ego (pour dégrossir), puis en tant qu'individu (pour affiner).

Au début, pour fonctionner ensemble, nous créons des *collectivismes* (tout le monde pareil). Ensuite, nous développons des *collectivités* (ensemble avec nos différences). Le premier cas, nous l'avons vu, développe par réaction l'*individualisme* (égoïsme copiant l'affirmation de soi) et le deuxième l'*individualisation* (véritable affirmation de soi permettant de se rencontrer).

On pourrait énoncer cela sous forme de paradoxe : **pour rencontrer notre semblable il faut accueillir ses différences.** Le semblable, c'est l'individu, les différences sont la variété des richesses de chacun.

Le processus d'individualisation nous conduit vers nous-même et vers l'autre. Nous n'y trouvons pas l'uniformité, mais une infinie diversité à explorer. Il n'y a pas de quoi s'y ennuyer !

2. Vivre des émotions et des passions

Examinons maintenant la seconde remarque : « C'est quand même bigrement intéressant de vivre des émotions et des passions. En haut, on dirait qu'il n'y a jamais de vagues. On ne s'y amuse pas ! »

On ne se pose même plus la question de savoir si on peut atteindre la perfection ou non : on n'en veut pas ! Effectivement, ce qui est troublant c'est que **sous « déprime » ce sont des niveaux d'émotions.** Cette partie est *émotionnelle.*

Couramment, on a l'impression que s'il n'y a pas d'émotions, il n'y a rien. Dans ce cas, je comprends la réticence à s'en éloigner. Pas question de sauter dans le vide qui est au-dessus ! Mais au-dessus il n'y a pas rien : il y a les *sensations.*

De par la nature du « é », é-mouvoir signifie « mettre en mouvement », mais il pourrait signifier ne plus mouvoir. L'émotion agite mais, en même temps, paralyse. On perçoit mieux cette situation quand on dit de quelqu'un : « Il est émotif. » Là, nous ne sommes plus tenté de faire comme lui. On veut les émotions, mais on n'aime pas être émotif ! Cela peut alors inciter à se tourner vers au-dessus de « déprime ». On y retrouvera la *sensibilité* (réveil) qui permet les *sensations.*

Si vous êtes attiré par la partie *émotionnelle* (celle des émotions), peut-être aurez-vous envie aussi de découvrir la partie *sensationnelle* (celle des sensations) ?

Ce qui caractérise l'**état émotionnel,** c'est le **manque.** Dans l'émotionnel, on est avide (et à vide). Ce qui caractérise l'**état sensationnel,** c'est la **plénitude ;** on y trouve les mêmes plaisirs que dans l'émotionnel mais sans les frustrations. Ces confusions sont compréhensibles car nous ne faisons pas atten-

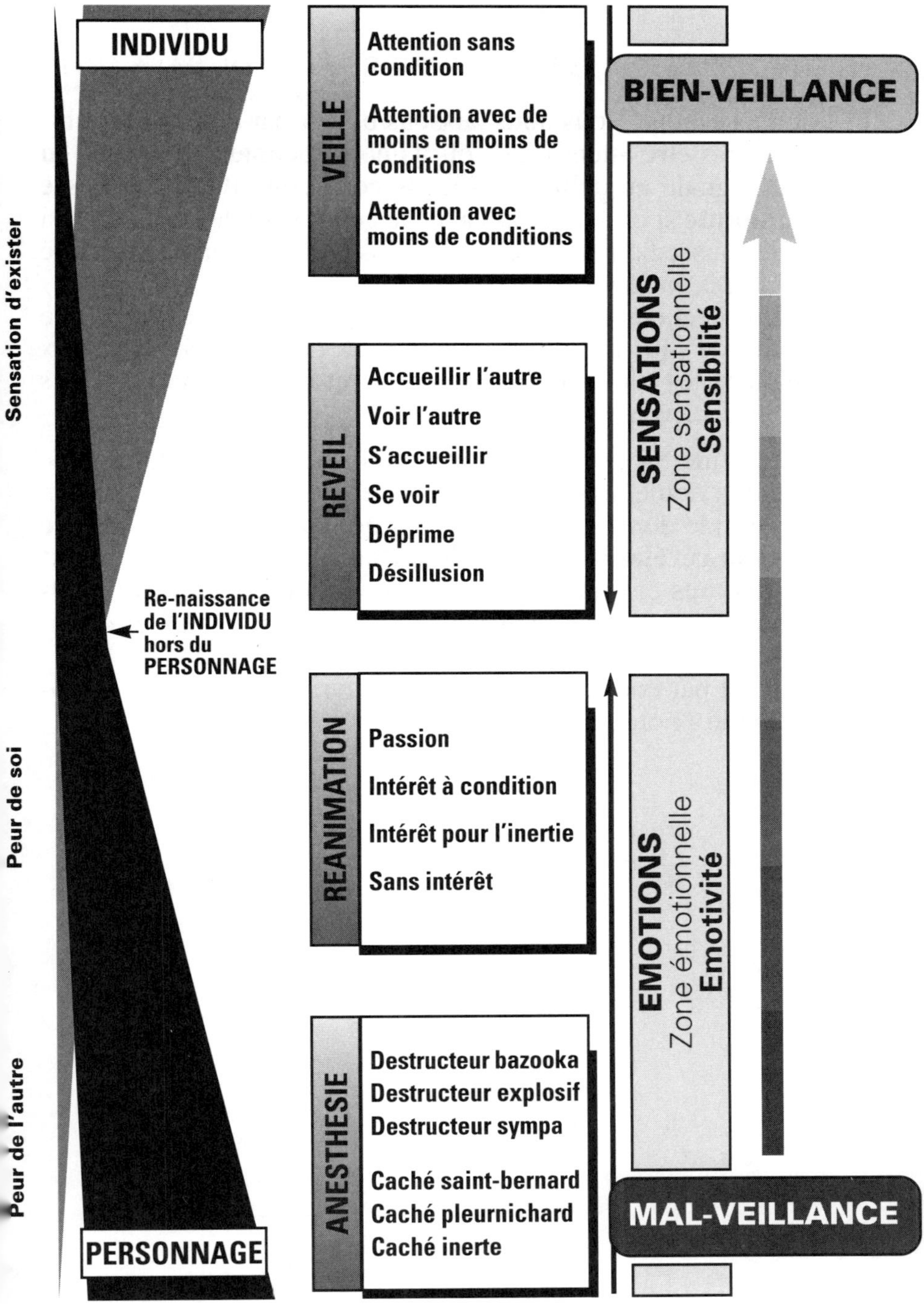

Fig. 18 : **Stratégie inconsciente.**

tion aux mots. Nous nous laissons bercer par une douce habitude sans être attentif à ce qu'ils nous racontent. Je vous l'ai déjà signalé au début : **les mots contiennent une richesse étonnante** si on les écoute avec le cœur, si on les accueille, si on les laisse nous « parler » ; ils nous révèlent parfois plus que des livres entiers.

En acceptant de sortir de l'*anesthésie,* nous acquérons une acuité de plus en plus fine qui nous permet d'accéder aux nuances les plus subtiles des mots et des situations réelles qu'ils décrivent.

Le vide est en dessous et non au-dessus de « déprime ». Toute la douleur de « déprime », c'est justement la révélation de ce vide dont nous sortons. **La déprime n'est pas le vide mais la révélation d'un vide qu'on ne voyait pas en étant au-dessous** et que l'on s'acharnait à fuir. On éprouve quelquefois le vertige en réalisant que notre « activisme » et « intérêt à condition » ne l'ont jamais vraiment comblé.

Il est par contre apaisant de découvrir que la « zone sensationnelle » nous le permet.

CHAPITRE XIV

Positif et négatif

DEPUIS les premières pages, ou presque, je parle d'*accueil,* un mot qui est presque synonyme de communication. Mais doit-on aussi accueillir le négatif ? Doit-on envisager de le « positiver » ?

La notion de positif et de négatif encombre nos croyances modernes.

1. « Positiver » peut être négatif

Le négatif n'est que ce qui est nié (négation). Une chose n'est pas négative en elle-même, elle le devient seulement pour celui qui la nie. **Le négatif n'est pas ce qui est « mauvais », mais ce qui n'est pas accueilli.**

Quand on nous dit « positivez » (terme à la mode), on nous demande en général de modifier notre perception pour l'agrémenter de ce qui nous convient.

Par exemple, passer un examen vous semble être un vécu négatif quand vous craignez de le rater. On vous proposera de faire un travail de visualisation dans lequel vous vous voyez en train de le réussir. Si vous le ratez tout de même et que c'est douloureux, on vous incitera encore à « positiver » en vous invitant à vous voir heureux, à penser à des choses agréables afin de ne pas vous laisser submerger par le négatif.

Si on considère que « positiver » c'est mettre l'attention vers quelque chose d'agréable pour mieux fuir ce qui ne l'est pas, j'appellerais plutôt ça une nouvelle forme de négation.

Ce qui peut être positif ou négatif c'est notre attitude, pas les événements. Si on rapporte souvent cela aux événements eux-mêmes, ce n'est que pour mieux justifier la déficience de notre ouverture. Nous nous fabriquons un alibi en les qualifiant de *bons* et de *mauvais.* Nous construisons et utilisons ainsi une croyance selon laquelle il faut accueillir le *bien* et rejeter le *mal.* Ce qui est confortable car, au fond, lorsque nous éprouvons une difficulté à accueillir, ce n'est pas à cause de nous mais seulement parce que ce que nous n'accueillons pas était du *mal.* Ainsi, ce n'est pas de notre faute ! Nous n'y sommes pour rien !... *Attention,* toujours le même piège !

En admettant que, dans un accès de lucidité, nous ne parlions plus de *bien* et de *mal,* mais de *bénéfique* et de *néfaste,* il est encore très délicat de faire une telle distinction. Nous ne savons pas par avance ce qui nous sera bénéfique (à long terme) et ce qui risque de nous nuire. Il peut arriver que nous mettions tout en œuvre pour réussir quelque chose, pour ensuite – à l'aboutissement – nous apercevoir que finalement ça nous a éloigné de ce qui serait mieux pour nous.

Par exemple, la personne qui passe son examen peut, en le réussissant, s'orienter dans une mauvaise voie professionnelle. Si elle l'avait raté, elle aurait pu reconsidérer son orientation et trouver ce qui lui correspond le mieux. Passant son examen, elle devrait tout mettre en œuvre pour le réussir tout en acceptant l'éventualité d'échouer.

Ce ne sera pas de la résignation. Elle saura, si elle le rate, qu'il y a derrière cet échec un « cadeau » pour elle qu'elle n'avait pas vu auparavant. Elle saura également que, dans le cas contraire, cela signifie que c'est la réussite qui contient le cadeau. Elle met tout en œuvre pour ce qu'elle pense être le mieux, puis accepte l'éventualité qu'une voie différente se révèle afin d'en recevoir le « cadeau ».

Dans les deux cas, elle n'est pas inquiète. Le maître mot c'est « confiance ». **Le meilleur se produira de toute façon,** mais il ne se produira pas tout seul !

2. S'ouvrir au sens de l'avenir

Si vous faites un tour d'horizon de votre vie, vous y trouvez des événements agréables et d'autres qui ne le sont pas. Peut-être même certains étaient-ils merveilleux et d'autres horribles au moment où ils se sont produits. Ça ressemblait alors à un bonheur ou à un malheur.

Pourtant, quand vous y pensez aujourd'hui, vous constatez que certains d'entre eux – quoique douloureux – ont été le virage vers une plus grande richesse de vie. Il en a résulté, plus tard, des conséquences insoupçonnées qui se sont révélées comme ce qu'il y a de plus utile pour vous. A l'inverse, certaines réussites ou l'aboutissement de certains projets qui étaient source de plaisir sur le moment se sont avérés sources de tracas et vous ont éloigné de ce qui aurait été plus profitable.

Par exemple, un adolescent n'acceptera pas de vivre une rupture amoureuse (parfois source de grande douleur) car il ne sait pas qu'il faut passer par cette rupture pour aller ensuite vers la personne avec qui il doit faire sa vie.

A l'inverse, quelqu'un peut avoir si peur de se tromper qu'il rompt toujours pour rester libre de faire la rencontre idéale. Il passe ainsi, sans le voir, à côté d'un être avec qui l'existence aurait trouvé toute sa dimension.

En réalité, **il n'y a pas d'approche intellectuelle permettant de savoir si un événement nous est favorable ou non au moment où il se produit.** Quelle que soit l'importance de la douleur ou du plaisir (physique ou moral) qui en résulte, l'avenir nous reste inconnu.

Cet avenir nous reste inconnu sur le plan intellectuel mais, si nous développons notre sensibilité, notre ouverture et notre capacité d'accueil, nous pourrons alors percevoir les « signaux » nous invitant à prendre tel chemin plutôt que tel autre.

3. Projet profond et projet superficiel

Nous pourrons accueillir ce qui fait dévier nos « projets de surface » comme quelque chose participant d'une façon encore inconnue à notre « projet profond » (qui peut ne pas être conscient). Ce projet profond ressemble à :

– La réconciliation avec nos ruptures antérieures.

– Moins d'*anesthésie* dans un champ de conscience plus vaste.

– Conduire l'autre et soi-même à s'individualiser pour une véritable rencontre.

– S'individualiser pour ne plus être individualiste.

On voit quelquefois des individus qui, vivant anesthésiés, s'excitent sur des projets superficiels jusqu'au jour où un événement très douloureux les réveille brutalement et les conduit à se tourner directement vers l'essentiel, vers leur projet profond. On trouve dans ce cas des personnes ayant vécu des événements parmi les plus douloureux qui soient. Le fait de passer par exemple à côté de la mort ou de vivre un deuil peut produire cet effet. Mais quand l'événement « réanimant » est violent à ce point, il peut avoir des effets secondaires qui anesthésient momentanément encore plus (parfois pour longtemps).

On ne devrait jamais dire à quelqu'un qui vit de telles choses : « Ne t'inquiète pas. C'est sûrement bien quelque part, ça s'arrangera… » Adresser de tels propos à celui qui est dans la souffrance serait indécent (d'autant plus que nous ne savons rien sur les effets futurs de ce qu'il vit).

Nous devons simplement l'accompagner dans le « regard » qu'il peut porter sur ce qui lui arrive, l'aider à en explorer le sens. Nous devons faire cela avec un infini respect en accueillant nous-même le fait qu'aujourd'hui il souffre (et non en le « gommant »).

Etre positif, c'est « accueillir les faits » ; être négatif, c'est « nier les faits ».

On oublie que le *sens de « positif »* donné par le dictionnaire est : qui a un caractère de certitude, qui donne la préférence aux faits, à la réalité, qui est rationnel, qui affirme...

Et que le *sens de « négatif »* est : qui exprime un refus, la négation, qui est dépourvu d'éléments constructifs...

Nous avons seulement tendance à rapprocher ces notions de celles de *bien* et de *mal* tellement ancrées dans notre culture (surtout à cause de notre interprétation erronée des messages véhiculés par les mythologies et les religions qui, en vérité, parlent de nous avec pertinence – il faut, pour le découvrir, n'être ni pour ni contre... mais être ouvert !).

4. La notion de bien et de mal

Cette notion mérite un petit détour. On confond souvent *mal* avec « néfaste ». Pourtant, quand on a par exemple le « mal du pays » ou « le mal de quelqu'un », ça ne veut pas dire qu'on a le mauvais, mais le *manque*. Quand on a de la malchance, ça ne veut pas dire qu'on a de la mauvaise chance, mais qu'on n'en a pas.

Le *mal* c'est le « manque ». Comme pour les « défauts » (dont nous avons parlé dans les autres chapitres), il ne s'agit pas de quelque chose qui est en trop mais qui est en moins.

Je risque peut-être de passer pour quelqu'un qui joue sur les mots ? Mais quand en plus je considère le mot *bien,* je ne peux m'empêcher de remarquer que le « bien » de quelqu'un c'est ce qu'il a ; ce n'est pas ce qui est bon, mais ce qu'il possède. Les gens en ont même souvent plusieurs : ils ont « des biens ».

Le bien c'est l'avoir. Le mal c'est le manque.

Les notions de bien et de mal sont cependant plus générales que celles de positif et de négatif :

– Dans le négatif, on manque parce qu'on n'accueille pas. Dans le mal ce peut être aussi parce qu'il n'y a rien à accueillir

(« J'ai le mal de toi parce que tu es absent et non parce que je ne t'accueille pas. »).

– Dans le positif, j'*ai* parce que j'ai accueilli. Dans le bien, on ne retrouve pas le symétrique avec le mal car, pour en bénéficier, il ne suffit pas que le « bien » se présente, il faut quand même l'accueillir activement ; sinon, on reste en « mal ».

En accueillant le bien, on peut en bénéficier ; en accueillant le mal, le manque, on peut le combler.

5. Le pour ou le contre

L'attribution de *positif* ou de *négatif* (bien ou mal) aux gens ou aux événements engendre plutôt une attitude « pour » ou « contre ». Voici le piège car l'un génère l'autre. En me positionnant *pour* un aspect, je me positionne (souvent inconsciemment) en même temps *contre* son opposé. De la même façon, quand je suis *contre,* je prends indirectement parti *pour* le contraire de ce que je rejette. L'un ne peut exister sans l'autre.

Mais, « ni pour, ni contre » n'est-il pas un manque de personnalité, une attitude d'irresponsabilité, une sorte de fuite par crainte de se tromper ? Il ne faut pas confondre « caché inerte » qui n'a aucun avis, avec « s'accueillir » ou « accueillir l'autre » qui est prêt à explorer la richesse qui se présente. **Ne confondons pas « indifférence » avec « accueil de la différence ».**

Il s'agit d'une ouverture maximum : « ni pour, ni contre ». Cela n'a rien à voir avec un manque d'opinion. En vérité, pour ne pas se limiter il faut se placer à un point de vue panoramique afin d'élargir son champ d'exploration. L'information que nous en recueillerons viendra contribuer à une structure plus fine et plus vaste de notre paysage intérieur.

Peut-on agir et être constructif en étant « ni pour, ni contre » ? On aurait tort d'imaginer quelqu'un d'amorphe restant sur place par ramollissement. Grâce à son état d'ouverture, il peut au contraire « sentir » ce qui lui correspond et s'y laisser porter activement. Libre des émotions, il bénéficie des sensations. Libre de l'émotionnel, il accède au sensationnel.

On pourrait dire qu'il nage, mais il sait reconnaître les courants. De même qu'un avion doit dépenser beaucoup de carburant pour se déplacer, un planeur – au contraire – n'utilisera que les courants ascendants car son pilote sait les reconnaître. Piloter un planeur n'a rien de passif (il vaut mieux !). Il ne faut pas confondre un pilote de planeur avec quelqu'un qui se laisse tomber.

Dans l'état « ni pour, ni contre », il n'y a pas de choix, car on a une perception si fine du présent (cadeau) qu'il est révélateur de la juste direction. Cela ne peut se faire sans nous. Comme le pilote de planeur, nous pouvons reconnaître les courants, mais pas les créer. Nous devons volontairement les emprunter en agissant sur les commandes de direction.

Quand les deux parties d'une contradiction se rencontrent, la lumière réapparaît. Lumière signifie « luminosité » mais aussi « ouverture » (une lumière dans un mur c'est une ouverture dedans). Grâce à la confrontation des deux parties contradictoires il y a une opportunité d'ouverture.

En physique, quand on fait se rencontrer une particule (par exemple, un électron) avec son antiparticule (un positon), la rencontre de ces deux masses, l'une chargée négativement et l'autre positivement, produit leur disparition puis l'apparition d'une nouvelle particule… de lumière : un photon sans masse ni charge !

Nous serons surpris de constater que quand nous sommes *contre,* nous sentons en nous une masse similaire, une lourdeur, une pesanteur. On dit curieusement d'une situation à problème qu'elle est grave. Quand nous sommes *pour,* la rencontre des contradicteurs produit en nous la même lourdeur, la même « gravité », j'oserai presque dire la même « gravitation ». D'ailleurs, quand on est « pour ou contre », si la « gravité » est suffisante… on se met en orbite. Dans notre vie, tout finit par ne tourner qu'autour de ça (et parfois on s'écrase dessus !).

Dans cet exemple, nous remarquerons que plus je veux m'éloigner du « contraire » (antiparticule), plus je m'éloigne de la possibilité de « lumière » (lucidité).

6. Lucidité et contradiction

L'état de lucidité est l'état paradoxal dans lequel des contraires peuvent cohabiter et participent tous deux à un nouvel éclairage. L'état de contradiction, lui, nous bloque dans le noir.

Une situation à problème est qualifiée de *grave,* mais aussi de *sombre.* On dira qu'il faut « faire la lumière sur ce problème », ce qui signifie qu'il faut en accueillir les aspects contradictoires afin d'accéder à l'optimum.

Un peu comme si vous aviez un problème de mathématiques dont la moitié des données se trouve sur la page de gauche, et l'autre moitié sur celle de droite. Si je souhaite ne pas lire l'une des deux parce que je l'estime négative, je ne trouverai pas la réponse. Pour trouver la réponse, on nous l'a assez dit à l'école (souvenez-vous), lisez l'énoncé, *tout l'énoncé.* Déjà, tout petit, nous avions tendance à nous précipiter avant d'avoir tout lu, au grand désespoir de nos professeurs. Cette règle vaut aussi pour notre vie d'adulte et ce, en toutes circonstances.

Quand il y a une contradiction, on pourrait encore comparer cela à deux plans de trésor complémentaires dont l'un est sur un parchemin plus beau que l'autre. Seul celui qui prend en compte les deux plans et les superpose verra apparaître en clair l'emplacement où il faut creuser ! Celui qui ne garde que la partie en apparence la plus belle ne trouvera pas et creusera partout en vain.

7. Origine du stress

Nous trouvons là l'origine de notre stress. En anglais, *stress* veut dire « énergie » et le verbe qui lui correspond, *to stress,* signifie « souligner ».

Une situation stressante est une situation qui souligne ce que nous ne voulons pas accueillir. Plus nous investissons d'énergie *contre,* plus le stress augmente afin qu'on ne jette pas cette partie du plan de trésor simplement parce qu'elle brille moins que l'autre.

Le stress disparaît avec l'accueil et la communication.

Quand ce n'est pas le cas, c'est qu'il souligne des choses en nous que nous ne voulons toujours pas voir. Nous pouvons parfois nous trouver dans un tel état de fatigue que la douleur du stress ne nous conduit plus à regarder mais à nous effondrer. Mais même cela peut être salutaire pour un ego si fort que seule une telle situation peut le ramener à un peu d'humilité.

Le fait que notre intelligence cachée soit toujours à l'œuvre devrait nous inciter à être plus souvent en état d'accueil. Mais l'écart entre notre projet de surface (conscient) et notre projet profond (inconscient) nous pousse quelquefois à une attitude de rejet. Il n'est pas toujours évident de discerner la pertinence des événements au moment où on les vit par manque de « bagage » et surtout... par manque de confiance.

Le stress est la conséquence d'un état négatif (être en négation, nier, rejeter).

Etre positif, c'est être en état d'accueil et échapper aux tensions.

On retiendra que, contrairement à l'idée reçue, **positif ou négatif ne signifie pas « bon ou mauvais » mais « ouvert ou fermé ».**

CHAPITRE XV

Mirages relationnels

QUAND nous sommes négatif, en rupture, en opposition ou en négation, l'*anesthésie* altère nos perceptions. Ces altérations provoquent ce que j'appellerai des « mirages relationnels ».

Un mirage se produit quand le trajet d'une image est dévié. Par exemple, dans un désert la chaleur déviant les rayons lumineux nous fait voir une nappe d'eau là où elle n'est pas. On observe aussi ce phénomène sur les routes bitumées lorsqu'il fait soleil et très chaud. La cause n'en est pas la chaleur, mais la différence de densité entre l'air chaud et l'air froid qui dévie les trajets lumineux et donne l'illusion d'un reflet du ciel.

L'exemple de mirage le plus courant est lorsque la différence de densité entre l'air et l'eau nous fait voir les cailloux d'une rivière plus gros et plus loin en avant.

Quand le mirage nous fait voir une image qui n'est pas à sa place, cela peut nous conduire à en avoir des interprétations erronées, comme dans l'impression d'eau sur la route alors qu'il n'y en a pas.

Tous ces détails ont déjà été donnés dans le chapitre II.

1. Les différences de densité mentale

Quand nous sommes en rupture, nous avons beau nous anesthésier, notre mental reçoit quand même les informations mais il ne les structure pas ; elles restent en vrac. **On peut considérer ces zones de rupture** (de vrac) **comme des zones de plus forte densité** (on vient de voir la notion de masse qui s'y rattache).

Curieusement, l'absence de structure accroît la notion subjective de masse. Si, par exemple, vous regardez un bloc de pierre de trois cents kilos, vous aurez la sensation (visuelle) qu'il est « plus lourd » qu'une sculpture en pierre du même poids. La différence, c'est que l'un est structuré par le sculpteur et l'autre non. Sur un plan plus subtil, il en est de même d'un discours : embrouillé, il semble lourd ; clair et structuré, il semble léger.

Au niveau mental, on rencontre un phénomène équivalent. La rupture empêche la structuration de l'information. Aussi, la densité qui en résulte dénature-t-elle notre perception, un peu comme la densité de l'eau pour les cailloux de la rivière. La différence est que la dénaturation de l'information se fait ici dans le mental, à l'intérieur, et non à cause de phénomènes physiques extérieurs.

Le mirage relationnel se produit parce que la nouvelle information que nous recevons doit, pour prendre sa signification, traverser le mental et y chercher les références qui lui permettront la meilleure analyse et la meilleure synthèse (voir chapitre II).

Les zones où l'information n'est pas structurée sont aussi traversées de la sorte, mais il ne peut en ressortir que des informations somatiques ou émotionnelles car l'image qui s'y trouve est indifférenciée, sans nuances ni détails.

Au lieu d'y être différenciée, l'information y est globalisée. Il ne reste plus que le « titre » de l'événement qui soit consciemment accessible. Ce titre, c'est l'émotion et la somatique qui s'y trouvent. Pourtant, le « scanner » mental traverse à notre insu tout le stock désordonné d'informations en cherchant à y reconnaître des ressemblances avec la situation présente.

Prenons l'exemple de quelqu'un qui, dans son enfance, s'est mis en rupture avec une institutrice destructrice et injuste. Imaginons que celle-ci portait un chignon. Plus tard, adulte, face à une femme portant un chignon, il se sentira en danger. Cet état émotionnel remontera en lui ; il en aura conscience mais tendra à l'attribuer à la personne présente (qui, elle, n'y est pour rien). Il adoptera alors l'attitude que l'on prend face à quelqu'un de menaçant, car il répondra non pas à celle qui est là dans le présent, mais à celle qui était autrefois si désagréable. Son interlocutrice actuelle sera alors très étonnée d'un tel comportement injustifié et éventuellement en prendra ombrage. Le souvenir de l'institutrice peut être oublié, mais l'information qui s'y rattache est là et ressort en chaque circonstance similaire.

Si elle le mettait au coin à genou, il peut ressentir aujourd'hui une douleur aux genoux face aux nouveaux porteurs de chignons (titre somatique). La somatique est consciente, mais la cause n'étant pas accessible il l'attribuera à une mauvaise circulation ou aux rhumatismes.

Notre individu aura beau se dire : « Non ! je ne m'emporterai plus avec les femmes à chignons ! », ce sera plus fort que lui. Tant qu'il n'aura pas accueilli la zone de paysage intérieur correspondante, il gardera la même réactivité.

Ce sera déjà très bien s'il découvre que sa réactivité se déclenche face à la circonstance « chignon ». Souvent, elle se produit sans qu'on en repère le déclencheur. Dans ce cas, l'individu en question aura constaté qu'il est quelquefois agressif « sans raison » et se jurera de ne plus recommencer. Il recommencera à son insu face au premier « chignon » venu sans y repérer consciemment cette circonstance particulière.

Quand on est sujet à un mirage relationnel, on a deux solutions :

– soit éviter les déclencheurs ;

– soit travailler l'accueil dans la zone de rupture du paysage intérieur.

Dans notre exemple ci-dessus, soit il s'arrange à ne plus rencontrer de personnes portant un chignon, soit il se réconcilie avec cette institutrice. En réalité, ce n'est pas si simple car **les facteurs déclenchants seront multiples.** Le chignon sera peut-être plus dominant, mais il y aura aussi le timbre de la voix, l'odeur de la craie, la couleur de la classe, le bruit du jeu des enfants dans la cour, le bouquet de fleurs que la maîtresse avait l'habitude d'avoir sur son bureau… Dans ce cas, le mirage peut se produire aussi bien quand on lui offre des fleurs que s'il se trouve dans une pièce de la même couleur que la classe !

Les facteurs de réactivation étant multiples, il est pratiquement impossible de s'en préserver totalement.

Nous trouverons certains mirages particulièrement intenses dans les phobies. Nous aurons, par exemple, un facteur dominant qui peut être l'eau, la foule, les transports ou les ascenseurs engendrant un sentiment de peur.

Dans d'autres cas, l'émotion « rappelée » sera autre que la peur. Ce pourront être la colère ou la passion susceptibles d'engendrer des pulsions de tout ordre selon les circonstances de la rupture originelle.

2. Origine du mirage relationnel

L'origine est une rupture. Rappelons-nous que quand nous sommes en rupture nous ne sommes plus communicant, mais nous restons quand même relatif (nous l'avons vu dans les premières pages, c'est incontournable). Nous restons *relié.*

On peut énoncer le paradoxe : **plus on est en rupture plus on est attaché.**

S'il subsiste un doute, regardez dans une journée le temps que nous consacrons à parler des gens que nous apprécions, et comparez-le avec celui consacré à parler de ceux qu'on ne supporte pas. C'est remarquable ! Les principaux sujets de conversation sont les gens avec lesquels nous sommes en rupture. Nous y sommes vraiment très attaché !

Il faut cependant préciser qu'il existe deux types de ruptures : *par répulsion* et *par fascination.*

a) Ruptures par répulsion

Nous les connaissons bien ; c'est à chaque fois que nous souhaitons éviter ou rejeter quelqu'un. Dans ce cas, ce qui passe inaperçu, c'est l'**attachement** qui en résulte. Cet attachement est parfaitement exprimé dans le langage habituel :

– Nous avons tendance à être *contre* les gens que nous jugeons désagréables (contre = bien collé).

– Nous voulons leur faire des « re-proches ».

– Quand nous venons de nous disputer, nous disons que « nous nous sommes accroché ».

Chacune de ces expressions indique clairement que quand on est en rupture, on *se colle.*

b) Ruptures par fascination

Ce type de rupture passe inaperçu car, dans ce cas, on se croit communicant. Pourtant c'est faux. Ce type de rupture est par exemple l'**admiration.** Quand on admire quelqu'un, on ne voit plus que son *personnage,* on perd de vue l'*individu* qu'il est. L'idéalisation nous éloigne de lui qui, bien qu'admiré, se sent finalement seul et sans communication. Il ne vit que de la relation.

Dans les cas où on admire, on trouve une certaine dose d'inconscience que le langage populaire exprime très bien :

– Je suis ébloui (donc je ne vois rien).

– Je suis emballé (donc enfermé dans un emballage).

– Je suis captivé (captif).
– C'est fabuleux (substitué à la réalité).

On voit combien ces expressions expriment un paradoxe où, bien qu'admiratif, on est coupé de la réalité, donc en rupture.

3. Conséquences

Si on a une *rupture-répulsion,* les mirages relationnels qui en résultent engendreront une attitude de fuite, de défense ou d'attaque pour éviter la douleur qui est réactivée.

Si on a une *rupture-fascination,* les mirages relationnels qui suivent produiront une attirance pour profiter du plaisir qui est réactivé.

On voit ainsi des personnes victimes d'une rupture-répulsion antérieure être agressives avec d'autres qui ne leur veulent pourtant que du bien.

En revanche, on trouvera des gens ayant eu autrefois une rupture-fascination « tomber dans les bras » de quelqu'un qui en réalité les détruit. Ils ne voient pas la destructivité de cette personne car elle ressemble à ce qui les a autrefois fascinés. « L'éblouissement » antérieur est ainsi réactivé.

a) Deux paradoxes

Plus on est en rupture plus on est attaché ; plus on est admiratif ou passionné, plus on est en rupture.

Dans le premier cas, on voyait la rupture mais pas l'attachement ; dans le second on voyait l'attachement mais pas la rupture.

Dans chaque cas, on a les deux, et cela produira des mirages relationnels quand des données de ces zones non structurées du paysage intérieur seront rappelées par des circonstances présentes similaires. L'information y étant globalisée, il n'y a plus de différenciation et l'événement présent sera perçu comme étant « le même » que l'événement passé. Cette globalisation conduit à des comportements peu judicieux car inappropriés à la circonstance réelle.

Cette baisse de l'acuité mentale et de la conscience, cette *anesthésie,* est rendue nécessaire par l'importance de l'émotion qui, compte tenu de la surtension qu'elle produit (en douleur ou en plaisir), nous ferait « sauter les fusibles ».

La rupture inévitable qui l'accompagne pourra être gérée ultérieurement (quand les nouvelles acquisitions permettront d'envisager l'accueil).

b) Grâce à notre intelligence cachée

Grâce à notre « intelligence cachée », nous allons régulièrement nous placer en situation de réactivation, jusqu'à ce que nous soyons **capable d'accomplir la réconciliation** (qui est notre projet profond). Afin d'en accélérer le processus, nous pouvons **faire équipe avec cette intelligence cachée** plutôt que de nous y opposer.

Nous avons tendance à ne pas coopérer car, souvent, nos projets de surface vont à l'encontre des projets profonds : en surface on fait tout pour ne pas voir ces ruptures, en profondeur on fait tout pour les reproduire en vue de réconciliation.

Faire équipe, c'est se réjouir des réactivations plutôt que de s'en affliger. C'est profiter de ces opportunités pour explorer les zones apparemment incultes de notre paysage intérieur.

Dans l'exemple de l'institutrice, chacune des rencontres de notre individu avec des femmes à chignon représente ainsi une possibilité de réconciliation avec elle (et avec lui-même dans ces moments où, peut-être, il n'était pas fier de lui).

Nous oscillons ainsi autour de « se voir, s'accueillir » en nous appuyant sur les indications qui apparaissent quand on « voit et accueille l'autre ». **Nos interlocuteurs participent ainsi à la progression de notre champ de conscience** (et nous participons à la progression du leur). En faisant équipe, on gagne en rapidité.

4. Mirages réciproques

Dans la mesure où toute perception est directement reliée au contenu de notre paysage intérieur, la frontière entre une perception « normale » et un mirage relationnel est mince. Il ne peut s'agir de perception de l'absolu, mais seulement du relatif. Comme en plus nos zones de rupture sont souvent nombreuses (conscientes ou pas), les mirages abondent et peuvent être réciproques.

Quand une femme à chignon se présente devant notre ancien élève en rupture, elle engendre un mirage chez lui. Mais il se peut qu'en même temps le parfum et le timbre de voix de celui-ci produise chez elle un mirage à cause d'une rupture antérieure avec, par exemple, un grand-père qui présentait ces caractéristiques. Si c'était une rupture-fascination (elle admirait ce grand-père), elle se sentira attirée vers un interlocuteur qui, lui, est porté à la fuir ou à l'agresser, car sa rupture à lui était de type « répulsion ».

On assiste ainsi parfois à des jeux de cache-cache entre des personnages sortant d'une vieille pièce de théâtre maintes fois rejouée. Ce sont pourtant des opportunités de réconciliation.

5. Illustration du mirage relationnel (fig. 19)

Je désignerai par M (moi) un individu qui se trouve en face d'un autre que je nommerai A.

Par le biais de la relation (verbale ou non) M reçoit un flux d'informations venant de A.

Ce flux est dévié par une zone de densité mentale causée par une rupture antérieure. Cette déviation donne à M l'impression que l'information vient d'un interlocuteur antérieur A' (celui de la rupture). Son comportement s'ajustera à celui-ci plutôt qu'à A.

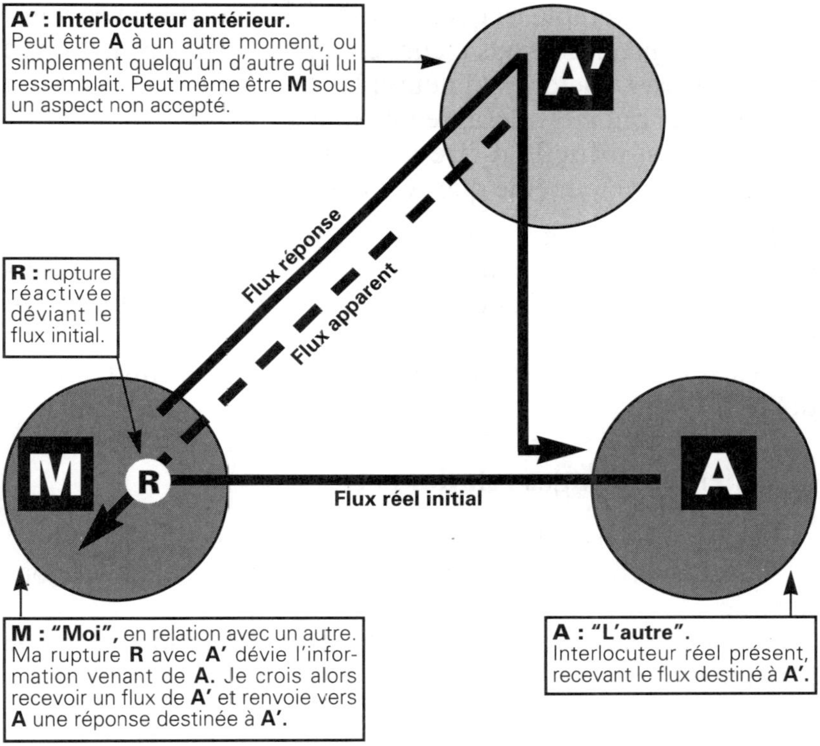

Fig. 19 : **Mirage relationnel.**

Dans une telle circonstance, M n'a aucunement conscience de A ni de A', mais seulement de l'impression qu'il ressent et qui le porte à agir de façon correcte pour lui, mais inappropriée pour A.

Son action apparemment inappropriée est en vérité très cohérente par rapport à la situation antérieure A'.

Rupture récente avec un autre : dans les exemples ci-dessus, je vous ai proposé des A' venant de l'enfance, mais il peut y en avoir partout. Depuis notre passé le plus lointain jusqu'à tout simplement il y a quelques minutes.

Ainsi, par exemple, si quelqu'un est désagréable avec vous, vous avez tendance à vous mettre en rupture avec lui et, lorsque vous le croisez quelques minutes plus tard, vous voyez surtout encore celui qui a été désagréable tout à l'heure.

Il vous est difficile d'être avec lui dans l'instant présent. A', ce peut être le même que A, mais à un autre moment.

Rupture avec soi : A' peut même représenter un aspect de nous avec lequel nous sommes en rupture. A me connecte alors avec un aspect de moi que je ne supporte pas. En réalité, ce A' est alors un M'.

Peu importe, le résultat est le même : il y a mirage relationnel.

6. Eviter les mirages relationnels

Il y a deux possibilités pour éviter le mirage :

– Soit on effectue le travail de réconciliation auquel il nous renvoie.

– Soit on met davantage l'attention sur l'individu que sur le personnage.

a) L'attention sur l'individu (fig. 20)

Ce qui provoque la réactivation, c'est que nous avons trop l'attention sur les personnages ou sur les apparences. De ce fait, nous sommes beaucoup plus vulnérable face aux flux d'informations que nous recevons.

Quand nous portons notre attention sur l'apparence physique (physionomie, habillement) ou mentale (personnalité, idées), cela entre immédiatement en résonance avec des correspondances aux mêmes niveaux (physique et mental) chez nous. C'est un peu comme les cordes de deux instruments. Si elles sont accordées sur la même note, il suffit d'en faire vibrer une pour que l'autre entre spontanément en vibration à distance. Quand je reçois l'information (verbale ou non) que m'envoie mon interlocuteur, j'éviterai cette résonance en ayant

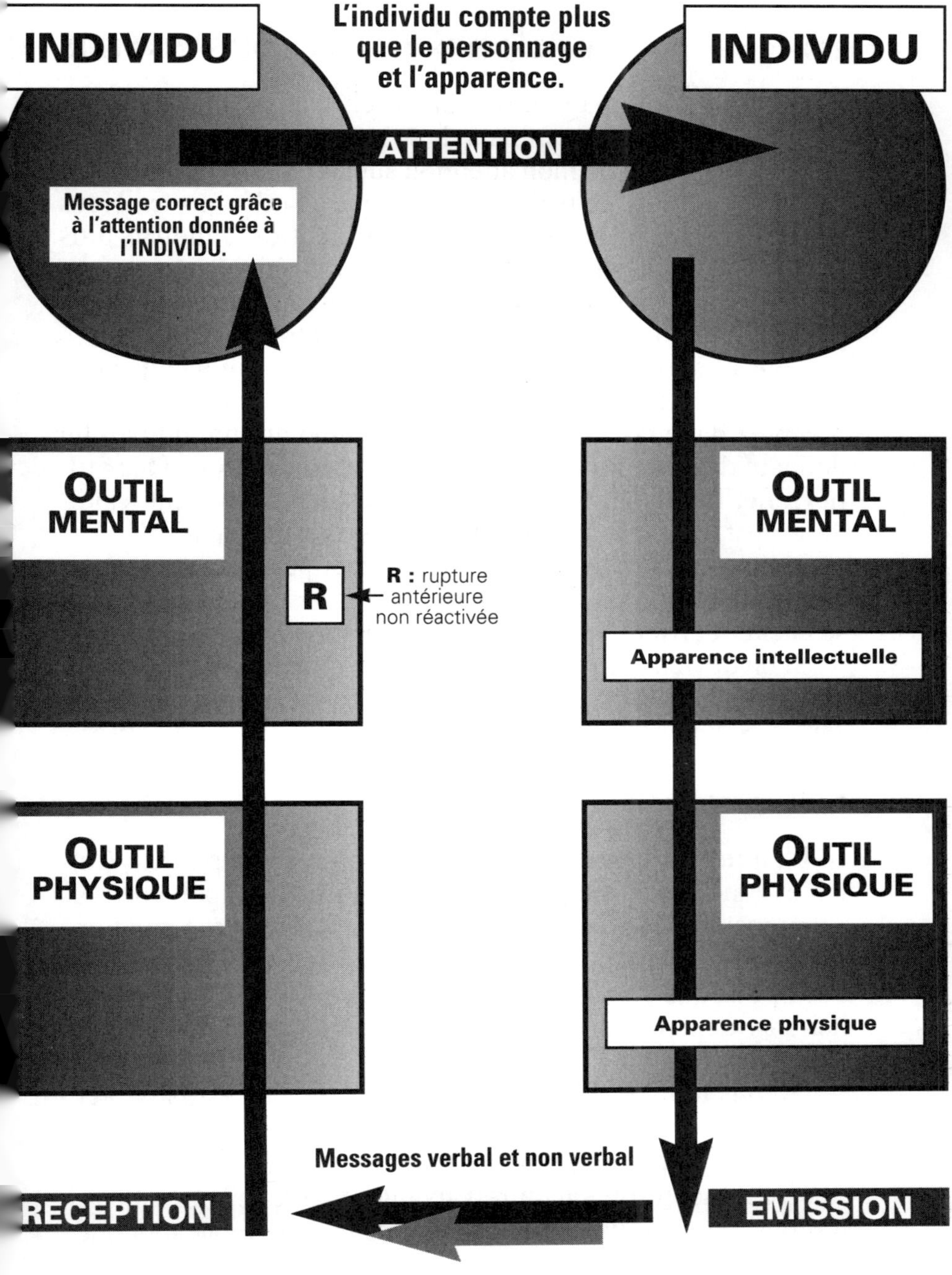

Fig. 20 : **Eviter les mirages relationnels.**

l'essentiel de mon attention sur lui en tant qu'individu, son message n'étant qu'un moyen de se rencontrer. Si, à l'inverse, je mets l'essentiel de mon attention sur son message sans avoir conscience de lui, cette résonance risque de m'emporter. Nous retrouvons ici la base de la communication : mettre plus d'attention sur le sujet (individu) que sur l'objet (son propos).

Le message n'est pas négligé, mais il se trouve à sa juste place : il est au service d'une rencontre entre individus.

Vous remarquerez, en communication, que **plus vous vous exposez à votre interlocuteur** en tant qu'individu, plus vous acceptez de le considérer lui aussi comme un individu en lui donnant de l'attention sans condition, et **moins vous êtes vulnérable.** La résonance qui peut en résulter au niveau « individu » est toujours confortable, jamais anesthésiante.

S'exposer en tant qu'individu ne veut pas dire « déballer » l'intimité de son paysage intérieur. C'est simplement ne plus se cacher derrière un propos ou un personnage.

Si on devient capable de donner de l'attention aux autres en tant qu'individu, on travaille à son processus de réconciliation sans s'occuper du passé.

b) Gérer les ruptures antérieures

L'autre moyen est de gérer nos ruptures antérieures. Certaines zones (plus chargées) peuvent justifier une approche plus « thérapeutique ». De toute façon, plus libre des réactivations courantes grâce au centrage de l'attention décrit ci-dessus, nous pourrons y consacrer le temps nécessaire si nous le souhaitons. Cela pourra se faire en différé, sans trop affecter notre vie sociale.

Notons tout de même que le but essentiel n'est pas forcément le confort absolu en toute circonstance, mais de savoir profiter des opportunités pour gérer nos ruptures encombrantes.

Je consacrerai le chapitre suivant à une telle approche qui prolonge la communication vers l'aide et la thérapie appliquée à soi et à autrui.

TROISIEME PARTIE

Applications

CHAPITRE XVI

Communication thérapeutique

QUAND il s'agit de résoudre des problèmes psychologiques, on parle de *relation d'aide* ou de *relation thérapeutique.* Bien qu'il m'arrive également d'utiliser ces mots, je dois reconnaître qu'ils ne sont pas appropriés. On devrait dire *communication d'aide* et *communication thérapeutique.*

1. Rétablir la communication en soi

La relation ne peut pas être aidante puisqu'elle n'est pas lucide. Elle porte la notion d'attachement. En thérapie, une attitude seulement relationnelle risque d'engendrer des phénomènes de transfert encombrants.

Nos difficultés venant du fait que nous avons été relationnel plutôt que communicant, on ne peut espérer les résoudre simplement par la relation.

La confusion existe même parfois dans des milieux thérapeutiques où on parle d'*empathie* (1) dans l'espoir d'aboutir à une qualité de l'aide psychologique. Dans ce cas, on peut parler de *relation d'aide.* On est parfaitement « relié », « attaché » et aveuglé… mais on n'aide pas !

1. Empathie : se mettre à la place de l'autre pour ressentir son émotion.

« Relation d'aide » est une formule dont les deux mots sont antinomiques. Ils ne peuvent cohabiter et garder ensemble un sens cohérent ; c'est comme si on parlait des « coins d'un cercle ». Pourtant, « relation d'aide » est couramment utilisé, ce qui reflète bien le flou existant en ce domaine. Nous devons tout de même souvent l'utiliser quand on parle avec des gens dont c'est la référence et qui entendraient mal « communication d'aide ». Une terminologie praticable est « communication thérapeutique ».

Si l'empathie est un piège, la communication, elle, est un prodigieux moyen dans l'aide et la thérapie psychologiques… à condition qu'il s'agisse vraiment de communication.

Si nous devons à la médecine une extraordinaire efficacité dans le domaine des maladies organiques et infectieuses, ainsi que dans les traumatismes accidentels, si nous devons à la psychiatrie un soutien inestimable dans les cas neurologiques et certains troubles graves du comportement, en revanche, pour l'aide et le soutien psychologiques des cas les plus fréquents, l'efficacité est souvent réduite à peu de chose. Non que les praticiens manquent de compétences, mais leur approche n'étant pas pensée en termes de communication, lorsque le mal n'est pas purement physique leurs résultats sont moindres ou inexistants.

Cependant, il est rare qu'une maladie soit purement physique ou purement psychologique. De tels cas d'école exclusifs sont rares. En réalité, les deux cohabitent dans une proportion variable où il est souvent difficile de dire lequel a engendré l'autre.

De toute manière, même dans le cas de maladies physiques, **ajouter la communication aux traitements habituels permet d'en augmenter l'efficacité** tout en accroissant le confort du soigné et du soignant. L'accroissement d'efficacité est au minimum obtenu par une meilleure participation du malade à son traitement ainsi que par une forte diminution de son stress. Le soignant, lui aussi moins stressé, peut avoir une approche plus sereine où le diagnostic et le traitement gagneront en précision.

Certains médecins ou psychiatres ayant développé la qualité de leur communication par un travail personnel (car cela n'est pas inclus dans leurs études) peuvent ainsi apporter un plus à leur pratique thérapeutique. Ils sont encore plus efficaces et particulièrement appréciés par leurs malades.

Nous avons vu que fuites et attachements viennent des ruptures et que nous recherchons nos remèdes dans une quête (consciente ou non) de réconciliation. Les « problèmes psychologiques » sont en fait des états de rupture récents ou anciens. **La résolution de ces problèmes n'est jamais la suppression de quelque chose, mais plutôt l'intégration de ce avec quoi on est en rupture.** Cela revient à un accroissement du champ de conscience, à une croissance de la conscience. **Ce n'est jamais réducteur.** Toute approche qui viserait à tenter de « supprimer » le problème comme un ennemi à abattre ne peut conduire au mieux qu'à un transfert de problème, au pire à un échec douloureux.

Thérapie ou non, cette réconciliation avec soi-même et avec autrui se fait de toute façon par des aller et retour sur la fameuse échelle stratégique grâce à l'intelligence cachée. Aider quelqu'un, c'est l'accompagner dans ce processus afin d'en accélérer la réalisation. **Aider quelqu'un, c'est rétablir la communication en lui** (avec lui-même et avec les autres).

Pour comprendre avec précision le rôle de la communication (empiriquement évident) dans les cas de problèmes psychologiques, nous devons ajouter une notion supplémentaire : celle de *cartons de vrac*. C'est là que se trouvent stockées nos ruptures en attendant le jour de la réconciliation.

2. Les cartons de vrac

Imaginez que le mental soit un prodigieux ensemble de rayons d'archivage où tout a sa place. Quand l'information y est accueillie, elle s'y classe et éventuellement s'y structure. Chaque document y est parfaitement relié à tous les autres, mais aussi parfaitement différencié. Il ne s'y trouve pas deux éléments qui risquent d'être confondus, bien que toutes les analogies y soient notées. Même s'ils sont très ressemblants, une acuité parfaite permet de les distinguer.

Quand l'information n'est pas accueillie, elle ne se structure pas. Non accueillie, elle est tout de même reçue par le biais de la relation et se classe. On bénéficie alors au moins d'une acuité mentale inconsciente pas toujours utilisable car exploitée à notre insu (un peu comme dans le message subliminal). Si, en plus, on est **en rupture, l'information est seulement reçue et stockée, mais sans classement ni structure** il y a perte totale d'acuité. Il s'ensuivra des situations de mirages relationnels engendrant des réactivités (inhibitions ou pulsions) encombrantes mais utiles. Nous verrons plus loin pourquoi elles sont utiles.

Donc, quand on est en rupture, le stockage s'effectue sans différenciation. C'est un peu comme si, ne pouvant étudier un dossier aujourd'hui, vous le rangez dans un carton d'archives. On ne peut le détruire, alors on stocke ! (Ça ressemble au tiroir de cuisine dans lequel on entasse tous les petits objets dont on ne sait pas quoi faire mais qu'on ne veut pas jeter ; ensuite, à chaque fois qu'on ouvre le tiroir on tombe dessus et on se dit : « Tiens, il faudra que je pense à ranger ça ! »)

Les zones de notre paysage intérieur contenant de l'information associée à une rupture sont comparables à de tels cartons d'archives au contenu non classé. Je les nommerai des « cartons de vrac ». Tout y est, mais en vrac, mélangé, **indifférencié.** On devrait distinguer au moins trois sortes d'informations stockées :

– **Celles qui, reçues par la communication, sont accueillies.** Elles sont **classées, structurées** et consciemment utilisables. Elles représentent le champ de conscience.

– **Celles qui, reçues inconsciemment mais sans rupture par le biais de la relation,** sont **classées mais pas structurées.** Elles sont utilisées surtout inconsciemment, mais de façon cohérente par rapport au présent. C'est là que se trouve la plus grande partie de notre information. Son rôle est essentiel dans le pilotage automatique. Elles représentent un champ d'information beaucoup plus vaste que le champ de conscience, mais qui ne contient pas de ruptures.

– Enfin, **celles qui, perçues par le biais de la relation dans un moment de rupture,** ne sont **ni structurées ni classées.** Elles sont toujours utilisées inconsciemment et leur cohérence ne concerne que le passé. Cohérence relative puisque les ruptures dont elles résultent n'ont pas permis leur classement. Il n'en reste qu'une trace provisoirement globale. C'est ce type d'information qu'on retrouvera dans les cartons de vrac. Ce n'est ni un champ de conscience ni un champ d'informations, mais un champ de cartons où règne un désordre provisoirement organisé : les cartons sont rangés les uns par rapport aux autres, mais leur contenu reste en vrac.

Avantage des cartons de vrac : l'information n'est pas perdue en cas de nouveau danger similaire. Mais surtout, grâce à cette trace, il restera une possibilité de réconciliation qui est la condition essentielle de l'accroissement de notre champ de conscience.

Inconvénient des cartons de vrac : à chaque fois qu'une nouvelle information passe par ce carton et y trouve un élément reconnaissable, l'émotionnel et le somatique de ce carton ressurgissent à la surface. Dans l'exemple cité dans les pages précédentes, il suffisait du chignon.

Notre mental contient un certain nombre de ces cartons. Autant que de ruptures. La quantité en est impressionnante. Il peut y avoir tant d'informations en désordre, que ce ne sont plus des cartons, mais des camions ou des conteneurs ! D'où l'expression, quand quelqu'un est dans ses cartons : « Il déménage ! » Ou encore, lorsqu'un impact est violent : « Ça cartonne. » (Ce rapprochement avec des expressions populaires n'est évidemment qu'un amusement de ma part. Pourtant, elles reflètent bien la situation.)

Ranger nos cartons, tel est notre lot ! Nous n'y sommes pas obligé, mais dans notre vie tout nous y pousse. Quand l'inconfort devient trop grand, nous n'avons plus le choix. L'avantage des réactivations est qu'elles sont des opportunités de rangement. Mais souvent nous ne nous décidons à ranger que lorsque le désordre devient insupportable. Faisant le ménage dans le paysage intérieur, nous devenons alors homme ou femme d'entretien (dans les deux sens du terme).

3. Le rangement

Quand quelqu'un est dans ses cartons, on dira aussi qu'il est « un peu dérangé ». Ces jeux de mots n'ont pas la vocation d'être seulement amusants (si toutefois ils le sont), mais sont révélateurs de corrélations entre la réalité et le langage. Ces corrélations sont-elles le fruit du hasard ? Peu importe. Si le « hasard » fait si bien les choses, pourquoi ne pas en utiliser les fruits ? Peut-être aussi n'est-ce pas le hasard, mais plutôt le fait que le langage est porteur de ce que nous devons savoir sur nous-même ? Comme la mythologie grecque, il « parle » de nous.

Lorsque quelqu'un est « dérangé », cela signifie qu'un ordre provisoire et insuffisant est remis en cause. Ça ressemble à la déprime. Un peu comme quand vous décidez de ranger une pièce de votre maison, vous aurez tendance à passer par une phase de désordre dans laquelle vous contaminerez même les pièces voisines. Cette phase transitoire est pratiquement inévitable. Elle est le signe d'un nouvel ordre à venir.

Trois étapes sont nécessaires pour passer de l'état « dérangé » à l'état « rangé » :
– localiser le carton et identifier la rupture ;
– accomplir la réconciliation ;
– injecter localement l'information juste.

a) Localiser le carton

Nous avons vu que l'ensemble de notre histoire est présent. A la faveur d'un événement ou d'une question, un élément de cette histoire peut se manifester. Pour accéder à un carton, nous ne devons pas essayer de nous « rappeler », mais simplement essayer de mieux « sentir » le « présent » car tout y est (comme pour l'enregistrement sur Compact Disc).

Dans le cas de notre ancien élève, la présence aujourd'hui d'un chignon rappelle le carton de l'institutrice et en rejoue la musique émotionnelle. On pourrait dire que l'étiquetage ne comporte que deux mentions : en titre *l'Emotion* et en sous-titre *la Somatique.* Le contenu, lui, est globalisé.

Cela se produit également en cas de « rupture-fascination ». Les émotions (pourtant agréables) qui en résultent produisent aussi ces « vracs ». Cela est généré par l'anesthésie résiduelle, depuis « intérêt pour l'inertie » jusqu'à « s'accueillir ». Je rappelle que si une *émotion* de plaisir produit un carton de vrac, ce n'est pas le cas d'une *sensation* de plaisir. La première laisse un vide, la seconde remplit.

Quand une circonstance similaire à l'un des éléments du contenu du carton se produit, il y a réactivation du titre (émotion). **Bien que l'événement soit ancien, l'émotion ressentie sera très présente.**

Lassé de telles réactivités encombrantes, celui qui les vit peut décider de ranger son désordre. Pour cela, il devra commencer par le localiser. Le seul accès dont il dispose, c'est son état émotionnel encombrant : agressivité, sentiment d'être en danger apparemment sans raison, etc. (pour les vracs émotionnels de « rupture-répulsion »), et attirances incontrôlables (pour les cas de vracs émotionnels de « rupture-fascination »).

Pour localiser le carton de vrac avec précision, il devra être attentif à sa sensation émotionnelle présente et se posera une question qui pourrait être : « Y a-t-il quelque chose qui provoque cette agressivité qui monte en moi ? » Question fermée à laquelle la réponse sera oui ou non. S'il y a quelque chose, la réponse sera oui et la question suivante pourrait être : « Qu'est-ce qui provoque cette agressivité ? », ou encore : « A quoi me renvoie cette agressivité ? » A ce moment, son mental lui enverra une pièce du carton : il pensera par exemple à une boule noire. C'est sa réponse !

Il faut préciser que les réponses ne lui arrivent pas « comme s'il entendait des voix » ; ce sont des sensations émotionnelles, des images mentales ou des impressions somatiques.

Dans le cas de la boule noire (qui est sa réponse), *non averti* il pourrait être tenté de ne pas en tenir compte et se posera des questions différentes ou essayera d'interpréter pour arriver à des données fantaisistes. Une interprétation fantaisiste de la boule noire pourrait être : « Ça doit symboliser la face cachée de la lune. Ce côté sombre de la boule est l'expression de mon état lunatique, etc. » Un tel cheminement de pensée est le meilleur moyen de s'égarer.

Averti, il ne fera rien de tout cela et se contentera d'aller au plus simple : accueillir la réponse puis l'explorer en se posant la question suivante : « Que représente cette boule ? » La pensée qui lui « viendra » sera une image (ou une sensation) de cheveux. Il prendra soudain conscience que cette boule noire, c'est un chignon de cheveux brun foncé. Il continuera en demandant : « A qui est ce chignon ? »

Il lui viendra alors l'image d'un rectangle noir. Il pourra demander : « Quel rapport y a-t-il entre ce rectangle et le chignon ? » L'idée d'école, de tableau noir et de punition lui viendra à l'esprit. En même temps, il sentira sa douleur aux genoux réapparaître (le sous-titre somatique) et son sentiment de danger et d'injustice augmenter (le titre émotionnel).

L'exploration, à ce stade, devient moins agréable mais, sachant qu'en pareil cas elle signifie qu'on touche au but (et non qu'on a été trop loin), il poursuivra en s'ouvrant à : « M'est-il arrivé quelque chose de douloureux à l'école ? Quelque chose en rapport avec cette agressivité et cette douleur aux genoux (relier la dernière réponse à la première interrogation). » Il se voit alors sangloter à genou, au coin, dans sa classe avec une maîtresse qui lui crie dessus parce qu'il a bavardé. Il prend soudain conscience qu'elle avait un chignon et que ce sentiment de danger a pris naissance là. **Il vient ainsi de localiser son carton.**

Notez que pour y parvenir nous n'avons fait qu'appliquer ce qui est mentionné au chapitre VIII.

b) Se réconcilier

Découvrant sa rupture avec cette maîtresse, il va essayer de s'ouvrir à elle. Localiser la rupture est une chose, se réconcilier en est une autre.

Le processus de réconciliation s'accomplit en révélant le message réel qui était caché par le message apparent. Au moment de la douleur, seul le message apparent est perceptible. Celui-ci ne pouvant être accueilli, on se ferme. On ne reçoit donc pas le message réel. Souvent, en plus, nous n'avons pas le bagage nécessaire dans notre paysage intérieur pour accéder à l'accueil et à l'intégration de telles données. C'est pourquoi l'information est stockée en cartons de vrac (et de conditionnement ! – car ils nous conditionnent à notre insu) en attendant plus d'aptitude à l'accueil et à la réconciliation.

Dans le cas de notre élève au chignon, c'est parce que le message apparent était si douloureux et insensé qu'il ne put être accueilli. Plus tard, s'il s'est penché sur la communication, il saura qu'en vérité cette institutrice « parlait » d'elle et de ses préoccupations. Il va alors tenter de recevoir le message réel autrefois occulté par un message apparent monstrueux.

Pour y parvenir, il portera son attention sur l'*individu* qui joue le personnage d'institutrice (et non sur « l'institutrice »). Il se mettra à son écoute en « s'ouvrant » au flux qu'il sent émaner d'elle. Il recevra alors que, fatiguée par beaucoup d'enfants, ayant peut-être des problèmes personnels et quelques cartons de vrac, elle se sentait si démunie et sans autorité qu'elle s'affolait et l'a puni violemment et injustement.

Il peut alors s'ouvrir à cette détresse et envoyer en retour un message de compréhension. Il s'est réconcilié.

S'étant ouvert au message réel, le message apparent cesse d'être un problème. Il peut aussi être reçu, intégré, classé et structuré car il n'y a plus d'*anesthésie*. Cette nouvelle information devient une richesse de plus dans son paysage intérieur qui lui servira pour d'autres réconciliations. Il vient d'accroître son champ de conscience (de conscience d'autrui).

c) Injecter localement l'information juste

L'enfant qu'il a été est en lui, aujourd'hui, porteur de cette souffrance et de cette incompréhension. Rappelez-vous que tout est présent.

Il ne suffit pas qu'avec sa conscience actuelle il ait localisé le carton et se soit réconcilié. Il doit aller à la rencontre de cet enfant qui est en lui, imaginer qu'il s'en rapproche, riche de son expérience actuelle. Avançant vers lui qui est à genou et révolté, il va lui « parler » avec « bien-veillance » et chaleur. Il va peut-être même imaginer qu'il le prend dans ses bras. Il va l'inviter à entendre le message réel qu'il vient de découvrir, donner à cet enfant l'information clé qui lui manque pour pouvoir accueillir. L'enfant qu'il était devient alors lui aussi capable de recevoir, comprendre et accueillir le message réel de l'institutrice.

Pour réaliser cela, il doit simplement mettre l'attention sur l'enfant qu'il était et qui, aujourd'hui, est encore en lui. Ayant l'attention dessus, il « va » ensuite vers lui et accomplit ce qui vient d'être décrit. Il le fait comme s'il était « deux ».

Résultats : la réconciliation et l'apport de l'information juste à celui qu'on était à ce moment-là produisent tous deux un apaisement, une sensation immédiate de légèreté, de clarté et de libération. Bien que rapide (on pourrait même dire instantanée), cette libération est durable et probablement définitive. Cependant, elle ne concerne que la rupture en cause et on ne peut imaginer que tout le travail qu'un individu a à faire sur lui-même dans sa vie s'arrête là.

D'autres ruptures en lui attendent un cheminement similaire (s'il le veut bien).

d) Complément

Un excellent outil peut accompagner le travail de réconciliation décrit ci-dessus : une visualisation dans laquelle on « illumine » ce qu'on voit.

On ne le change pas. « Ce qui est » doit être vu pleinement, baigné d'une lumière blanche, intense et non éblouissante. L'idée n'est pas de le changer mais de le rendre visible, pleinement visible. « Lumière » signifiant aussi ouverture, c'est une façon détournée d'accéder à l'accueil sans trop heurter nos résistances mentales (une lumière colorée correspondrait à une ouverture partielle – comme en physique quand une partie des longueurs d'onde est occultée).

Il ne faut pas confondre ce type de visualisation avec la « visualisation positive » dans laquelle on est invité à modifier ce qu'on voit pour l'améliorer. Nous avons déjà vu que ce n'est qu'une autre forme de négation.

Certaines variantes de cette visualisation peuvent être envisagées en fonction des situations, notamment quand des zones sombres persistent. Il est difficile d'en donner le détail ici sans déborder du thème de cet ouvrage qui traite de la communication en général.

4. Origine : où et quand ?

On peut trouver les cartons dans n'importe quelle partie du paysage intérieur. Nous recevons de l'information depuis que nous existons, aussi n'est-il pas exceptionnel qu'une personne localise un carton dans sa petite enfance, à sa naissance ou avant sa naissance.

a) Hors du champ de mémoire habituelle

Les images mentales (images au sens large, avec toutes les perceptions) ne lui viennent pas à l'esprit parce qu'il s'en rappelle comme il se rappellerait de ce qu'il a mangé hier. Il regarde plutôt l'image qui lui vient à l'esprit suite à la question qui lui est posée. Le mental, très précis, donne la réponse correspondante, mais la donne partiellement. D'où la nécessité de l'exploration où le champ de « vision » s'élargit progressivement comme dans un jeu dans lequel on doit découvrir ce qu'est une photo alors qu'on n'en voit que des parcelles de plus en plus nombreuses.

On accède ainsi à des événements qui sont en dehors du champ de la mémoire habituelle, et cela sans autre stratagème que de poser une question à quelqu'un qui veut bien **explorer objectivement ce qui lui vient à l'esprit.** Il n'est absolument pas nécessaire d'utiliser de l'hypnose ni même de la relaxation. Contrairement à ce qu'on croit, ces informations sont à portée de conscience. Il y a juste à « tendre la main » pour y accéder.

Pour certaines personnes venues me consulter, des événements de la petite enfance (même à l'âge de deux mois) ont pu être vérifiés auprès des parents. Mais, le plus souvent, les possibilités de vérification n'existent pas. C'est d'ailleurs sans importance.

Nous trouvons des cas, par exemple, où quelqu'un « revit » sa propre conception. Il arrive même que quelqu'un contacte un carton tel que les images qui lui viennent à l'esprit semblent venir d'un « ailleurs » en d'autres temps et d'autres lieux. Certains peuvent ainsi par exemple « revivre » un événement vieux de plusieurs siècles (ou plus) dans lequel ils trouvent des ruptures à gérer. Il arrive même qu'ils y expérimentent une mort qui « fut la leur ».

La difficulté ici est de donner une explication objective à de telles réminiscences. Je ne m'y hasarderai pas. Je peux néanmoins fournir quelques pistes qui trouveront écho en vous selon votre sensibilité et votre expérience. Mais il ne faut pas perdre de vue que nous ne pouvons être que subjectif (que nous soyons ou non dans le vrai). Il se peut aussi qu'aucune de ces pistes ne vous convienne ; la recherche reste ouverte !

Première piste : l'événement apparaît sous une forme symbolique parce qu'une telle forme est plus facile à gérer que l'événement réel.

Deuxième piste : l'événement fait partie d'un inconscient collectif. En travaillant sur cette mémoire collective, il structure des données qui appartiennent à toute l'humanité, mais dont il porte le poids.

Troisième piste : la matière est porteuse de mémoire comme nous le signale le physicien Jean Charron. La matière qui nous constitue nous amène donc à gérer de l'information qui nous arrive par une autre voie et est antérieure à notre existence.

Quatrième piste : par transmission de pensée, nous sommes conduit à gérer des ruptures appartenant à la vie d'autres individus.

Cinquième piste : nous avons des informations transmises par voie génétique venant de nos ancêtres.

Sixième piste : ces informations sont les nôtres, personnelles, et proviennent d'une vie antérieure. Cette piste peut être suggérée par les travaux du docteur Raymond Moody auprès de personnes réanimées après une mort apparente et se souvenant d'un vécu « hors du corps ». Egalement par ceux du docteur Ian Stevenson qui a recueilli, décortiqué et vérifié dans les registres des témoignages d'enfants se souvenant spontanément de « la mort » qui termina leur « vie antérieure » dans telles circonstances, tel pays, entourés de telles personnes, etc.

Septième piste : ces images ne sont que le fruit d'une déformation chimique ou neurologique de l'information.

b) Synthèse raisonnable

On ne devrait, faute de preuves tangibles, n'écarter aucune possibilité, mais ne prendre non plus parti pour aucune. Cette liste n'est pas exhaustive et peut-être existe-t-il d'autres explications auxquelles nous devons rester ouvert ? Toute affirmation dans ce domaine n'est que croyance. La croyance n'est pas forcément une mauvaise chose tant qu'elle reste identifiée en tant que telle. Le risque, c'est de prendre parti et de se fermer.

Les croyances peuvent aussi être scientifiques. Par exemple, je me souviens avoir eu en formation un chercheur en biologie qui ne pouvait concevoir l'éventualité que la source de la pensée et de l'information soit ailleurs que dans le cerveau (je dis bien « éventualité » et non « certitude »). Si on veut rester rigoureux, nous sommes absolument certain que tout cela passe par le cerveau (on peut même y dresser une cartographie précise), mais rien ne nous permet d'affirmer qu'il en est le générateur.

Un individu vivant depuis toujours loin de la civilisation moderne pourrait croire que les images de télévision prennent naissance dans les antennes qui sont sur les toits, car il a « scientifiquement » observé que lorsqu'on les coupe il n'y a plus d'images. L'attitude la plus rigoureuse est de différencier ce qu'on sait avec certitude de ce qui n'est que croyance.

Quoiqu'il en soit, le débat reste ouvert et, en vérité, la réponse m'importe peu. Ce qui compte, c'est le résultat.

Objectivement, j'observe que **lorsque l'on permet à quelqu'un de travailler sur son paysage intérieur** (quelle qu'en soit la provenance) **il se libère définitivement de ses problèmes.** Cette libération est observable et tangible.

Si j'ai signalé ces différentes éventualités, c'est pour vous épargner d'être surpris. Cela vous rendra possible de travailler sur ce qui se présente sans a priori et sans jugement de valeur.

Quand celui qu'on aide nous sort des informations curieuses, le piège est de vouloir les redresser selon notre « vérité ». En l'incitant à modifier ses informations pour les rendre plus raisonnables (selon nous), on risque de le détourner d'un travail efficace.

5. Remarques

a) Peut-on s'aider soi-même ?

J'ai pris, dans l'exemple ci-dessus, le cas de quelqu'un qui s'aide lui-même. Cela est tout à fait possible mais comporte des limites. Si le carton contient de trop grandes douleurs, nous en rapprochant elles seront fortement réactivées. Notre réflexe de protection nous portera à nous anesthésier et plus nous approcherons du carton moins nous serons conscient. Tout travail deviendra alors impossible. De plus, on risque de rester anesthésié et « collé » à ce carton pendant quelques jours, jusqu'à ce que tout rentre spontanément dans l'ordre (ou plutôt dans le même désordre qu'avant).

En pareil cas, cette aide pourra être apportée par une autre personne.

b) Trouver un thérapeute

Dans ce cas où l'aide doit être apportée par une autre personne, la difficulté sera de trouver le thérapeute qui nous correspond et qui aura la compétence que nous attendons.

Il est souhaitable de sortir de la notion patient/soignant car « patient » veut dire « qui subit ». Prendre activement part à notre libération permet de sentir si le thérapeute que l'on consulte nous convient ou non. Si vous sentez quelque chose qui cloche, faites-vous confiance : quittez ce thérapeute et voyez-en un autre. Non pas qu'il soit forcément mauvais, mais il ne vous convient pas, n'ayant pas le domaine de compétence ou d'expérience qui vous est nécessaire.

L'efficacité d'un psychothérapeute ne dépend pas que de son savoir, mais aussi du travail qu'il a accompli sur lui-même. A savoir égal, l'un peut vous convenir et pas l'autre. Peut-être que ce sera l'inverse pour une autre personne (il n'est pas question ici de porter de jugements).

En tant que psychothérapeute, nous ne devrions pas nous en offusquer. Un confrère, compte tenu du type de cartons personnels qu'il aura déjà rangés, sera peut-être mieux situé pour vous aider.

c) Quels cas peuvent être aidés ?

L'exemple ci-dessus ne prétend pas représenter tous les cas. D'autres techniques complètent cette démarche afin de sortir des diverses situations de blocage qui peuvent se produire (que ce soit au niveau de la localisation, de l'exploration ou de la réconciliation). Cependant, la description ci-dessus donne une idée suffisamment précise de l'esprit dans lequel cela doit s'accomplir.

L'exemple de l'ancien élève est complètement fictif. Je l'ai imaginé pour les besoins de l'explication. Son problème – relativement anodin – peut nous conduire à penser qu'il en va autrement quand les difficultés sont importantes. En réalité, pour de « gros cartons de vrac » le cheminement sera similaire. Mais le thérapeute bénéficie, en plus de cela, d'une foule de détails liés à son expérience et lui permettant d'accélérer le résultat.

J'ai eu, par exemple, à m'occuper de cas comme :

– Phobie se traduisant par une terreur de l'eau.

– Pulsion d'une mère à vouloir tuer son enfant (qu'elle adore par ailleurs).

– Personne suicidaire entendant des voix.

– Culpabilité suite à une interruption de grossesse.

– Difficultés dans le couple.

– Personne anorexique (à la limite de l'hospitalisation).

– Personnes accablées par un ou plusieurs deuils.
– Problèmes de deuil (de son organe) suite à une ablation chirurgicale.
– Situations dépressives.
– Femmes persévérant (inconsciemment) dans le fait de rencontrer des hommes violents et alcooliques.
– Personne dramatisant sa maladie.
– Stérilité (de cause psychologique).
– Etc.

Pour chacun de ces cas, j'ai été conduit à des ajustements qu'il serait trop long de traiter ici. L'objectif est de vous donner un aperçu suffisant pour démystifier la communication, l'aide et la psychothérapie. Le contenu de ce livre constitue l'essentiel de ce que l'on doit savoir pour y parvenir.

Cette approche n'est pas un amusement pour bricoleurs. Elle permet la résolution de cas lourds qui traînent leurs douleurs quelquefois depuis des dizaines d'années. Ce qui est décrit dans tous les chapitres peut suffire à faire beaucoup. Votre expérience fera le reste.

Vous devez, pour cela, avoir confiance en vous et en l'autre. N'oubliez jamais que votre interlocuteur est votre partenaire. **Vous n'êtes pas seul. Ne laissez pas seul non plus votre interlocuteur** (comme ce serait le cas dans une écoute passive).

e) Des résultats en combien de temps ?

La psychothérapie a la réputation d'être interminable. Il faut distinguer deux choses :
– le travail sur soi (qui dure toute la vie) ;
– la résolution d'un problème (qui peut ne durer que quelques heures).

Pour les cas décrits plus haut, la durée varie de une à trois séances pour arriver au résultat (souvent une seule). Mais il ne faut pas imaginer qu'en pareils cas la personne libérée se retrouve dans une vie paradisiaque. Elle n'a plus son problème encombrant et peut vivre «comme tout le monde», c'est-à-dire avec tout ce que cela comporte de soucis ! Par contre, connaissant le processus, elle devient plus capable de dénouer par elle-même les petits blocages ultérieurs.

Il se peut qu'un jour elle ait besoin d'un autre coup de main en d'autres circonstances faisant apparaître des problèmes qu'elle ne voyait pas avant. Il se peut aussi qu'elle ait besoin de revenir sur le même problème, mais sous un autre angle. Une maturation s'étant accomplie, elle peut alors l'envisager dans une dimension plus vaste.

La durée est donc très courte pour un problème donné : **une à trois séances de deux à trois heures chacune.** Telle est ma pratique avec les gens qui me demandent de l'aide.

Une séance ne s'arrête que quand une étape majeure est franchie. Souvent, elle s'arrête quand le problème est résolu. Cela permet d'éviter la difficulté que représente le fait de soulever un carton de vrac et de tout laisser en plan par manque de temps. Il faut presque tout recommencer la fois suivante et il n'y a jamais de temps pour démarrer une exploration pertinente et encore moins pour accéder à la réconciliation.

Bien menées, de longues séances ne sont fatigantes ni pour le thérapeute ni pour celui qu'il reçoit. Elles représentent surtout un inconvénient pour gérer les rendez-vous !

Cependant, **la longueur n'est pas un critère absolu,** juste une possibilité. Quelquefois, en moins de trois quarts d'heure le travail peut être terminé. Je me souviens même du cas d'une personne qui s'est libérée d'une phobie importante et ancienne en un quart d'heure à la première et unique séance (dont j'ai eu le suivi du résultat). Une telle rapidité reste cependant exceptionnelle (du moins en ce qui me concerne).

f) Qui peut aider ?

Vous par exemple, si vous le souhaitez. Vous ne ferez pas ce que fait un professionnel expérimenté, mais votre soutien sera utile. Si vous avez déjà l'expérience du contact (soignants, travailleurs sociaux, éducateurs, médecins, etc.) avec des gens en difficulté, votre capacité n'en sera que plus grande.

Si vous sentez que vous atteignez votre limite, alors déléguez vers quelqu'un de plus expérimenté.

Y a-t-il des risques ? Aucun si on respecte certaines règles de communication. Elles ont déjà été évoquées, mais on peut en rappeler les principales :

– accepter de ne pas savoir ;

– ne pas bâtir pour lui le paysage intérieur de celui qu'on aide (c'est lui qui sait) ;

– rester partenaire avec lui (on n'est pas seul).

Tout le respect qui en résulte vous met à l'abri des dérapages car votre interlocuteur a de bons filtres et de bons systèmes de défense. S'il sent que vous n'êtes pas à la hauteur ou qu'il n'est pas prêt, il ne trouvera aucun carton de vrac. Vous ne pourrez pas faire de vagues (en tout cas pas de raz de marée) car, le détectant, vous arrêterez rapidement.

Le risque, c'est l'acharnement psychologique qui porte à vouloir résoudre à tout prix. Il faut savoir lâcher prise si ce n'est pas mûr.

g) Le p'tit Zorro

Un autre risque consiste à vouloir résoudre tous les problèmes de tout le monde. Même avec beaucoup de compétence, cela ne peut conduire qu'à des dérapages.

Il faut savoir que certains problèmes ou blocages sont nécessaires aux gens qui apparemment les subissent. Parfois, ils les utilisent inconsciemment pour ne pas être tentés d'aller là où il ne faut pas. Comme Ulysse se fait attacher au mât de son bateau pour entendre les sirènes sans se précipiter vers elles, nous nous créons parfois des inaptitudes salutaires.

Si quelqu'un vient nous forcer à nous en débarrasser prématurément, il jettera le trouble dans notre vie plus qu'il ne nous aidera. **Respecter l'autre, c'est aussi lui permettre de garder ses problèmes s'il le sent mieux ainsi.**

h) Les « psychopapouilles »

Si, en plus, on n'a pas de compétences, on finit par faire ce qu'un stagiaire a un jour appelé des « psychopapouilles ». Avec un « psychopapouilleur » on ne peut prononcer un seul mot sans qu'il tente immédiatement de nous plonger dans des cartons de vrac. Tout et rien devient sujet à exploration sauvage et chevronnée à grands renforts d'interprétations, de jugements ou de mystères.

S'il est souhaitable que nous soyons à la disposition de ceux qui nous demandent de l'aide, nous devrions laisser tranquilles ceux qui ne veulent rien. Tout au plus quelques « touches » par-ci par-là pour créer des opportunités, mais avec cette capacité à ne pas insister quand ce n'est pas le moment.

6. Beaucoup avec peu

On aurait tort de croire que pour apporter un soutien psychologique il faille disposer de beaucoup de connaissances et de technicité. Le continuum qui va de la communication à la psychothérapie (en passant par l'aide) fait que rien qu'en étant communicant, on apporte déjà beaucoup… parfois plus que certains thérapeutes professionnels qui ne communiquent pas et se bornent à la technicité. Si la compétence technique est très utile, sans communication elle devient caduque et nous assistons à un formidable gâchis.

a) L'autre comme partenaire

A titre d'exemple, j'aimerais vous citer le cas d'une infirmière que j'ai formée dans un stage de « relation d'aide ». Entre deux périodes de stage, elle a vécu l'expérience suivante : une personne âgée, hospitalisée dans son service refusait alimentation et traitements. Plus on essayait d'être « gentil » avec elle, plus elle devenait agressive. Il était courant qu'elle insulte le personnel et même qu'elle en vienne à mordre et à griffer. La situation semblait tellement insoluble qu'on envisageait de la diriger vers un service de psychiatrie.

L'infirmière, de nouveau face à elle, reçut en pleine figure l'agression habituelle : « Je suis vieille. Foutez-moi la paix. Fichez le camp. Je ne prendrai pas vos saloperies. Laissez-moi crever tranquille… » Cela en joignant l'agressivité physique à l'agressivité verbale. Plutôt que de tenter d'être rassurante comme à l'habitude (« Ne dites pas ça. On va s'occuper de vous. Tout ira bien, etc. »), l'infirmière lui a simplement dit : « C'est vrai, vous êtes âgée. Je comprends aussi que vous puissiez ne plus avoir envie de vivre. » A partir de ce moment, l'agression a disparu et elle a accepté de recevoir la nourriture et les soins.

Que s'est-il passé ? Qu'est-ce qui a changé ? Simplement qu'avant, croyant la rassurer, on rejetait purement et simplement ce qu'elle disait (« Ne dites pas ça… »). N'ayant pas le moyen de faire passer son message que tout le monde s'évertue à détruire à chaque tentative, elle devient elle aussi (tant qu'il lui en reste l'énergie) destructrice.

Croyant aider en rassurant, les soignants, en fait, étaient involontairement destructeurs en occupant le niveau « caché saint-bernard ». Au contraire, quand on a accueilli son message, elle s'est sentie comprise et réhabilitée. Cela a suffit à tout faire rentrer dans l'ordre au grand étonnement de l'équipe.

Cette infirmière n'a rien fait d'extraordinaire pour arriver à un tel résultat : **elle a seulement été communicante.** L'aide consistait ici à ne pas ajouter un carton de vrac en induisant une rupture supplémentaire. La dame âgée avait fort à faire à s'accueillir dans sa fin de vie et ne pouvait supporter qu'on y ajoute le fardeau d'une rupture de plus en essayant de la rassurer plutôt que de l'écouter. L'accueillir et la comprendre étaient une aide suffisante pour le moment.

Beaucoup de difficultés peuvent se résoudre simplement en étant communicant. En plus, selon les opportunités, on peut accompagner quelques rangements de cartons de vrac ça et là quand il y a correspondance entre la situation qui se présente et ce dont on est capable. L'important est de ne jamais oublier que l'autre est notre partenaire.

Je me souviens d'une soignante qui, devant relever seule une personne âgée corpulente, lui dit : « Je vais vous aider. » Celle-ci, lucide lui répondit : « Vous n'y arriverez pas, je suis trop lourde. » Sans se laisser démonter par cette vérité, l'infirmière ajouta simplement : « C'est vrai (accueil). Seule je ne peux pas. Mais à nous deux ce sera *peut-être* possible (aide proposée). » Fortes de ce partenariat, elles ont pu accomplir ce qui était autrement irréalisable. En lui accordant qu'elle avait raison, elle lui redonna vie et en fit un excellent partenaire.

La différence, ici, c'est l'**invitation respectueuse au partenariat que nous adressons à celui qu'on aide.** Cela n'a rien à voir avec une réflexion du genre : « Si vous faisiez un effort ça serait plus facile ! » (avec ce qu'il faut de reproches dans le non-verbal). De telles situations se produisent maintes fois journellement. Si on y est au moins communicant, on y gagne beaucoup de résultats et beaucoup de temps. On évite le stress.

b) Le manque de temps

Dans bien des situations, nous disposons de peu de temps. Dans le milieu hospitalier, par exemple, nous trouvons beaucoup de malades et trop peu de soignants, ce qui conduit chacun à une importante charge de travail. Dans ces conditions, l'aide ou la communication sont-elles possibles ?

Oui. **Et moins on a de temps, plus on devrait communiquer !** A chaque fois qu'on n'a pas été communicant avec un malade, il risque de sonner plus souvent, de refuser son traitement, de mal accueillir un diagnostic, de soulever des problèmes qui n'en sont pas pour essayer néanmoins d'obtenir de l'attention, etc. Outre la perte de temps engendrée, cela peut conduire à des aberrations thérapeutiques où l'on tente de soigner un « mal » qui n'est en fait que l'expression d'un « mot » non accueilli.

Si on arrive malgré tout à supprimer ce mal, c'est un peu comme si on l'invitait une nouvelle fois à se taire ! Cela s'ajoutant au fait que la prise d'un médicament inutile peut s'avérer la source de troubles iatrogènes qu'il faudra ensuite aussi traiter, etc. Cela représente un gouffre de temps et d'argent, et aspire les heures et les finances mieux que ne le ferait un trou noir.

On trouvera beaucoup de similitudes dans d'autres situations de vie (telles qu'on les verra dans les deux chapitres suivants).

Bien qu'il soit aisé de vérifier que moins on a de temps plus on doit être communicant, il y a des situations qui sont un seuil en dessous duquel il ne faut pas descendre. Il y a toujours une limite au-delà de laquelle une charge excessive de travail produit une rupture inévitable.

Notons simplement que **de nombreuses pertes de temps sont engendrées par un manque de communication et non l'inverse.** Dans le cas de la femme âgée agressive, on n'a pas eu besoin de plus de temps pour communiquer. Au contraire, cela a été plus rapide sur l'instant et pour tous les instants qui ont suivi.

c) Nos propres cartons sont-ils une gêne pour aider ?

Il est évident que plus on aura rangé ses cartons de vrac, plus on sera libre et disponible pour aider. Cependant, il n'est pas nécessaire d'avoir rangé la totalité de ses cartons (si toutefois cela est possible).

La gêne la plus importante peut se produire quand on est dans une réactivation particulièrement douloureuse, surtout si on aide quelqu'un ayant un problème similaire au nôtre. On risque alors de se laisser emporter par le flot émotionnel en s'identifiant à ce que vit cette personne. Ayant une difficulté à s'aider soi-même, on se sent incapable de l'accompagner vers un mieux.

Mais, en dehors de ce cas extrême, on peut très bien aider sans avoir réglé ses propres difficultés. Il faudra, par contre, apporter un soin tout particulier à éviter le mirage relationnel. On y parviendra **en accordant plus d'attention à l'individu qu'à son problème,** de la même façon qu'on accordait plus d'attention à l'individu qu'à son propos.

La figure 20 concernant les mirages relationnels deviendra la figure 21 si on l'applique aux cartons de vrac.

L'erreur à ne pas commettre est illustrée par la figure 22 lorsqu'on accorde plus d'attention au problème qu'à l'individu. Quand on met l'attention sur le carton de vrac de son interlocuteur, on « tombe » dans un carton de vrac équivalent chez nous. Cela se produit par le même phénomène de dénaturation de l'information que celui décrit dans le mirage relationnel. Il y a résonance entre le carton de vrac de notre interlocuteur et celui que nous avons en nous, alors nous devenons inefficace.

Nous éviterons cela en donnant l'essentiel de notre attention à notre interlocuteur en tant qu'individu tel que cela est décrit figure 21, en prenant soin d'éviter de tomber dans son problème comme décrit figure 22.

Si on parvient parfaitement à rester lucide par rapport au fait que le problème de l'autre est différent du nôtre (même quand il lui ressemble beaucoup), si on donne plus d'attention à l'individu qu'à ses cartons, alors on peut être efficace même si on n'a pas tout réglé pour soi-même.

S'il fallait attendre d'être parfait, nous n'aurions peut-être aucun espoir de commencer un jour !

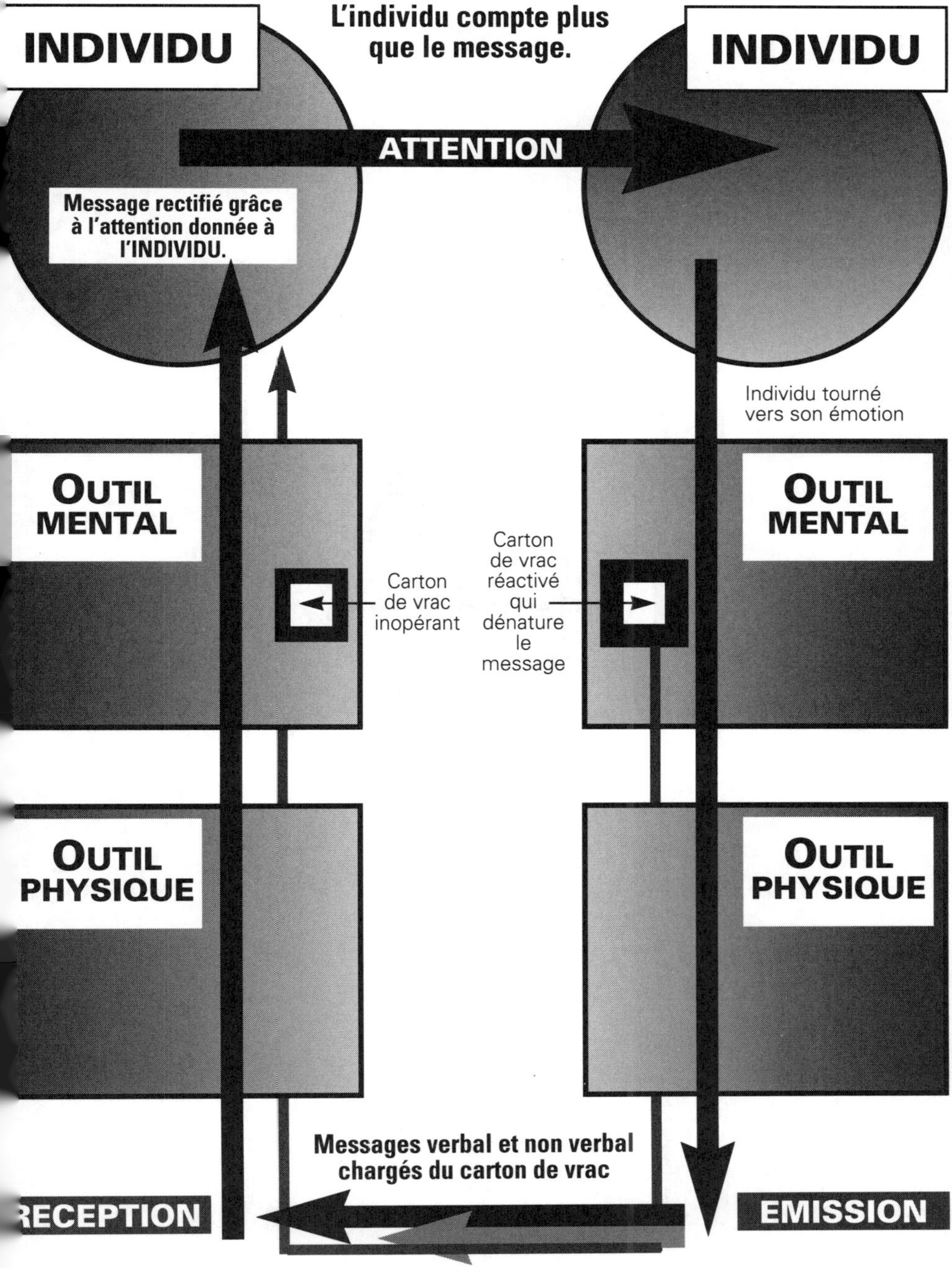

Fig. 21 : **Carton de vrac** (donner de l'attention pour ne pas subir).

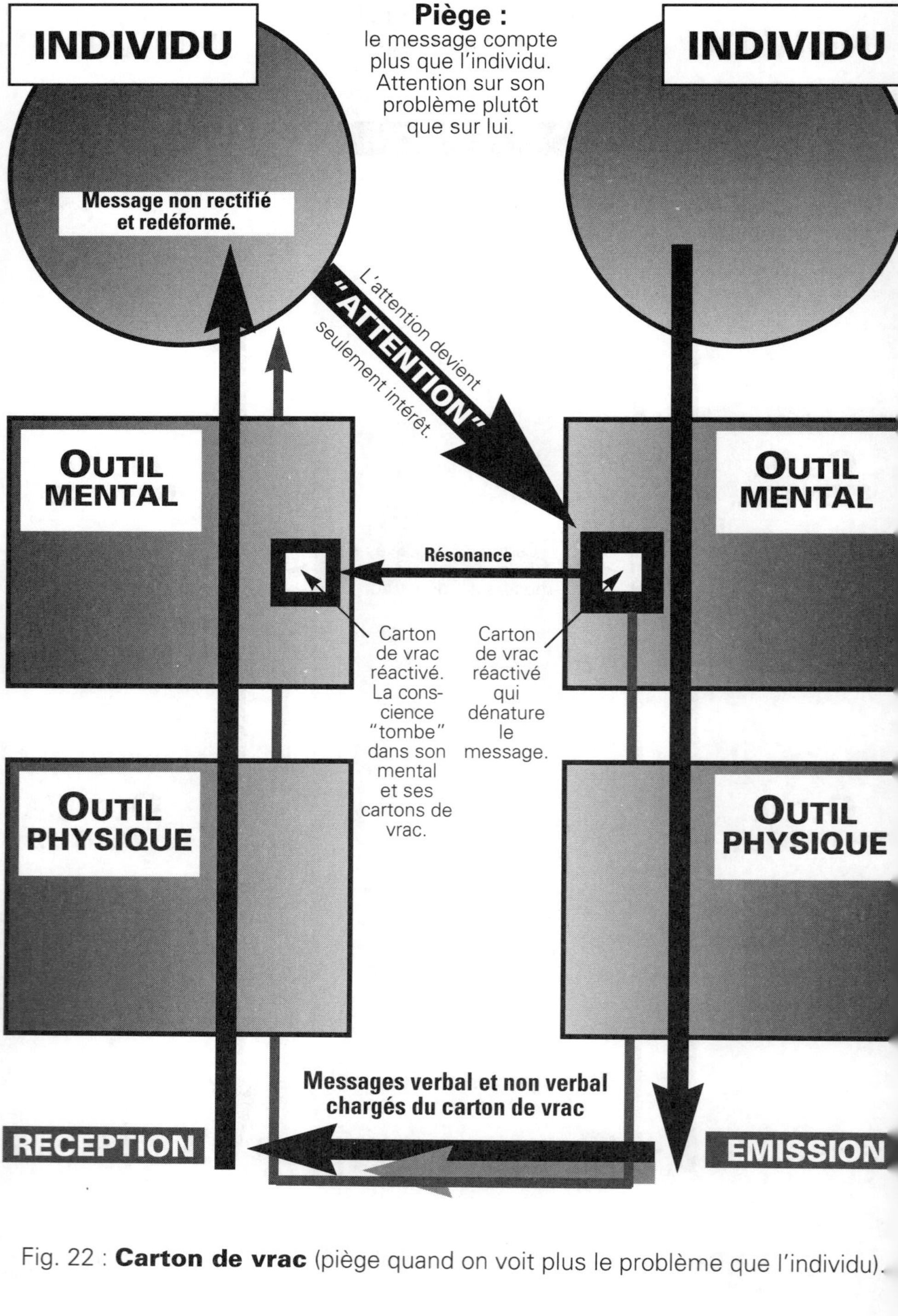

Fig. 22 : **Carton de vrac** (piège quand on voit plus le problème que l'individu).

7. Donner raison à tout prix

Ce cas particulier de carton de vrac mérite d'être mentionné, car on le retrouve dans beaucoup de situations. **Ici, on se met en rupture avec soi pour donner raison à l'autre.**

L'autre étant d'abord en rupture avec nous, comme il est très important à nos yeux nous essayons de faire en sorte qu'il nous apprécie. Pour cela, nous essayons d'être « comme il voudrait qu'on soit ». Mais, comme on a besoin de cet autre, on ne peut pas s'offrir le luxe de lui donner tort en nous montrant meilleur qu'il ne nous voit. Lui donner tort, ce serait le perdre.

a) Le dilemme

– Soit être comme il veut pour être apprécié de lui. Mais, dans ce cas, ce serait lui donner tort de nous avoir mal jugé. S'il a eu tort, cela signifie qu'il était stupide et nous ne supportons pas qu'une personne que nous aimerions apprécier soit stupide.

– Soit faire ce qu'il nous reproche pour lui donner raison de nous critiquer car, ainsi, cela prouve qu'il n'est pas stupide de nous avoir mal jugé. Dans ce cas, nous le gardons comme ayant de la valeur à nos yeux ; son image n'est pas ternie pour nous, mais nous perdons notre propre estime de nous-même. Rien n'est parfait !...

Par exemple, le cas d'une personne qui passe son temps à se dévaloriser, à se critiquer et à dire qu'elle n'est bonne à rien. On pourrait être tenté de la rassurer en essayant de lui démontrer qu'elle se trompe, qu'en réalité elle a de la valeur. Plus on essaie, plus elle s'enferme et s'angoisse. Ainsi peut-elle ressentir le fait d'être aimée comme une agression, car cela voudrait dire qu'elle a de la valeur... et contredirait ce dont elle s'est nécessairement convaincue : qu'elle n'en a pas.

Pourquoi quelqu'un peut-il tant tenir à ne pas avoir de valeur ? Parce qu'il faut donner raison à celui qui a dit qu'elle est nulle. Cela a pu être dit verbalement ou non, volontairement ou non. Mais celui qui l'a dit a tant d'importance pour elle qu'il doit obligatoirement avoir raison. S'il avait tort, elle le perdrait, et ce serait pire que d'être nulle.

Autre exemple : une personne ne supporte pas d'être aimée par qui que ce soit, même pas de la part de ses enfants ou de son conjoint. Quand on lui témoigne de l'amour, cela la rend agressive. Elle découvre qu'en fait sa mère ne l'a pas voulue ni accueillie. Elle estime alors qu'il faut qu'elle ait été une bien mauvaise enfant pour que même sa mère ne l'accueille pas.

Ne se sentant pas aimée, elle fera tout dans sa vie pour plaire. Elle fera tout pour remédier à ce qu'on lui a «reproché». Mais, inconsciemment, elle fera aussi tout pour que ses efforts n'aboutissent pas, car ce serait donner tort à sa mère. Or, sa mère ne peut pas avoir tort... sinon cela reviendrait à dire qu'elle est une mère mauvaise ou stupide. Et on préférera avoir été soi-même nul plutôt que d'imaginer qu'on ait eu de mauvais parents.

Donc, les parents faisant des reproches incitent l'enfant à s'affirmer et à leur démontrer qu'ils se trompent. Mais, en même temps, pour ne pas «perdre» ses parents, cet enfant fait inconsciemment tout pour leur donner raison.

Cette personne qui n'avait pas été accueillie par sa mère voudra tout faire pour la «séduire» et être aimée par elle. Mais, en même temps, pour ne pas lui donner tort afin de la «garder parfaite», elle fera malgré elle tout ce qui lui est reproché. Cela ressemble au comportement de l'enfant qui maudit ses parents mais qui ne permet à personne d'en dire du mal.

D'ailleurs, je ne sais pas si vous l'avez remarqué, plus on reproche quelque chose à un enfant plus il le fait, même s'il s'en défend. La difficulté qu'il a à se corriger ne vient pas forcément du fait qu'il veut s'opposer, mais parfois aussi de la gêne qu'il ressent à donner tort à ceux qui le critiquent (quand ce sont des gens qui comptent beaucoup pour lui). Alors, il fait des efforts pour s'améliorer, mais n'y parvient pas car, au fond, pour lui ce serait pire de perdre la valeur de ceux qui lui font des reproches que de ne pas avoir leur estime.

Cela peut nous conduire dans la vie à ne pas réussir dans certains domaines malgré toute notre application à y parvenir.

b) Remède

Le remède à un tel carton de vrac est de **différencier le message apparent du message réel** et de **s'individualiser.** Celui qui nous a critiqué ne parlait pas de nous, mais de lui, de ses craintes et de ses gênes.

Il avait raison par rapport à ses blessures et à son histoire, mais pas par rapport à nous. Nous pouvons accueillir en nous ce qui émane de lui, qui parle de lui (en verbal ou non) et comprendre en quoi il a raison (par rapport à lui et non plus par rapport à nous). Cela ne compromet plus alors sa valeur à nos yeux et nous ne sommes plus obligé d'agir selon ses reproches pour qu'il n'ait pas tort.

Dans l'exemple ci-dessus, l'enfant non accueilli par sa mère peut comprendre que ce non-accueil est justifié par le contexte présent et antérieur de celle-ci et non par lui. Sa mère a donc raison par rapport à sa propre histoire et l'enfant peut développer ses propres compétences sans lui donner tort. Il ne le fait pas non plus pour qu'elle l'apprécie : il le fait simplement pour être lui. Cela lui devient accessible car s'étant individualisé et l'ayant accueillie, il ne se sent plus en manque d'elle.

On remarquera, une fois encore, qu'une exploration fine n'aboutit pas à un rejet ou jugement quand on découvre plus de détails (même désagréables). Elle conduit au contraire à une plus grande considération d'autrui et de soi-même.

CHAPITRE XVII

La communication dans le monde professionnel

La communication ne doit pas rester le privilège des situations d'aide ou de thérapie ; **elle est essentielle partout.** Dans le monde professionnel, on en parle beaucoup et les tentatives d'efficacité sur ce thème abondent. Par exemple :

– On y a mis en place des systèmes de réunion et des cercles de qualité sensés, par la communication, améliorer la vie professionnelle, la qualité de la production ainsi que la productivité.
– On y a étudié des techniques de management.
– On y a inventé des systèmes de participation.
– On y a parlé d'accueil et de relations client/fournisseur au sein de l'établissement, cherchant à éveiller la considération en sensibilisant au fait que nous sommes tous le client de quelqu'un et le fournisseur d'un autre.
– Dans un élan supplémentaire de lucidité, on y a évoqué l'approche systémique où chacun a conscience de son rôle et de sa place dans un système global où tout est en interaction.

Les résultats de toutes ces démarches n'ont pas toujours été heureux, car **on pensa beaucoup aux outils de la communication mais on omit de se pencher sur ce qu'est « communiquer ».** Les déboires furent parfois tels que certains ne veulent plus entendre parler de ces réunions, ni de techniques de management, ni de communication, ni d'accueil... Tout cela leur semble « gadget ».

1. L'état communicant doit préexister

Pourtant, la communication est nécessaire à tous les niveaux du monde professionnel. Si l'on a souvent échoué dans ce domaine, c'est **faute d'en avoir approché le fond plutôt que seulement la forme.**

On a confondu le fait de créer un journal d'entreprise, mettre en place un système d'affichage, organiser des réunions, proposer des rencontres (telles que repas, activités sportives, projection de documents vidéo, visite de l'entreprise), créer des lieux de rencontre, des messageries informatiques... tout cela et bien d'autres choses avec la communication. Il en a résulté de gros investissements pour de maigres résultats (quand ce ne sont pas des résultats opposés à ceux escomptés). Quand il y a eu aboutissement, c'est que les personnes étaient *déjà communicantes.* Tous ces outils sont favorables à l'épanouissement d'un état communicant déjà existant. A eux seuls, ils ne le produiront pas.

Afin de donner un aperçu de ce « fond » qui donne vie à la « forme », je vous proposerai de considérer le rôle de la communication dans **trois secteurs** d'une entreprise ou d'un établissement. Je n'en citerai que trois pour simplifier (mais tous sont concernés) : le *commercial,* le *management* et l'*accueil.*

2. Le commercial

Le commercial ne concerne apparemment pas les secteurs administratifs ou hospitaliers avec lesquels je travaille beaucoup en tant que formateur en communication (management, aide, accueil, conduite de réunion, décloisonnement des services, entretiens d'évaluation, entretiens de formation, etc.). Pourtant, il est un aspect essentiel de tout fonctionnement.

Dans l'entreprise cela est évident mais, même dans une administration, nous avons à proposer et à demander des services et cette « circulation de l'énergie » que représente le travail est très proche du commercial.

Je souhaite ici revaloriser la notion de « commercial ». En vérité, il en existe deux aspects : l'un bassement mercantile (intérêt à condition), l'autre hautement partenaire (attention avec moins de conditions). C'est à cause du premier que la réputation est si mauvaise, mais celui-ci ne mérite pas le nom de « commercial ». Seul le deuxième est concerné.

Comme je l'ai mentionné plus haut, on dit parfois que toute relation est une **relation client/fournisseur :** nous sommes en toute circonstance le client de certains en même temps que le fournisseur d'autres.

Commercial ne signifie pas systématiquement « circulation d'argent », mais aussi de biens et de services. Dans son sens noble, il conduit au partenariat et au conseil. La manipulation en est exclue. La communication (au sens décrit dans cet ouvrage) en est la base première.

Si la partie commerciale a quelquefois mauvaise réputation, cela s'explique par le fait qu'on a longtemps (ça existe encore !) pratiqué le commerce non en gagnant/gagnant mais comme un jeu vainqueur/vaincu. Nous y trouvons aussi le poids des croyances concernant l'argent.

Concernant la relation vainqueur/vaincu, nous avons déjà vu qu'à long terme il y aura deux perdants. On ne peut fidéliser une clientèle qu'on arnaque (même si on l'arnaque « honnêtement »).

Un bon commercial considérera son client comme un partenaire et réciproquement. En un sens, **le commercial et l'aide sont de proches parents.** Comme dans l'aide, il faut accompagner le client pour l'aider à préciser son véritable projet ou son véritable besoin afin que son achat lui soit pleinement satisfaisant. Pour l'accompagner ainsi, on devra respecter les mêmes règles d'exploration (ne pas savoir, etc.) et accepter des éventualités insoupçonnées au départ.

Le commercial qui suit surtout son idée pour convaincre ne fait, au contraire, qu'affirmer à sa clientèle qu'elle est stupide. Même en y mettant beaucoup de formes, cela prend une allure démagogique (mais destructrice) insupportable.

Si la vente se fait malgré tout, c'est qu'il y aura eu manipulation. La fidélisation est alors compromise et le fonctionnement de l'entreprise peut s'en trouver affecté, car faire de nouveaux clients en permanence coûte cher. Par voie de conséquence, tout le personnel est ainsi exposé aux résultats désastreux d'une telle pratique.

Concernant les croyances sur l'argent, il faut savoir que l'argent n'est qu'un stockage du travail sous une forme commode. De même qu'on stocke l'électricité dans une batterie, on stocke le travail dans l'argent. Il serait peu pratique de pédaler pour actionner une dynamo à chaque fois qu'on doit s'éclairer. Il est plus rationnel de pédaler (ça fait du sport) dans des moments libres et, grâce à un accumulateur, de stocker l'électricité produite pour l'utiliser plus tard. Ainsi ne sera-t-on pas obligé de tout faire en même temps.

Suite au travail (énergie), nous récupérons de l'argent (accumulateur). On pourrait comparer la carte bleue à une batterie et les machines dans lesquelles on les introduit aux prises de connections électriques qui nous permettent de récupérer le fruit de notre travail sous la forme dont nous avons besoin.

Mais nous savons que toute circulation et transformation de l'énergie en consomme une partie. On n'a jamais un rendement à 100 %. Le but est d'éviter un maximum de déperdition. Comme pour l'électricité, pour l'argent on maîtrise mal les supraconducteurs (qui transportent l'énergie avec un rendement à 100 %).

L'argent circule dans la société également comme le sang dans un organisme. Pour en optimiser la circulation, nous avons besoin de commerciaux qui en sont le cœur. Ou encore, comme pour le chauffage central : l'eau chaude monte spontanément par convection, mais on a observé qu'en plaçant une pompe qui accélère mécaniquement cette circulation on chauffe plus en consommant moins d'énergie.

Le rôle du commercial est donc un rôle noble puisqu'il contribue à la santé de notre société en y facilitant la circulation de l'énergie. Comme pour le cœur, s'il est sain il évite l'infarctus monétaire. Malheureusement, le commercial n'est pas toujours communicant et la société pas toujours en bonne santé !

En pratique, imaginons que vous achetez une voiture. Vous manifestez de l'inquiétude à propos de la consommation de ce véhicule. Si le commercial vous sort une démonstration « prouvant votre erreur » avant même que vous ayez fini de parler, il en résultera pour vous une frustration. Si cela se produit à chaque fois que vous tentez de dire quelque chose, au bout d'un moment vous n'avez plus envie d'acheter (c'est comme si on vous disait à chaque fois : « Vous êtes stupide », comme à la femme âgée agressive qu'on voulait rassurer). Avec un tel vendeur, l'entreprise perd alors à vos yeux toute crédibilité et vous en ferez une mauvaise publicité.

Celui-ci devrait « recevoir, comprendre, accueillir et explorer » votre remarque avant d'émettre la moindre explication. Quand, par exemple, vous lui exprimez votre crainte : « J'ai peur que la consommation soit excessive ! », il devrait l'accueillir : « D'accord, vous craignez cela » et poursuivre par une exploration telle que : « Quelle serait pour vous la consommation idéale ? », ou : « Quelle consommation imaginez-vous ? », ou : « En quoi la consommation est-elle un facteur essentiel pour vous ? », etc. Puis, connaissant le fondement de votre préoccupation réelle, il peut vous expliquer l'aspect technique du pour et du contre et vous orienter vers le véhicule qui vous correspond. **Il doit vous aider à gérer vos peurs, mais pas vous précipiter dans le vide.** Un tel comportement vous sera agréable et, appréciant la pertinence de ses conseils, vous préférerez acheter à lui plutôt qu'à un autre en qui vous sentez que vous ne pouvez pas avoir confiance.

Cela profitera à vous, au commercial, à son entreprise et à tout le personnel car l'ensemble représente un système où tout est relié.

3. Le management

a) L'art de diriger

Terme consacré à la mode, pour parler de *diriger* ou d'*encadrer.* Manager une équipe, c'est conduire cette équipe. Le directeur général manage son équipe de cadres supérieurs qui, à leur tour, managent l'encadrement qui lui manage les chefs d'équipe qui eux managent leurs équipes dont chaque membre se manage lui-même pour mener à bien la tâche qui lui est demandée. Il y a du management à tous les étages !

On doit même manager des personnes appartenant à d'autres services. Bien que n'ayant aucun lien hiérarchique, on doit travailler avec. Ce cas est plus délicat, car si la communication fait défaut on ne peut se réfugier dans le pouvoir pour en compenser momentanément le manque.

Pour manager une personne, on devrait être communicant, par exemple dans les situations suivantes : **donner un ordre, corriger une erreur, donner ou recevoir une information, gérer une situation émotionnelle ou un conflit…**

Que signifie « être communicant ». Doit-on s'asseoir et prendre le café pendant des heures pour discuter ?

Non. Etre communicant, c'est tout autre chose. Comme nous l'avons évoqué tout au long de ce livre, c'est **un état d'être :** être capable de s'ouvrir à nos interlocuteurs à travers leur verbal et surtout leur non-verbal. C'est les considérer comme des *individus* à part entière. **Pour éviter que les gens soient individualistes, il faut les aider à s'individualiser.**

Pour la majorité des échanges on pourra se contenter d'être clair et direct. De nombreux échanges professionnels ayant une vocation surtout matérielle (échanges d'informations pour assurer la production) se feront simplement avec les outils et précautions techniques appropriées (courrier, téléphone, fax, réunion, reformulation, etc.). Le message d'accueil y signera le fait qu'on est communicant. Aucun message supplémentaire n'y est *a priori* nécessaire.

Dans la majorité des cas, il n'y a donc pas de précautions particulières à prendre. A chaque fois que nous aurons un contact avec quelqu'un nous devrons cependant toujours *avoir un œil sur notre « bip »* (ce petit « truc » qu'on porte à la taille ou dans sa poche et qui sonne quand quelqu'un veut qu'on le contacte. Cela permet de vaquer à ses occupations tout en pouvant être joint en cas de nécessité.).

Le bip dont je parle ici est le non-verbal.

A priori, il n'y a pas à prendre de précautions exceptionnelles pour que l'information circule **à condition d'entendre le non-verbal** quand il vous invite à des réajustements ou à des explorations fines. Voici quelques exemples :

b) Donner un ordre

Quand on donne un travail à faire, on dit ce qu'on souhaite avec un maximum de clarté, un point c'est tout. Mais, si votre interlocuteur vous retourne un non-verbal montrant que ce travail le dérange ou qu'il ne comprend pas, ou qu'il n'est pas d'accord même s'il a verbalisé « D'accord ! », vous avez intérêt à lui permettre d'exprimer tout haut ce qu'il pense tout bas. Pour cela, il faut l'y inviter clairement et sans aucune insinuation de jugement.

Vous n'êtes pas obligé de le faire mais, dans ce cas, vous posez ou laissez sur le chemin une mine qui risque d'exploser au moment où vous vous y attendrez le moins.

c) Corriger une erreur

Lorsqu'une personne commet une erreur dans son travail, il faut la corriger. Pour cela, vous allez lui signaler ce qui ne va pas et lui expliquer ce qu'elle devrait faire. Cela peut marcher mais, souvent, on se retrouve confronté au même problème se reproduisant un peu plus tard, générant des pertes de temps et d'énergie, montées du stress et de l'émotion, perte de contrôle de la situation.

Pour y remédier, on ne devrait jamais aller voir quelqu'un en lui disant : « Vous devez avoir un problème là, car il y a eu une erreur. » Cette entrée en matière est désastreuse car, en vérité, celui qui a le problème c'est *vous,* pas lui (c'est vous qui êtes ennuyé avec la mauvaise production).

Vous devriez l'aborder en exposant la situation réelle : « J'ai un problème (moi). Voilà, ce travail ne convient pas par rapport à ce que j'attends (mon projet). Que s'est-il passé (exploration du comment l'erreur s'est produite, et cela sans aucun reproche mais avec précision) ? » Il ne s'agit pas de donner de l'information, mais d'en recevoir. Vous devez permettre à la personne de clarifier dans son paysage intérieur le processus par lequel elle a fait ceci plutôt que cela en l'invitant à vous l'expliquer. **Pour maîtriser une erreur, il faut connaître ce qui l'engendre.**

Si votre non-verbal est correct, la personne – ne se sentant pas reprochée mais partenaire – va vous expliquer ce qui s'est passé et, avec vous, trouver comment y remédier. On inverse ainsi la situation :

– Ce n'est pas *« elle qui a un problème auquel vous apportez la solution »*.

– C'est *« vous qui avez un problème auquel elle apporte une solution »*.

Pour que la solution soit rapide et optimum, vous mettez en commun toutes les données dont chacun de vous deux dispose (vous n'abandonnez pas votre interlocuteur seul dans sa recherche, vous l'accompagnez par de **vraies questions**).

d) Face aux situations émotionnelles

Lorsque vous êtes confronté à une situation émotionnelle telle que colère, chagrin, soucis personnels, vous ne devez pas y rester indifférent. On ne peut travailler que quand on est *pleinement présent* (la présence physique ne suffit pas).

Cela ne veut pas dire que vous devez vous immiscer dans la vie privée des gens que vous managez, mais vous devez y être ouvert tout en respectant les règles de communication.

On peut même être conduit à aider comme nous l'avons vu dans le chapitre précédent. Cette aide peut se limiter à accompagner votre interlocuteur vers « ses » remèdes comme nous l'avons vu dans le chapitre IX. Il peut parfois être opportun d'aller plus loin.

e) Gérer un conflit

Pour gérer une situation conflictuelle où des opinions et des comportements s'opposent, il est souhaitable d'être soi-même parfaitement individualisé et sincère. On fera ensuite passer l'individu « rebellé » de l'état *individualiste* dans lequel il est à celui d'*individualisé.* Il y retrouve alors sa propre dimension, sa sécurité et le discernement qui en résulte.

L'individu en conflit est inconscient de l'autre car il fait référence à un « savoir absolu » qui lui semble le seul possible pour tout le monde. Celui qui s'en écarte, lui, est insupportable car il le renvoie à une différence inacceptable. Faisant référence à une « vérité » qu'il croit commune, il n'a pas notion d'individualité et imagine que tout le monde est baigné dans cette même « évidence ». Celui qui s'en écarte ne mérite pour lui aucun intérêt, aucun ménagement ni aucune considération. Peut-être même le considère-t-il comme « un peu dérangé » ?

Pour le sortir de cette ornière, nous devons donc **l'aider à s'individualiser,** mais il y résistera si nous ne prenons pas garde au fait que cela le conduit **à découvrir son non-savoir.** En effet, cela implique de reconnaître qu'on ne sait pas à la place de l'autre. Pour qu'il avale cette pilule un peu amère au premier abord (mais sécurisante par la suite), nous devrons généreusement lui manifester nos messages de cohérence.

Chaque palier de cohérence révèle l'intelligence de son point de vue par rapport aux données dont il dispose (ses connaissances, son histoire, ses blessures, ses projets, ses croyances, etc.). On poursuit ainsi l'exploration de la situation jusqu'au point où son non-savoir apparaît. Arrivé là, on lui demande s'il souhaite qu'on remédie à ce non-savoir, puis on accède ainsi à des données nouvelles qui **lui permettent d'avoir une vue plus systémique de la situation.** Il peut alors se réconcilier et réfléchir à la situation en partenaire avec son interlocuteur.

Au bout du compte, **il n'a jamais tort ;** il manquait seulement de quelques éléments (et l'autre manquait des siens). On pourrait objecter qu'ils se sont déjà « dit » maintes fois ce qui ne va pas. Mais ça ne compte pas car, sous forme de reproches lancés à la figure, ils ne pouvaient entendre. Cette démarche ne doit en aucun cas être manipulatrice, auquel cas l'échec est assuré. De toute façon, ce serait sans intérêt par rapport à tout ce que nous avons vu depuis le début de ce livre.

Exemple : une personne est en conflit avec un collègue et vous le fait savoir au moment où vous lui demandez d'exécuter quelque chose. Elle s'oppose à votre demande, prétextant que ce n'est pas normal qu'on la charge de travail alors que d'autres, souvent, ne font rien. Selon elle, sa vérité est que l'autre ne fait rien et qu'il y a injustice. Si telle est sa perception, vous ne devez pas la mettre en doute, mais **emplir votre esprit de l'idée qu'elle a forcément raison** par rapport à ce qu'elle sait et ce qu'elle sent.

Quand vous explorez la situation en lui demandant de vous préciser ce qu'elle pense (comme dans le chapitre VIII), explorez toujours avec l'idée que vous allez vers l'intelligence de son raisonnement. Vous n'avez aucune suspicion et cela se sentira dans votre non-verbal.

Quand elle dit : « Je ne ferai pas ça, il n'y a pas de raison, ce sont toujours les mêmes qui bossent ! », vous accueillerez : « O. K. » Puis vous l'inviterez à exprimer une précision : « Que se passe-t-il ? » avec un non-verbal qui est vraiment une invitation et non une mise en demeure de s'expliquer qui sous-entendrait qu'elle exagère sûrement un peu. **Vous l'invitez à révéler l'intelligence de sa remarque en laquelle vous avez toute confiance.**

Elle vous révèle alors, par exemple, que son collègue laisse toujours la partie du travail qui le dérange, partie qui, chaque fois, retombe sur elle. Elle ajoute que l'autre est un fainéant, que c'est insupportable et qu'il n'y a rien à en tirer. Elle ne le supporte plus.

Vous lui adressez alors un message de cohérence : « Si cette personne vous laisse faire tout le travail ingrat, je comprends que cela vous soit insupportable » (attention à votre état d'esprit ; le moindre écart de non-verbal qui en résulterait gâcherait tout). Vous continuerez l'exploration en demandant : « Pourquoi dites-vous qu'il n'y a rien à en tirer ? » (toujours avec un non-verbal sans jugement ni suspicion, invitant sincèrement à aller vers la clarification). Elle répondra par exemple : « Parce que j'en ai marre ! » Après avoir accueilli cela, vous lui demanderez : « Savez-vous pourquoi il agit ainsi ? » Elle répondra : « Non, mais il m'énerve ! » On peut alors lui proposer : « Souhaiteriez-vous qu'on essaye de mieux comprendre ce qui se passe, pourquoi il agit ainsi ? Je pourrais en parler avec lui. Il a certainement une raison ! » **On l'éveille ainsi à la cohérence de l'autre** que nous devons découvrir. On l'éveille à la différence et **à l'individualisation sans risque** puisque portée par le respect et la cohérence.

Se sentant appréciée et surtout reconnue (sans condition) par nous, elle ne se sent **ni en danger ni en concurrence** par rapport à l'autre quand il s'agit de le considérer lui aussi comme pertinent.

Pour que la personne accède à une conscience plus vaste de la situation elle doit être intelligente. Pour cela, il suffit qu'elle soit *reconnue comme telle* à travers notre exploration et notre non-verbal. On serait soi-même incohérent en espérant être compris par quelqu'un à qui on n'accorde pas d'être intelligent.

f) Résumé

1. On permet l'individualisation grâce à la considération dont on témoigne à travers les révélations de cohérence.
2. On conduit au non-savoir nécessaire pour devenir demandeur d'informations nouvelles.
3. On dispose alors des éléments nécessaires pour trouver des remèdes optimum grâce à une vue différenciée et systémique de la situation.
4. Toute la démarche est conduite par un état d'esprit ou le respect authentique passe naturellement dans le non-verbal. Tout écart d'authenticité provoque une rupture de confiance.

Démagogues et manipulateurs, s'abstenir !

4. Quelle est la bonne distance ?

a) Proximité

La proximité engendrée par la communication fait craindre à certains managers de perdre leur autorité. Quelques-uns m'en ont fait la réflexion au cours de formation : « Mais si je suis trop proche de mon équipe, je risque de me trouver en moins bonne position pour être ferme quand il le faut. » En réalité, **on n'est jamais trop proche.** La bonne distance, c'est la distance zéro.

Cette croyance (trop répandue) qu'il faut maintenir une certaine distance est le résultat de la confusion entre « être proche de quelqu'un » et « être proche de ses problèmes ». La nécessaire distance avec les problèmes ne devrait jamais s'accompagner d'une distance avec l'individu qui les a. En plus de cela (sur quoi je ne reviendrai pas, car nous l'avons largement évoqué dans les chapitres précédents), nous trouvons deux autres causes à cette croyance :

– la confusion entre communication et copinage ;
– un défaut de responsabilité de la part du manager.

b) Le piège du copinage

Communiquer ce n'est pas copiner. Il arrive qu'ayant vécu des situations privilégiées en dehors du travail (repas, sport, stages, etc.), il se crée un lien (et non de la communication) qui laisse croire à chacun que l'autre lui est acquis et qu'il peut désormais tout se permettre. C'est vrai pour les deux : le manager se permettra de demander (imposer) plus de travail et le subordonné demandera (imposera qu'on lui accorde) plus de faveurs.

Dans ce cas, le rapprochement apparent n'est en fait qu'une *manipulation* de personnages dont tout individu lucide se méfie à juste titre. La communication, au contraire, conduit au respect.

c) Manque de sens des responsabilités

Le défaut de responsabilité dont il s'agit ici résulte du fait qu'on ne supporterait pas d'imposer quelque chose de désagréable à quelqu'un dont on est proche. On aurait trop conscience de la souffrance ou du dérangement que nous lui causons. Si nous donnons ainsi une impression de grandeur d'âme, il n'en est rien car, au fond, peu nous importe qu'une personne que nous ne connaissons pas ressente ce malaise que nous voulons épargner à l'autre que nous connaissons bien. **Pour ne pas prendre la responsabilité de ce malaise, nous préférerons ne pas le voir.**

Après tout, « c'est pas nos oignons… elle est payée, elle a qu'à bosser ! On n'est pas ici pour s'occuper de ses états d'âme » sauf… quand on se connaît. Car là, on ne peut plus se le cacher. On voit trop l'autre pour ne pas se rendre compte de ce qu'on lui cause.

Une telle attitude ne marque pas la grandeur d'âme, mais le manque de responsabilité. Elle nous conduit à générer des situations dont nous ne voyons pas les conséquences. Nous devons alors diriger sans visibilité.

Je doute de l'efficacité d'un tel management. Il peut avoir de nombreuses qualités mais, à ce point précis il y aura déperdition car une partie de la route ne sera pas visible et la conduite en sera plus dangereuse.

En acceptant plus de proximité (communication et non copinage), il résulterait au contraire un plus grand respect mutuel et un ajustement spontanés dans une conscience systémique par rapport à la situation réelle. L'information circulerait ainsi de façon optimum dans les deux sens. La route serait claire et dégagée. Il pourrait s'établir un réel partenariat et non une exploitation réciproque (ou unilatérale).

5. L'accueil

On dit traditionnellement que c'est la « vitrine » de l'entreprise ou de l'établissement : l'accueil physique, l'accueil téléphonique, l'accueil du public, des clients, mais aussi celui des fournisseurs et surtout celui du personnel des autres services qui nous contactent. Accueil, accueil, accueil... il y en a partout !

Cependant, quelques confusions subsistent aussi dans ce domaine. Quelquefois on assimile même la qualité de l'accueil à la couleur des murs ou à la tenue vestimentaire des hôtesses. Si cela ne doit pas être négligé par respect des interlocuteurs, c'est loin d'être l'essentiel. On préférera être vraiment accueilli dans un lieu vétuste plutôt que froidement reçu dans une décoration parfaite. S'il peut y avoir les deux, c'est encore mieux. Mais attention au miroir aux alouettes : quand on a du mal à améliorer la communication, on risque vite d'être tenté d'améliorer surtout le décor.

L'accueil existe à tous les niveaux entre toutes les catégories hiérarchiques, entre tous les services, avec l'extérieur... ça existe partout puisque « accueil », nous l'avons vu, est synonyme de « communication », et de la communication il peut y en avoir n'importe où.

Comme pour la communication, je ne parlerai pas de « technique d'accueil », mais d'un **état d'accueil.** Prenons l'exemple d'un accueil au guichet qui représente un travail assez ingrat quand, comme dans certains établissements administratifs, on doit recevoir beaucoup de monde en peu de temps.

Accueillir n'est pas discuter (pas le temps de toute façon dans la plupart des cas), mais seulement porter sur l'interlocuteur un regard différent. Quand je parle de « regard », je ne parle pas de celui des yeux, mais de celui qui émane du fond de soi. La communication – telle qu'elle est décrite dans les chapitres précédents – rend cela possible non seulement sans perte de temps, mais en en gagnant car moins de conflits se présentent. Je me souviens d'une stagiaire qui occupait un tel poste me dire : « Depuis que j'ai fait cette formation, j'ai l'impression que les gens sont plus aimables. »

On y gagne en efficacité, en qualité de l'image de marque de l'établissement pour lequel on travail, on y gagne surtout de n'être plus stressé. Curieusement, quand notre comportement change, le monde qui nous entoure évolue aussi.

Le non-verbal tient une place prépondérante dans l'accueil. La verbalisation obséquieuse ne le remplace pas.

Au téléphone aussi son rôle est essentiel. Il ne suffit pas d'y débiter des formules idéales apprises par cœur. Celles-ci sont utiles pour gagner en précision et en rapidité (comme le fait de se présenter en décrochant), mais ce qui fera la différence sera surtout le non-verbal qui les accompagne.

Bien que sans image visuelle, on vous « voit » au téléphone. Alors, même quand on ne vous voit pas avec les yeux vous pouvez avoir une expression agréable (cela modifiera le non-verbal favorablement et générera cette impression de sourire dans le paysage intérieur de votre interlocuteur).

Naturellement, votre comportement ne sera efficace que s'il est engendré par la considération que vous portez à votre interlocuteur grâce à votre état communicant et non parce que vous vous forcez.

6. Points clés

a) Question sans condition de réponse

La question sans condition de réponse est un point clé de la circulation d'information dans une entreprise ou un établissement. Je l'ai déjà mentionnée dans le chapitre correspondant. Elle constitue l'élément de base pour réussir dans les situations évoquées ci-dessus.

Le commercial en a besoin pour explorer l'attente réelle de son client, le manager pour recevoir l'information indispensable qui lui permettra de diriger son ou ses services, celui qui accueille afin de permettre au client ou à l'usager de s'exprimer clairement. Si vous posez des questions avec condition de réponse, on ne vous dira que ce que vous pouvez entendre. L'information juste sera déformée et son utilisation risquée.

Toujours nécessaire, la « non-condition de réponse » l'est en particulier dans les entretiens d'évaluation et dans les réunions (dont nous pouvons repréciser que ça signifie « re-union »).

J'attirerai votre attention sur le fait que la communication professionnelle ne tient pas à de « grandes manœuvres ». Il semble parfois qu'il faille déplacer des montagnes pour arriver à un résultat. En vérité, ce n'est pas une affaire de montagnes sur notre chemin, mais de grains de sable dans les rouages. Il nous suffit d'apprendre à les repérer. **Ce n'est pas un problème de force, mais d'acuité.**

Quand les individus communiquent et ont conscience des autres dans un milieu professionnel, on aboutit à un fonctionnement plus systémique dans lequel chacun joue un rôle en ayant conscience de son impact sur le rôle des autres. Il en résulte plus d'harmonie et plus d'efficacité.

On aboutit à des individus participant à une collectivité et non plus à un collectivisme produisant de l'individualisme.

b) Travail et champ de conscience

Le travail nous conduit à fréquenter des personnes vers lesquelles nous n'irions pas forcément de façon spontanée. Peut-être même sommes-nous ainsi amené à cohabiter et à composer avec des gens que nous fuirions en d'autres circonstances.

Ce brassage des rencontres imposées par le besoin de gagner de l'argent pour vivre produit parfois des confrontations dont nous aimerions pouvoir nous passer. Ces rencontres imposées nous font voyager sur les niveaux de la « stratégie inconsciente ». Ces nombreux aller et retour nous permettent de nous ouvrir davantage. Si nous étions dans un environnement protégé, nous resterions peut-être à « attention avec moins de conditions », mais nous serions borné par un champ de conscience étroit.

Ce qui nous propulse vers cette ouverture, c'est **le besoin des autres.** Nous avons besoin du monde professionnel et de ceux qui y sont pour y gagner l'argent qui nous est nécessaire.

Nous retrouverons aussi cela dans la vie associative, qui peut se rapprocher de la vie professionnelle bien qu'on ne s'y préoccupe pas des mêmes types de rentabilité (on n'y a pas besoin des autres pour les mêmes raisons). Il s'agira d'y recevoir ou d'y proposer (malheureusement parfois d'y prendre ou imposer) plus de loisirs, de plaisir ou d'aide.

Finalement, ces cohabitations motivées surtout par la nécessité sont très salutaires pour notre croissance.

CHAPITRE XVIII

La communication dans la vie familiale [1]

Au travail on peut profiter de la vie, la ressentir. Pour cela, il est souhaitable d'être communicant. Ce n'est pas toujours aisé mais, comme nous l'avons vu, c'est source d'ouverture de conscience même si nous y sommes bousculé dans tous les sens entre « caché inerte » et « attention avec moins de conditions ».

Cela n'est pas forcément plus facile dans la vie de famille. On appelle quelquefois celle-ci *vie privée.* Doit-on entendre *privée* comme l'adjectif ou comme le verbe *priver* au participe passé ? Cela signifie-t-il *individuelle, personnelle* ou *en manque de quelque chose ?*

La vie trop « privée » manque certainement de quelque chose : de la rencontre des autres qui favorise l'ouverture du champ de conscience. Mais qu'importe, notre intelligence cachée ne nous abandonne pas. Dans la vie « privée » aussi, le besoin des autres se manifestera. Bien que d'une autre nature, il nous conduira également vers la réconciliation et une plus grande ouverture de conscience. Comme dans la vie professionnelle, il se peut qu'on y résiste, mais cela s'accomplit de toute façon.

---

1. Pendant la lecture de ce chapitre, il est utile d'avoir présent à l'esprit le chapitre VIII (§ 9 : « Garder le cap », p. 121-122).

Je l'illustrerai en parlant de la vie familiale sous l'angle de la communication entre les conjoints, les parents et les enfants.

Cela n'est pas exhaustif. Si je choisis ces thèmes plutôt que d'autres, c'est qu'ils tiennent une place toute particulière dans notre vie. De ce qui s'y passe dépendent beaucoup d'autres domaines de notre existence.

Avant d'entrer dans les détails, je commencerai par quelques compléments à propos de la « stratégie inconsciente ».

1. Stratégie inconsciente : les niveaux et la Vie

Nous avons vu que les aller et retour sont nombreux et fréquents. Nous ne sommes pas à un niveau dans l'absolu, mais à un niveau par rapport à une situation à un moment donné.

Si nos promenades verticales sont incessantes, il y a cependant, selon les périodes de vie, **un niveau qui est dominant** et auquel on marquera des pauses plus longues que sur les autres. Plus la conscience s'est ouverte, plus cette pause s'effectuera sur un haut niveau. Cela n'exclut pas les « redescentes », mais les paliers auront souvent plus d'altitude.

Cette altitude augmente avec l'âge :

– Enfant, le moindre trouble projette au moins à « caché pleurnichard ».

– Adolescent, la réaction se situe vers « destructeur bazooka ».

– Adulte, nous privilégierons « intérêt à condition ».

– Vers la vieillesse, nous occuperons souvent « attention avec moins de conditions ».

Ces paliers n'excluent pas de se promener aussi sur les autres niveaux. Un enfant peut monter à « attention avec moins de conditions » et une personne âgée descendre à « caché pleurnichard ». Mais, à chaque âge correspond un niveau dominant (ou qui devrait l'être).

Il est souhaitable de se libérer des apparences car la jeunesse qui déborde d'énergie a moins de vie que la vieillesse qui pourtant semble éteinte.

Le jeune est avide (à vide), il est à jeun.
Le vieux, lui, est la Vie, car il a de la vieillesse.

Le mot « vieillesse » est construit comme « petitesse », « gentillesse », etc. Celui qui a de la gentillesse est gentil, celui qui a de la petitesse est petit… celui qui a de la vieillesse est « Vie ».

Le jeune est vide de Vie mais plein d'énergie, et le vieux est plein de Vie mais vide d'énergie. La difficulté salutaire en vieillissant est que les moyens de fuite sont de plus en plus restreints du fait de la diminution de l'énergie et des capacités.

Agé, quand on n'a pas accompli son processus de croissance, si on ne s'est jamais penché sur l'intérêt de « se voir » et de « s'accueillir », on se trouve alors soudain propulsé à ces niveaux sans préparation. Comme en plus la considération des autres ne nous est plus accordée, il n'y a plus grand-chose à quoi se raccrocher pour paraître.

Il n'y a plus qu'à être ou à disparaître avec une alternative en attendant : s'anesthésier jusqu'à la fin. On trouve ainsi des personnes âgées atteintes d'une démence sénile qui est leur dernier refuge (ne pouvant plus fuir, faute de moyens, ailleurs que dans l'anesthésie).

L'environnement ne les aide pas beaucoup en leur proposant encore de nouvelles fuites du genre : un petit spectacle, un peu de broderie, un petit goûté, etc. Même si tout cela n'est pas à proscrire, l'accent devrait être mis sur la communication (verbale ou non) et sur la validation de l'*individu* qu'ils sont. Ils ne sont pas grand-père ou grand-mère, pépé ou mémé, ils sont *eux,* individus pleins de vie et de nuances, avec une conscience ouverte dont ils ne profitent pas.

En effet, contrairement aux apparences, leur conscience est plus ouverte que quand ils étaient jeunes. Cela ne se voit pas parce qu'ils s'anesthésient faute de rencontrer de la communication autour d'eux. Il suffirait de peu pour leur apporter beaucoup.

Quand ils sont peu valides, pour leur permettre de rester « autonome » on leur impose de se lever, de se laver, de se soigner… Ils n'ont jamais leur mot à dire. Quand ils refusent, on leur affirme avec gentillesse (dans le meilleur des cas) qu'ils doivent le faire parce que c'est mieux pour eux. On sous-entend par là que leur opinion est stupide, qu'ils feraient mieux de se taire et d'accomplir ce qu'on leur demande. On ne prend pas la peine d'accompagner l'expression de ce qu'ils pensent afin de leur manifester la compréhension qui en résulte en nous et qui leur serait si bénéfique.

On préfère ne pas voir (comme le manager) le tracas qu'on cause à la personne âgée afin de rester dans l'illusion que nous faisons tout ce qu'il faut. Nous ne voulons pas prendre responsabilité pour l'inconfort qu'on leur cause. Alors, on finit par les culpabiliser : « C'est pas gentil de ne pas manger mamie. On se donne tant de mal pour vous, etc. » Finalement, si elle est mal cela devient stupide et de sa faute !

Souvent une personne âgée se manifeste au grand jour comme elle a toujours vécu. Plus jeune, elle était déjà ainsi. Elle était déjà « creuse » dans sa superficialité. Mais cela était enveloppé dans un personnage faisant illusion. N'ayant pas toujours développé l'aptitude à lâcher prise, à se tourner vers le fait de se voir et de s'accueillir, l'ouverture de conscience s'est freinée (bien qu'elle s'accomplisse quand même, mais plus lentement). Seule la fin de la vie imposera de façon ultime un lâcher prise définitif. Bien sûr, elle aura quand même fait du chemin et accompli quelques réalisations. Elle aura progressé dans son ouverture de conscience, mais pas assez pour supporter ce face à face avec soi-même, profond, interminable et incontournable.

Par contre, il ne faut pas oublier qu'on rencontre des gens de plus de quatre-vingts ans ayant conservé une forme physique acceptable, une acuité intellectuelle remarquable, une efficacité, un dynamisme et une créativité toujours à l'œuvre. Remplis de vie et de lucidité, ils accèdent à une bienveillance savoureuse pour eux et pour les autres.

Le grand âge est donc une étape qui se devrait la plus riche. Pour qu'il en soit ainsi, la préparation commence bien avant la retraite. La façon dont nous allons vivre chaque période de notre existence peut en être l'heureux précurseur.

2. Communication entre conjoints

Au sortir de l'adolescence, poussé par la sexualité, nous sommes porté à rencontrer *l'autre.* Ce besoin de l'autre nous fait mettre un peu en veilleuse cette fausse affirmation de soi que représente l'ego. Nous serons un peu plus attentionné, du moins en apparence car, en fait, nous ne sommes encore qu'intéressé.

Lors de la rencontre de Celui ou Celle de notre vie, le « grand Amour » nous donne l'impression d'aimer. Mais il n'en est rien ! Il s'agit le plus souvent d'un état passionnel dans lequel le « manque » de l'autre nous est insupportable. C'est heureux ainsi, car ça nous « ramone » l'ego. Ça nous attache à cet autre que nous n'aimons pas encore assez pour rester près de lui sans ça.

Moins on aime, plus on a besoin d'être attaché (pour ne pas se sauver) ! Je ne veux pas dire qu'il n'y ait là aucun amour (nous y sentons la présence d'un sentiment important). Il n'est tout simplement pas encore mûr pour se manifester. C'est un peu comme si, lors de cette rencontre, nous le pressentions, il est bien là… mais en kit ! **Il faudra le construire, le réaliser.**

Peut-être l'expression « faire l'amour » trouvera-t-elle ici tout son sens, comme nous l'indique l'expression anglaise *to make love* où *to make* signifie fabriquer et non agir.

Si nous nous contentons de profiter de la passion sans construire le kit, quand cette passion décroît avec le temps… on se quitte.

Souvent, un couple se trouve en difficulté quand il arrive au bout de la passion. Il est encore un peu retenu par la peur de partir, mais si une opportunité se présente, c'est la séparation.

Si le processus d'individualisation et de rencontre des deux individualités qu'ils sont ne s'est pas produit, ils s'individualiseront en se séparant (comme l'adolescent qui quitte ses parents).

Il faut comprendre qu'au début il est nécessaire que l'on soit « collé » par la passion. Sinon, encore incapable d'amour véritable, nous serions comme un Ulysse détaché courant vers ses sirènes. C'est quand cet attachement existe que l'on peut en « toute tranquillité » (relative) bâtir l'amour. Quand on s'y emploie, **là où la passion s'arrête l'amour commence.** Ce qui s'y vit n'en est pas moins intense. Ce qui fait la différence, c'est la plénitude et l'absence d'état de manque.

Ce virage est quelquefois difficile pour les couples qui ne comprennent pas ce qui leur arrive. Là, plus que jamais, la communication sera leur sauvegarde.

Contrairement aux apparences, un couple ne se fait pas au hasard. Les comportements de l'autre sont souvent parfaitement ajustés à ce qu'inconsciemment nous recherchons. Notre intelligence cachée nous conduit exactement là où il faut. Tout ce qui nous dérange chez notre conjoint agit comme un révélateur de ce que nous tentons de réconcilier en nous. Quand nous le rejetons, c'est nous que nous rejetons. Soit que notre conjoint avait ce comportement avant qu'on le rencontre et nous avons été porté vers lui plutôt que vers un autre, soit qu'il l'adopte (inconsciemment) spécialement pour nous car nous le lui suggérons sans nous en rendre compte. Tout cela s'effectuant à notre insu, par le canal du non-verbal.

On constate souvent qu'**en travaillant sur nous-même, l'autre change et réciproquement.** Je me souviens de nombreux cas où ayant des problèmes avec leur conjoint des personnes m'ont demandé de l'aide. Leur permettant de travailler sur elles-mêmes, leur conjoint leur est apparu sous un autre regard. Puis, en rentrant à la maison, le comportement de l'autre a spontanément changé.

Quand une situation ne va pas, semble aberrante, il faut en chercher la pertinence (et non l'erreur). Se demander : « En quoi est-elle la manifestation bienveillante de l'intelligence cachée qui est en moi et en mon conjoint ? » Le piège consiste à se demander : « Quelle est l'erreur afin que j'y remédie rapidement ? » **La seule erreur est de croire à l'erreur !**

Quand on voit par exemple une femme rencontrer dans sa vie successivement plusieurs hommes violents et alcooliques, on serait tenté d'accroître son discernement afin qu'elle choisisse mieux ses compagnons. Justement, on découvrira par exemple (si on l'aide à travailler sur elle) que, en rupture avec un père alcoolique et violent, ces rencontres amoureuses sont en réalité une tentative de réconciliation avec lui.

Améliorer son discernement ne consiste plus alors à lui faire mieux choisir ses compagnons (le choix est déjà parfait), mais plutôt à l'accompagner vers la découverte de ce « en quoi ce choix est judicieux pour elle ». Le trouvant, elle pourra travailler la réconciliation avec son père en accueillant le véritable sens de son alcoolisme et de sa violence (comme nous l'avons vu dans le chapitre XVI). Soit son conjoint curieusement cessera de boire, soit sa vie évoluera vers un autre homme qui lui n'aura pas ce travers. Ce type de cas, que j'ai rencontré en consultation, révèle particulièrement bien l'intelligence cachée et comment celle-ci nous aide à garder le bon cap, même en situation très désagréable.

Cependant, nous pourrions étudier d'autres cas, depuis quelques habitudes peu dérangeantes jusqu'à de profonds dysfonctionnements sexuels semant le trouble dans un ménage. Dans tous ces cas, cherchons la pertinence et non l'erreur. Inutile, là aussi, d'essayer de déplacer des montagnes ; cherchez seulement le grain de sable.

Les multiples situations quotidiennes, même les plus anodines, peuvent en fournir l'opportunité. Il faut seulement se rappeler qu'**avant d'essayer de changer l'autre, nous devons**

travailler sur nous-même. Cela ne signifie pas qu'on ne doive pas aider l'autre car, de son côté, ce qui le dérange chez nous est certainement ce dont il a le plus besoin aussi.

Cela rend quelquefois difficile de s'aider réciproquement quand on est en relation de couple. **C'est plus difficile, mais pas impossible** et vaut la peine de s'y risquer (pourvu qu'on respecte les règles mentionnées au chapitre XVI).

L'aide d'une tierce personne sera salutaire à condition qu'elle mette l'accent sur l'intelligence de votre situation (dans le sens de la réconciliation). Si elle vous pousse dans le sens inverse elle ne fera qu'accroître la rupture et générera de la culpabilisation. Même quand la séparation où le divorce apparaissent comme les seules solutions possibles (c'est parfois le cas), un couple devrait « se séparer réconcilié » afin de pouvoir bénéficier ensuite d'une vraie liberté.

Un couple, même en difficulté, est d'une certaine façon harmonieux. Grâce à cette harmonie, il passe de l'état *indifférencié* à un état *individualisé.* Quand il n'y parvient pas, l'individualisme remplacera l'individualisation.

Quand on se rencontre, on a souvent envie d'être pareil, de s'habiller pareil, d'avoir les mêmes goûts, etc. Petit à petit les différences se manifestent ; au fur et à mesure que diminue le besoin de l'autre la différenciation s'accomplit. Grâce à cette différence, ils arrivent à une nouvelle rencontre entre eux : la *vraie,* celle des *individus* qu'ils sont (avec tout ce que cela peut avoir de valorisant).

Les personnages « mari » et « femme » existent toujours, mais ne sont plus que des « badges », un accessoire social nécessaire mais secondaire. Une telle liberté remplie de respect (on n'y fait donc pas n'importe quoi) donne au couple sa plus grande dimension.

3. Communication parents/enfants

a) A la naissance

Peut-on trouver plus beau thème que la relation parents/ enfants pour illustrer le processus d'individualisation ?

La mère et l'enfant, pendant un temps, « ne font qu'un ». Sécurité indispensable pour que la conscience de l'enfant puisse apparaître dans le monde sans trop de violence. Accompagnement calfeutré permettant à l'individu de croître malgré sa provisoire incapacité à l'autonomie.

Première difficulté : la naissance. Le premier lien rompu n'est pas seulement psychologique, mais aussi physique : le cordon ombilical. Comment cette séparation peut-elle être acceptée par ces deux êtres que sont la mère et l'enfant ? Ils vivaient une telle intimité que, dans un monde ou la communication fait défaut, elle représentait un privilège difficile à lâcher.

Mais ce qui est privilège peut devenir piège. Cela peut contribuer à « retenir » la naissance et à la rendre plus douloureuse (même physiquement douloureuse). Il leur faudra découvrir qu'ils sont deux. Au début l'enfant n'en a pas conscience. Ses parents peuvent l'y aider (encore faut-il qu'ils en aient conscience eux-mêmes).

Cela peut commencer avant la naissance et constitue une excellente préparation à l'accouchement et à la naissance. **Il est tout aussi important de préparer l'enfant à la naissance que la mère à l'accouchement.** Il est judicieux de les préparer ensemble.

b) Enfant

Pour que ce sentiment d'individualité puisse se développer, l'enfant aura besoin de recevoir et de donner de l'attention. Peut-être croyez-vous qu'on donne souvent de l'attention à un enfant ? En vérité, même quand nous nous occupons d'eux, nous pouvons manquer d'attention ! Rappelez-vous de la notion de « donner/recevoir » évoquée dans le chapitre V. Souvenez-vous du cas de l'enfant à qui on « donne » un cadeau : souvent on ne lui en donne que l'usufruit et même quelquefois on lui dérobe sa liberté (il n'a pas le droit de ne pas apprécier).

Ou encore, dans un supermarché, en faisant les courses, votre enfant vous demande d'acheter un jouet qu'il a vu en rayon. Pour des raisons financières ou éducatives (ou les deux), vous savez qu'il est préférable de ne pas lui céder. Il dit : « Papa, maman, je le veux ! » Que lui répondez-vous ? En pareil cas, on dira d'abord non puis, comme il insiste, on lui expliquera que ce n'est pas le moment pour finalement lui suggérer (ou lui affirmer) que, de toute façon, ce jouet est minable, qu'il en a d'autres et que celui-ci ne servirait à rien, etc.

Peut-être n'est-ce pas ce que vous diriez mais, en ce qui me concerne, je l'ai vu pratiquer ainsi par beaucoup de parents (qui ne sont pas des monstres). Faisant cela, plutôt que de s'intéresser à ce que ce jouet représente pour leur enfant, ils cherchent à lui démontrer que c'est sans valeur : « Mais ça ne sert à rien !… Qu'est-ce que tu vas en faire ? » (avec ce qu'il faut de non-verbal pour lui faire sentir qu'on ne peut rien en faire car, au cas où vous ne l'auriez pas remarqué, ce n'est pas une vraie question).

Le problème du parent ici est que, s'il reconnaissait que le jouet a de la valeur pour l'enfant (en s'intéressant à ce qu'il représente pour lui), quand il va quand même dire non pour l'acheter, il devra assumer d'être la cause de sa déception. Et le parent ne veut pas être la cause de la déception de son enfant.

La solution est donc de convaincre l'enfant de ne plus désirer ce jouet, ainsi on n'aura plus à le lui refuser. Malin non ? Malin, mais sournoisement destructeur car, quand non seulement on ne peut pas avoir le jouet mais qu'en plus on n'a pas le droit d'en avoir le désir sans passer pour une cruche… on se trouve encore plus démuni. Quand même le rêve et le désir sont détruits, que reste-t-il ? (heureusement, il reste le père Noël dont on aurait moins besoin si on était plus honnête !).

Dans ce cas, sans être de mauvais parents, on a pourtant facilement tendance à ne pas donner d'attention simplement parce que nous n'assumons pas notre responsabilité. On retrouve la même situation qu'avec le mauvais manager, car le principe ici n'a rien à voir avec un principe d'éducation mais seulement avec ceux de la communication entre individus qui se respectent. Même quand il s'agit de l'enfant que nous aimons, nous manquons ainsi de respect (croyant le protéger).

Autre cas : quand un enfant se cogne, se fait mal et pleure, que faisons-nous ? Si ce n'est pas grave, souvent nous avons des réactions du genre : « C'est rien ! », ou : « Qu'est-ce que tu as encore fait ? », ou (plus gentil) : « Oh ! il est vilain le mur (quand il s'est cogné contre un mur) ! » ou (paniqué) : « Oh ! mon Dieu, qu'est-ce qui t'est arrivé (avec ce qu'il faut de panique non- verbale) ? », etc. Et, généralement, l'enfant pleure encore plus. Dans aucun de ces cas, on n'a pensé à accueillir sa douleur. Elle a été niée ou dramatisée, mais jamais accueillie.

On aurait simplement pu lui dire : « As-tu mal ? » et il aurait dit oui en pleurant. Alors on lui aurait demandé : « Où as-tu mal ? » et il aurait répondu « Là ! » en montrant son bras. On aurait pu continuer avec : « Sur quoi t'es-tu cogné ? » et il aurait indiqué le mur. Déjà à ce stade, alors que ses sanglots s'estompent rapidement, on peut vérifier le résultat en lui demandant : « Et maintenant, comment ça va ? » La plupart du temps l'enfant répondra « Ça va ! » tout en repartant jouer.

En peu de temps, il aura été rassuré **non pas parce qu'on lui a supprimé son mal, mais parce qu'on l'a accueilli.**

Tout cela peut se passer uniquement dans le non-verbal : je me souviens d'une expérience étonnante où ma femme et moi gardions l'enfant d'un couple d'amis. Couché dans notre chambre, alors que nous étions au salon, il se mit à pleurer. Je vais le voir et vérifie que rien ne le gêne physiquement. Je me sens alors porté à ne pas le toucher, le prendre ou le bercer, mais simplement à m'asseoir à côté de lui pour l'écouter sans rien faire, sans rien dire.

Cet enfant de deux mois n'exprimait que des pleurs, mais je sentais que je devais l'écouter. Je me suis ainsi ouvert à ses pleurs en les laissant entrer en moi comme j'aurais laissé entrer en moi le discours de quelqu'un qui me parle de lui. Je n'étais pas simplement à côté de lui en lui permettant de pleurer, mais **pleinement ouvert à lui.** Je lui donnais de l'attention avec moins de conditions. Ses pleurs étaient ainsi non seulement permis, mais aussi et surtout accueillis et compris (et lui avec en tant qu'individu reconnu et considéré). Il s'arrêta de pleurer aussitôt et ne recommença pas.

Je ne prétends pas que cela se passe ainsi à chaque fois. Ma femme et moi avons quatre enfants et j'ai souvent eu des comportements situés à d'autres niveaux ! Cependant, en cet instant privilégié, j'ai pu réaliser qu'être attentif ce n'est pas « faire quelque chose pour qu'il ne pleure plus », mais *accueillir son pleur.* « Faire quelque chose pour qu'il ne pleure plus » serait plutôt l'inviter à se taire. Ce serait une rupture de la communication.

Si toutefois il est souhaitable de s'occuper physiquement de lui, il ne faut pas en profiter pour gommer ce qu'il exprime.

La communication peut commencer au niveau prénatal ; on n'hésitera donc pas non plus à s'adresser à un enfant même petit, car il a beaucoup plus de capacités qu'on ne l'imagine. Je pense au médecin d'un service de néonatalité qui avait des difficultés avec un prématuré qui ne supportait pas qu'on lui enlève son assistance respiratoire. A chaque fois, il s'asphyxiait. Ce médecin décida de lui « expliquer » comment et pourquoi on respire. Il l'a fait en le verbalisant bien que l'enfant n'ait pas accès au sens des mots (un prématuré n'a pas beaucoup de vocabulaire !). Le jour où il lui expliqua cela, il put lui ôter l'assistance respiratoire sans problèmes.

L'enfant est déjà un individu et nous devrions le considérer en tant que tel. Je me souviens aussi d'une personne que j'avais en formation et dont l'enfant de dix ans posait des problèmes de comportement. Au cours de la formation, elle a découvert qu'elle pouvait le considérer autrement. Les problèmes de comportement de son enfant ont cessé simplement quand elle changea le regard qu'elle portait sur lui.

Tout n'est peut-être pas toujours aussi simple mais, **avant d'envisager la complexité, n'oublions pas l'essentiel.** Ne faisons pas comme ce conducteur qui démonte le moteur de sa voiture alors qu'elle manquait seulement de carburant !

c) Adolescent

Donc l'enfant, depuis la fusion prénatale, chemine vers l'individualisation. Il arrive vers l'adolescence où il tentera de s'individualiser par rapport à sa famille. A ce stade, il a en principe assimilé la différence entre lui et sa mère, mais la deuxième « gestation » s'est accomplie dans une autre « poche » : la poche familiale.

Pour la quitter, si les parents n'accompagnent pas cette nouvelle naissance, il devra se différencier « de force ». Il reviendra alors à la maison avec des cheveux bizarres, des habits curieux, des idées cassantes et un comportement révolté, « systématiquement contre » qui vous invitera à constater que lui et vous ce n'est pas pareil ! Vu son allure, ça ne fait pas de doute. On finirait presque par se demander si on fait toujours partie de la même famille… Justement, c'est ça l'intérêt : se différencier et le faire savoir.

Plus il le fait savoir fort, plus ça prouve que ça lui est difficile. D'ailleurs, on se différencie des parents pour… ressembler aux copains. Tous le même blouson, la même coiffure, la même musique, etc. La maturation n'étant pas terminée, il lui faut une nouvelle poche protectrice, une nouvelle couveuse : la bande de copains. Il en sortira peut-être quand ses parents l'auront « lâché », pour finalement entrer dans la « poche conjugale », etc.

Les naissances sont multiples et les gestations aussi. Nous vivons plusieurs « naissances » avant d'arriver à maturation, à l'état individualisé : **différent des autres, mais proche d'eux.**

Comme nous l'avons vu pour le couple, il ne faut pas chercher ce qui cloche, mais en quoi ce qui se passe est l'expression de l'intelligence. Cela permet aux parents d'améliorer l'éducation qu'ils donnent à leurs enfants sans rien dramatiser et surtout sans se culpabiliser.

Il faut savoir que l'enfant a aussi besoin de vivre des inconforts qui participent à ses prises de conscience. Il se peut que vous soyez involontairement l'artisan de certains de ces inconforts. Je vous recommande de ne pas en prendre ombrage. Bien menés, ces inconforts peuvent à l'avenir constituer une richesse pour l'enfant.

Vous auriez peut-être préféré que les événements agréables lui arrivent par vous et ceux qui sont désagréables (quand ils sont nécessaires) par d'autres. C'est certainement une occasion de jeter un œil sur votre ego.

Freud nous a dit que quoi que nous fassions nous serons de mauvais parents. Je n'aurai pas son pessimisme et affirmerai tout simplement le contraire (sauf dans des cas extrêmes) : quoi que nous fassions nous sommes les meilleurs parents possibles pour nos enfants. Nous leur apportons la richesse qui leur est nécessaire dans leur processus d'individualisation.

Ce que nous pouvons faire de mieux, ce n'est pas de le faire mieux, mais de le faire plus consciemment. Là encore, l'important n'est pas la technique, mais la lucidité.

d) Relations avec les parents

L'autre aspect de la relation parents/enfants, c'est notre relation avec nos propres parents.

Pour nous individualiser, nous avons souvent été conduit à rompre. Nous portons en nous cette rupture. Elle nous fut nécessaire, mais restera provisoire. Notre quête suivante sera de nous réconcilier.

Suffisamment individualisé, suffisamment en affirmation de soi, nous devenons plus capable de concevoir que, d'une façon ou d'une autre, l'éducation de nos parents a été une richesse pour nous. Elle a peut-être engendré certains blocages, mais ceux-ci correspondent en nous à une nécessité qui s'ajuste à notre différence. Ils correspondent à **des garde-fous dont nous avons été inconsciemment demandeur.** Nous aurions tort d'en faire reproche à nos parents.

Pour les cas plus durs où l'enfance a été très malmenée, on peut procéder de même. Cela peut présenter des difficultés. Il faut alors laisser mûrir cela en soi jusqu'à ce qu'on se sente capable de se faire aider pour y parvenir

Ce que j'aimerai redire, c'est qu'**aucun travail efficace ne peut conduire à plus de rupture.** Il conduit toujours à plus de réconciliation, même si celle-ci est unilatérale (cas où l'autre préfère rester en rupture), même si parfois, avant d'y arriver, il faut pouvoir crier sa douleur et son reproche.

Ayant lu tout cela, si vous avez des reproches à faire à vos parents, autorisez-vous à les formuler en vous (pas à eux ou, en tout cas, pas n'importe comment) et explorez-les sans culpabilisation. Cherchez l'intelligence. Vous trouverez la réconciliation.

Il faut retenir que **dans tous les cas il y a 100 % de responsabilité des deux côtés :**

– Les parents sont complètement responsables de l'éducation qu'ils donnent.

– Les enfants, de leur côté, sont entièrement responsables de ce qu'ils en font.

Cependant, l'accueil est difficile pour un enfant tant que son bagage n'est pas suffisant. Plus tard, avec l'expérience de la vie (et parfois de l'aide), quand l'ouverture de conscience le permet, il peut y remédier et aboutir à la réconciliation.

Il ne faut pas penser que je ne parle ici que des grandes ruptures. L'enfance peut être le siège d'une foule de microruptures dont la dimension a été dramatisée.

Les ruptures ont été causées par les messages apparents des parents. Les enfants avaient forcément des difficultés à percevoir les messages réels. La réconciliation consiste à accueillir ces messages réels, à se recentrer sur eux.

Par exemple, dans le cas d'un individu que sa mère n'a pas voulu (avant la naissance), il peut en subsister une souffrance à l'âge adulte. Pour s'en libérer, il mettra l'attention sur sa mère (en pensant à elle), recevra le flux de rejet de celle-ci, puis essayera de s'ouvrir à ce qui rendait ce flux de rejet nécessaire pour elle (chercher l'intelligence). Il ressentira le trouble intérieur de sa mère et comprendra que ce flux de rejet était l'expression de sa souffrancede femme dans son histoire à elle. Il peut alors accueillir cela et envoyer en retour un flux d'accueil et de compréhension apaisant. Il est alors libre de ce flux de rejet qui lui faisait mal.

La mère était responsable de son propre flux, l'enfant, lui, de ce qu'il en a fait. **Il n'y a aucun coupable.**

Notez qu'ici le message apparent n'est pas forcément un message verbal. Le flux de rejet était surtout un « état de rejet ». Bien que non verbal, ce n'était quand même que l'apparence. Le « réel », encore plus subtil, était « derrière ».

La réconciliation ne dépend pas de la rencontre physique. Etre réconcilié, ce n'est pas rencontrer l'autre et faire en sorte qu'on soit d'accord. C'est s'ouvrir à lui et *l'entendre.* C'est l'accepter, l'accueillir dans sa différence. C'est recevoir son message réel au-delà de l'apparent qu'il nous montre.

Lui, de son côté, peut éventuellement choisir de rester fermé.

Cela signifie que la réconciliation peut se faire même quand les personnes sont décédées. D'ailleurs le décès, contrairement à ce qu'on pourrait croire, ne résoud pas la rupture. **Le travail de réconciliation reste toujours à faire.**

Rétablir la communication peut changer la vie. Certes, il arrive qu'on soit attaché à ses ruptures. Parfois, on ne veut pas entendre parler de réconciliation ! Peut-être le moment n'en est-il pas encore venu. Ce n'est pas mûr.

Pourtant, toute la vie est concernée : le travail, la famille et toutes les autres situations. **Il vous suffit de commencer par celle qui vous semble la plus accessible pour le moment.**

De progrès en progrès, votre champ de conscience s'accroissant vous pourrez ultérieurement vous occuper de situations qui vous semblent aujourd'hui insurmontables.

CONCLUSION

Invitation à la recherche

Après cette lecture, on pourrait être tenté de se forcer à ne plus commettre d'erreurs de communication. Ce n'est pas souhaitable.

Bien que je vous propose ces lignes, bien que je forme beaucoup de monde dans des entreprises, des administrations et des hôpitaux, bien que j'aide de nombreuses personnes en consultation, je suis tout à fait imparfait en communication.

1. Vous avez dit parfait ?

Je connais par contre un certain nombre de choses qui me permettent de ne pas commettre certaines erreurs, ou tout au moins de m'en apercevoir et d'en favoriser la réparation. Ce que j'en sais me permet d'aider autrui à en faire autant.

Peut-on être parfait ? Peut-être oui, peut-être non ! C'est sans importance. A la rigueur, on pourrait dire que **la perfection c'est d'accueillir l'imperfection.** Elle se fera donc discrète. Quand quelqu'un se dit parfait, plus il le dit fort moins il doit l'être.

Il ne faut pas confondre « être parfait » avec « jouer le personnage de quelqu'un de parfait ». Dans le second cas, on serait en rupture avec toutes ses imperfections pour mieux les cacher ou les combattre. Il en résulterait une intolérance insupportable qui n'a rien à voir avec la perfection.

2. Une ouverture sans fin

Il se peut que cette lecture vous ait remué dans vos certitudes. J'y remets en cause beaucoup de croyances habituelles.

Vous remarquerez qu'on n'y trouve pratiquement pas de références d'auteurs. C'est volontaire. Je me souviens d'un stage où quelqu'un m'a demandé : « Mais ça vient d'où tout ce que vous nous dites ? »

Je lui ai répondu que c'est une synthèse personnelle venant à la fois de tout, de tous et de moi-même, mais que je ne peux dire d'où en particulier car tout y a contribué et on ne trouve à ma connaissance (mais je ne connais pas tout) rien qui y ressemble suffisamment pour être pris en référence.

Cette personne m'a alors rétorqué : « Dans ce cas, ce n'est pas crédible ! »

Je lui ai simplement répondu que ce n'est pas fait pour être cru et que si on y trouve de la pertinence parce que cela fait écho en soi, on peut tenter de s'y intéresser. Ce qui marche on le garde, le reste on le laisse tomber. S'il n'y a aucun écho, il faut laisser tomber tout de suite.

Il est souhaitable que chacun se fasse assez confiance pour juger de la valeur de quelque chose sans faire appel à une montagne de références extérieures. Pour certains domaines, ce peut être nécessaire, mais pas ici.

La meilleure référence que vous pouvez prendre c'est *votre vie*. Je ne veux surtout pas développer un système de croyance. Au contraire, je vous incite sincèrement à rester libre et lucide.

Je serai heureux si ce livre contribue au début ou à la continuation de votre recherche. Je vous souhaite d'oser sortir des systèmes fermés et des sentiers battus (mais toujours dans le respect d'autrui et de vous-même).

Ce livre n'est pas limitatif. Il est sujet à évolution. J'ai beaucoup appris des personnes à qui j'ai enseigné. Vous pouvez vous aussi apporter à l'évolution des ces idées une touche personnelle et pertinente car vous bénéficiez d'autres expériences et d'autres richesses que la mienne.

Restons simple et lucide autant que possible. Soyons pragmatique et rigoureux sans rien perdre de notre aptitude à tout explorer, même ce qui semble le plus fou.

Je terminerai en rappelant une phrase de ce livre : **ce ne sont pas les réponses qui manquent, mais les questions.** Les réponses existent en abondance, mais attendent la bonne question (posée sans condition) pour éclore.

Le véritable livre, c'est la Vie en vous et autour de vous. Il n'attend que votre interrogation sincère pour vous livrer son contenu.

Table des matières

Troisième partie :
Applications

Edition exclusivement réservée aux adhérents du Club
LE GRAND LIVRE DU MOIS
15, rue des Sablons
75116 PARIS

Imprimé par CLERC S.A.
18200 SAINT-AMAND-MONTROND
(France)

Dépôt légal Imprimeur n° 6628
Achevé d'imprimer en novembre 1997